民國歷史與文化研究

十一編

第 **4** 冊

20 世紀前半期兩湖地區的土地關係及農家經濟（上）

林源西 著

花木蘭文化事業有限公司

國家圖書館出版品預行編目資料

20世紀前半期兩湖地區的土地關係及農家經濟(上)／林源西
著 -- 初版 -- 新北市：花木蘭文化事業有限公司，2020〔民
109〕
目 8+168 面；19×26 公分
（民國歷史與文化研究 十一編；第 4 冊）
ISBN 978-986-518-109-3（精裝）
1. 農業史 2. 中國
628.08   109010082

ISBN-978-986-518-109-3

9 789865 181093

民國歷史與文化研究
十一編 第 四 冊   ISBN：978-986-518-109-3

20 世紀前半期兩湖地區的土地關係及農家經濟(上)

作　　者	林源西
總 編 輯	杜潔祥
副總編輯	楊嘉樂
編　　輯	許郁翎、張雅淋　美術編輯　陳逸婷
出　　版	花木蘭文化事業有限公司
發 行 人	高小娟
聯絡地址	235　新北市中和區中安街七二號十三樓
	電話：02-2923-1455／傳真：02-2923-1452
網　　址	http://www.huamulan.tw 信箱 hml810518@gmail.com
印　　刷	普羅文化出版廣告事業
初　　版	2020 年 9 月
全書字數	273110 字
定　　價	十一編 11 冊（精裝）台幣 28,000 元

20世紀前半期兩湖地區的土地關係及農家經濟(上)

林源西　著

作者簡介

林源西，1980 年生，浙江玉環人，2016 年畢業於武漢大學，獲歷史學博士學位，現為浙江麗水學院講師，主要從事中國近代農村社會經濟史、華僑經濟與社會等方面的研究，曾在《中國經濟史研究》、《人文論叢》等期刊上發表論文數篇。

提　　要

　　20 世紀前半期，湘鄂兩省的地權分配特點是截然相反的，作為湖北省的核心農業區，江漢平原的地權分散，在全國都是較為罕見的例子。20 世紀以後，兩湖地區地權總體上呈分散趨勢，土地流轉加快，特別是民國中後期，土地流轉異常頻繁，這主要是由苛捐雜稅、農家負債、土地革命以及社會不良風氣等因素造成，並不全部是市場作用下的結果。由於農業勞動力充足，政局也較為穩定，在 20 世紀二三十年代，兩湖地區的農業生產力達到近代的最高水平，但兩湖地區人地矛盾依然較為尖銳。在農民的作物選擇上，隨著商品經濟的發展，農戶在種植作物的選擇上也越加考慮利潤，經濟作物增長迅速，兩湖都不乏在一些地區經濟作物占作物主要部分的例子，這些說明兩湖地區的農戶具有「經濟理性」。兩湖地區農民的收入中，經濟作物占較大比重，湖南省雖然總體上經濟作物不如湖北省發達，但在耕地缺乏且副業不發達的地區，經濟作物占重要地位。在支出結構方面，食物的支出佔了主要部分，恩格爾系數較高，中農的食物結構也較為單調，肉食缺乏，農民的生活是普遍貧困的，這是土地革命發展的主要原因。但農民不具有先驅性，因此，革命爆發的原因並非農民的貧困，而是外在政治力量介入的結果。

目

次

上　冊

緒　論 ……………………………………………… 1

一、選題緣由及意義 …………………………… 1

二、學術史回顧 ………………………………… 3

三、探討的問題及概念界定 ……………… 16

四、資料來源及其說明 …………………… 20

五、論文的重點與難點 …………………… 23

第一章　兩湖地區的農業環境 ………… 25

一、兩湖地區的自然條件 ………………… 26

（一）地形與土壤 ……………………… 26

（二）氣候與作物 ……………………… 30

（三）水系與水利灌溉 ………………… 33

（四）自然災害 ………………………… 35

二、兩湖地區的政治、經濟、社會環境 ……… 37

（一）政治環境 ………………………… 37

（二）經濟環境 ………………………… 44

（三）社會環境 ………………………… 57

第二章　兩湖鄉村的地權分配 ·····················63

一、兩湖地區鄉村地權分配狀況 ···············64

（一）兩湖地區鄉村地權分配的總體狀況 ·64

（二）湖南省鄉村地權分配 ···········68

（三）湖北省鄉村地權分配 ···········74

（四）兩湖地區核心農業區地權分配差異
性的原因 ·····················78

二、江漢平原的地權分配 ·····················81

（一）私有耕地的分配 ···············82

（二）公有耕地 ·····················89

（三）江漢平原與長江三角洲平原的比較 ·91

（四）江漢平原地權分散的原因 ········94

三、地權變動及其原因 ·······················97

（一）地權變動的趨勢 ···············97

（二）地權變動的頻率 ···············105

（三）地權變動的原因 ···············110

第三章　兩湖地區農戶的土地經營 ···············117

一、土地利用 ·····························117

（一）人地關係 ·····················118

（二）生產要素狀況 ···············123

（三）農業生產力 ···············131

二、土地的租佃關係 ·······················136

（一）租佃率 ·····················137

（二）租佃期限 ·····················141

（三）押租 ·····················145

（四）地租形態及租率 ···············148

（五）主佃關係 ·····················155

三、土地的雇傭關係 ·······················158

（一）雇主的耕地面積與雇傭人數 ········158

（二）雇工的來源與雇工工資 ···········163

下　冊

第四章　兩湖地區的農業商品化與農戶的作物
選擇 ……………………………………………… 169

一、湖北農產品的商品化 ……………………… 169
（一）糧食作物的商品化 ………………… 170
（二）經濟作物的商品化 ………………… 173

二、湖南省的農業商品化 ……………………… 177
（一）米穀的商品化 ……………………… 178
（二）雜糧及經濟作物的商品化 ………… 183

三、農業商品化背景下農戶的作物選擇 …… 186
（一）農戶作物的選擇 …………………… 187
（二）兩湖農民的「經濟理性」 ………… 196

第五章　兩湖地區農民的生活 ………………… 201

一、農民的收支結構——以土改調查中的中農
為例 ……………………………………… 202
（一）兩湖地區中農的收入結構 ………… 203
（二）兩湖地區中農的支出結構 ………… 209

二、婦女與農家經濟 …………………………… 219
（一）婦女與農業生產 …………………… 220
（二）婦女與副業生產 …………………… 223

三、農民生活與社會變遷 ……………………… 228
（一）農民生活的變遷 …………………… 228
（二）農民生活與土地革命 ……………… 234

結　語 ……………………………………………… 243

附　錄 ……………………………………………… 251

附錄 1：1936 年湖北省五種重要作物估計產量
分布圖 ………………………………… 253

附錄 2：1929 年湖南省自治籌備處調查農田
分配狀況 ……………………………… 258

附錄 3：1936 年湖北省各縣市農田經營者
分類 …………………………………… 260

附錄 4：湖北省 20 個鄉抗日戰爭前、解放前、
土地改革後三個時期各階級比重計
佔有生產資料比例比較表 ………… 262

附錄 5：湖南省 15 個鄉抗日戰爭前、解放前、
土地改革後三個時期各階級比重計
佔有生產資料比例比較表 ………… 264

附錄 6：湖北省 14 個縣內 14 個鄉 120 戶普通
中農生產水平與經濟收入統計表 ……… 266

附錄 7：湖北省 14 個縣內 14 個鄉 120 戶普通
中農生活水平與經濟支出統計表 ……… 267

附錄 8：湖南省 13 個縣內 13 個鄉 117 戶普通
中農生產水平與經濟收入統計表 … 268

附錄 9：湖南省 13 個縣內 13 個鄉 117 戶普通
中農生活水平與經濟支出統計表 … 269

參考文獻 ……………………………………… 271

後 記 ………………………………………… 299

圖目錄

圖 1　湖南省地圖 ……………………………………28

圖 2　湖北省地圖 ……………………………………29

圖 3　洞庭湖洪水 ……………………………………36

圖 4　湖南的一個村莊 ………………………………121

圖 5　細碎的耕地 ……………………………………126

圖 6　缺乏耕畜的農戶耕地情形 …………………128

圖 7　水車 ……………………………………………129

圖 8　湖南稻田翻墢情形 ……………………………130

圖 9　鄉村的瓜田 ……………………………………189

圖 10　婦女紡紗 ………………………………………225

表目錄

表 1.1：湖南省各類地形的土壤肥力 …………27

表 1.2：1927 年～1935 年兩湖地區的中共革命
根據地 ………………………………………43

表 1.3：1936 年湖北省 9 個市鎮商店數 ………50

表 1.4：1930 年代湖北省棉花主要市場 ………53

表 2.1：20 世紀三四十年代各地權類型戶比例 64

表 2.2：20 世紀 30 年代兩湖地區耕地分配情況 65

表 2.3：1948 年兩湖地區各階層土地佔有情況 66

表 2.4：20 世紀 20 年代湖南省無地戶在 40% 以上縣份 …………………………69

表 2.5：20 世紀 20 年代湖南省無地戶在 20% 以下縣份 …………………………70

表 2.6：土改前湖南省各階層人口及土地佔有 情況 …………………………70

表 2.7：土改前湖南 20 個保（村、鄉）地主 富農戶口及佔地情況 …………71

表 2.8：二十世紀三十年代湖北省無地戶(佃農) 比例在 40% 以上縣份 …………74

表 2.9：土改前湖北 29 個村地主富農戶口及 佔地情況 …………………………76

表 2.10：江漢平原各縣農田經營者分類百分比 ·82

表 2.11：1950 年江漢平原各縣地主富農佔地 情況 …………………………83

表 2.12：1950 年江漢平原部分村莊（鄉）地權 分配吉尼系數統計 …………85

表 2.13：1950 年潛江縣總口區安家村地權分配 情況 …………………………86

表 2.14：1950 年石首縣三合鄉地權分配情況 ··87

表 2.15：1950 年嘉魚縣兩個保中的兩個組地權 分配情況 …………………………88

表 2.16：土改前江漢平原部分村莊（鄉）公田 情況 …………………………90

表 2.17：1912〜1933 年兩湖各類型農戶百分比 變動情況 …………………………99

表 2.18：1936〜1942 年湖南省會同縣雄溪鄉 各階層百分比變動情況 …………99

表 2.19：1920 年代前後湖北西部各類農戶
　　　　百分比變動情況 ……………………… 101

表 2.20：1936 年、1948 年兩湖各階級戶口、
　　　　人口及土地佔有比例 ……………… 102

表 2.21：1936 年、1948 年湖北省三個地權
　　　　分配類型區地主佔地比例 ………… 104

表 2.22：清代、民國長沙縣某地土地交易
　　　　情況 …………………………………… 105

表 2.23：清代、民國長沙丁家鋪陳氏各時期
　　　　族田買入情況 ……………………… 106

表 2.24：1932 至 1936 年黃岡縣土地買賣典押
　　　　件數及總價額 ……………………… 108

表 2.25：1936 至 1950 年（土改前）沔陽縣
　　　　牛路鄉沙嶺村土地變化情況 ……… 108

表 2.26：1936 年至 1948 年桂陽縣樟市鄉
　　　　各階層戶數變化情況 ……………… 109

表 3.1：20 世紀 30 年代兩湖部分縣人口、
　　　　耕地情況 ………………………………… 118

表 3.2：1948 年中南區六省一百個鄉人口、
　　　　耕地情況 ………………………………… 119

表 3.3：土改前兩湖部分村（保、鄉）人口、
　　　　耕地情況 ………………………………… 119

表 3.4：1950 年沔陽縣各區戶口、人口及耕地
　　　　情況 ………………………………………… 122

表 3.5：兩湖地區平均每田場田地塊數、坵數
　　　　及大小數量表 …………………………… 123

表 3.6：民國時期湖南全省稻作面積產量比較 132

表 3.7：湖南十足年稻作畝產 ……………………… 133

表 3.8：江漢平原主要縣份水稻面積、產量
　　　　狀況 ………………………………………… 134

表 3.9：1924～1938 年兩湖主要作物畝產表 · 135

表 3.10：1948 年兩湖的租佃率 ……………… 137

表 3.11：土改前長沙縣各鄉地主階級土地
　　　　租佃率 …………………………………… 138

表 3.12：土改前湖北蘄春縣主要階層土地
　　　　出租率 ……………………………… 139

表 3.13：民國時期全國各地租佃期限情況 … 141

表 3.14：土改前長沙縣槲梨鄉 3 戶地主押租
　　　　租額情況 ……………………………… 147

表 3.15：土改前湘潭縣某村部分佃戶交租
　　　　情況 …………………………………… 150

表 3.16：民國時期洞庭湖濱各縣租額情況 … 151

表 3.17：1948 年鄂城縣鄧平鄉 8 戶貧農租入
　　　　土地產量及交租情況 ……………… 154

表 3.18：土改前兩湖地區各階級雇工情況 … 159

表 3.19：土改前長沙縣磨盆鄉、茶陵縣廟市鄉
　　　　部分地主土地自耕、雇工情況 …… 160

表 3.20：土改前湖北沔陽縣牛路鄉沙嶺村
　　　　雇工農戶情況 ………………………… 161

表 3.21：土改前湖北武昌縣錦繡鄉五個村
　　　　部分雇工農戶情況 ………………… 162

表 4.1：1925 年至 1931 年漢口棉花輸出數 … 174

表 4.2：民國時期湖南省稻作面積及產量 …… 178

表 4.3：30 年代湖南米穀有餘縣份輸出概況 · 179

表 4.4：1929 年～1935 年長沙關、岳州關湘米
　　　　運出量 ………………………………… 181

表 4.5：1929 年～1933 年湖南棉花總產量和
　　　　海關出口量 …………………………… 184

表 4.6：1930 年代前後洞庭湖濱各縣棉作產量
　　　　及運銷量 ……………………………… 185

表 4.7：1950 年江漢平原部分村莊耕地及作物
　　　　情況 …………………………………… 191

表 4.8：1936 年鄂北主要縣耕地、旱地及棉花
　　　　種植面積 ……………………………… 194

表 5.1：1948 年湘鄂兩省各地區普通中農收入
　　　　結構 …………………………………… 204

表 5.2：1948 年茶陵縣廟市鄉 9 戶典型中農
　　　　收入結構 ……………………………… 206

表 5.3：1948 年茶陵縣廟市鄉九戶典型中農
　　　　種植經濟作物情況 ·················· 207
表 5.4：1936 年、1948 年兩湖普通中農家庭
　　　　支出結構 ···················· 209
表 5.5：1948 年鄂城縣鄧平鄉 9 戶典型中農
　　　　食物和穿衣支出 ················ 210
表 5.6：1948 年長沙縣磨盆鄉 8 戶中農食物
　　　　消費結構 ···················· 211
表 5.7：1936 年、1948 年兩湖地區中農收支
　　　　狀況 ······················ 216
表 5.8：1929 年鄂東四縣共產黨員數量及成分
　　　　比例 ······················ 235
表 5.9：部分兩湖籍開國領導人及高級將領
　　　　幼年時期家庭經濟狀況 ··············· 236

緒　論

一、選題緣由及意義

　　在共和國建立前夕，中國共產黨對當時全國形勢作了總結。在經濟方面，中國共產黨認為，革命前中國農村最大的癥結在於地權分配的嚴重不均，大約只占鄉村總戶數百分之八左右的地主富農佔有全部農村耕地的 70%到80%。〔註1〕這個簡單的結論有效地針對農村總體知識水平低的狀況，為以後土改的順利進行提供了輿論支持。但是當這個結論上升到意識形態的高度時，對以後認識中國傳統鄉村社會起到了相當大的負面效應。在以後近四十年的時間裏，它支配了人們對革命前中國鄉村社會土地關係的認識，在學術界尤其如此。在上世紀八十年代思想解放的背景下，革命前中國鄉村社會土地關係的研究也開始突破禁錮，認識呈現多元化。這種多元化，一方面在於宏觀層面上的土地關係研究中不同觀點的碰撞，〔註2〕另一方面在於區域研究的展開。但就目前來說，土地關係的區域研究存在著「厚此薄彼」的缺點，即研究的區域集中在華北和江南兩個區域。此外，陝西關中、四川成都平原的研究各有代表性著作問世，〔註3〕而其他區域或有學者涉獵，但研究成果較

〔註1〕毛澤東：《目前形勢和我們的任務》，人民出版社 1975 年版，第 10 頁。
〔註2〕參見李金錚、鄒曉：《二十年來中國近代鄉村經濟史的新探索》，《歷史研究》2003 年第 4 期；李金錚：《中國近代鄉村經濟史研究的十大論爭》，《歷史研究》2012 年第 1 期。
〔註3〕關中地區的研究參見秦暉、金雁：《田園詩與狂想曲：關中模式與前近代社會的再認識》，語文出版社 2010 年版；胡英澤：《流動的土地——明清以來黃河小北幹流區域社會研究》，北京大學出版社 2012 年版。成都平原的研究參見李德英：《國家法令與民間習慣——成都平原租佃制度新探》，中國社會科學出版社 2006 年版。

為分散，系統性研究較少，本項研究所關注的兩湖地區就是比較典型的例子。

明清時期，隨著大量移民的湧入，兩湖地區進入了農業大開發階段，並逐漸發展為我國最重要的農業區之一。但兩湖地區在明清這一段歷史中並不顯眼。政治上，遠離首善之區，卻又非邊疆之地，主體部分大體上安穩；經濟上，不似江南富甲天下，卻又優於西部地區。總體來說，明清時期的兩湖「四平八穩」，不突出，也不落後。及至近代，兩湖地區突然耀眼起來，先是湖湘學派「經世致用」學風被發揚光大，而後湘軍橫空出世，挽救清廷於飄搖，緊接著，推翻清王朝的辛亥革命在武昌打響了第一槍，十多年後，兩湖地區爆發了當時全國最為激烈的農民運動，並使兩湖成為抗戰前共產黨最為活躍的地區之一，從中走了一大批中共高級將領，引領著中國革命最終走向勝利。近代這一百多年的時間裏，兩湖地區一直走在中國歷史的前沿，與近代以前的「沉默」形成了鮮明的對比。兩湖地區在中國近代史上的耀眼表現，顯然不能用偶然性來解釋，它只能是根植於這片土地的自然、經濟、社會與文化傳統之中的總爆發，是布羅代爾式的「結構」、「局勢」制約下的突發「事件」。布羅代爾提醒我們：「不要只考慮短時段，不要相信最吵鬧的演員才是最可靠的——還存在著其他的比較安靜的演員。」〔註4〕我們所要關注的鄉村土地問題正是「安靜的演員」，它毫無疑問是支撐近代以來兩湖地區這個耀眼歷史舞臺的一個深刻背景。

中國傳統鄉村社會的土地問題極具複雜性，它既是經濟問題，又是政治和社會問題，此外，土地問題又因區域的不同呈現出不同的特點，如江南地區地權集中與農業商品化有著莫大的關係，〔註5〕廣東省珠三角地區的高租佃率與宗族組織的發達有密切聯繫，〔註6〕而秦暉所研究的陝西關中地區雖然地權分散，但地主大都是有權勢者。〔註7〕因此，我們如果要深入瞭解中國傳統鄉村社會的土地問題，必須通過區域研究來進行，掌握區域土地關係的特點，研究土地問題與區域自然、經濟、政治、社會環境之間的關係。這是本項研究的立

〔註4〕（法）布羅代爾著，劉北成、周立紅譯：《論歷史》，北京大學出版社 2008 年版，第 41 頁。

〔註5〕曹幸穗：《舊中國蘇南農家經濟研究》，中央編譯出版社 1996 年版，第 22～27 頁。

〔註6〕陳翰笙著，馮峰譯：《解放前的地主與農民——華南農村危機研究》，中國社會科學出版社 1984 年版，第 27～58 頁。

〔註7〕秦暉、金雁：《田園詩與狂想曲——關中模式與前近代社會的再認識》，語文出版社 2010 年版，第 63～64 頁。

足點，具體地說，我們所關注的是二十世紀前半期兩湖的土地關係呈現出什麼樣的狀態，這種狀態在這一階段或更長的時間裏有哪些變化，它與其他地區有什麼區別，是什麼原因導致這種狀態，它與自然、經濟、政治、社會環境之間進行怎樣的互動，等等。通過對這些問題的研究，我們將為認識中國傳統鄉村社會提供一個新的視角，從而可以深入把握農村問題的共性和特性。

二、學術史回顧

（一）明清兩湖地區農業經濟史研究及其所反映的區域農業經濟特徵

兩湖地區的經濟特徵形成於明清時期，以移民運動、農業大開發及米糧輸出為主的經濟活動對兩湖地區經濟發展造成深遠的影響，要把握兩湖地區的經濟特徵，就不能不對明清時期兩湖的經濟發展有所認識。明清以來兩湖成為我國糧食生產最重要的區域之一，農業經濟的地位突出，因此，農業經濟特徵也尤其能凸顯兩湖地區的經濟特點。農業開發、農業生產力與農作物的發展、米糧貿易是明清兩湖農業經濟史研究的重點內容，我們將通過梳理這三個方面的研究成果來把握明清以來兩湖地區的農業經濟特徵。

1. 農業開發

相比於中國其他發達的經濟區，兩湖地區的發展較晚，明清時期才進入大開發階段。大量移民的湧入是兩湖地區開發的動力。早在上世紀三十年代，譚其驤就指出，湖南的開發，「其功在乎東方人、北方人」〔註 8〕（譚氏以位於湖南北方之冀、豫、魯、晉、陝、鄂為北方，以湖南東方之蘇、浙、皖、閩、贛為東方）。張國雄把兩湖地區在明清時期的開發分為基於前人的基礎和起步兩種，前者主要是江漢——洞庭平原，西部山區則屬後者。〔註 9〕「鄂東、湘中、江漢—洞庭平原是以江西為主體的長江中下游移民遷入時間早，數量多的地區。這些先進經濟區的建設，甚至湘鄂西山區經濟的起步，都應當主要歸功於移民及其後裔。沒有移民就沒有兩湖的經濟大開發。」〔註 10〕垸田與山區山地的開發是兩湖農業開發的主要內容。由於垸田對兩湖農業的重要性，得到學界較大的關注。已有的研究表明，明清時期的垸田發展如下：明代中葉達到發展的第一次高潮，明清之際遭受了毀滅性的破壞；康熙朝以後，

〔註 8〕譚其驤：《長水粹編》，河北教育出版社 2000 年版，第 194 頁。
〔註 9〕張國雄：《明清時期的兩湖移民》，陝西人民出版社 1995 年版，第 174 頁。
〔註 10〕張國雄：《明清時期的兩湖移民》，陝西人民出版社 1995 年版，第 183 頁。

湖區的農業生產逐漸得到恢復，垸田開始迅速發展，在乾隆至嘉慶年間達到飽和，晚清時期，兩湖平原的垸田因盲目圍墾而惡性膨脹。〔註 11〕西部山區的開發在明中期有所進行，在清統治建立以後，進入大開發階段。根據張建民等學者的研究，清代大量外地人進入川湖陝交界地區，「為打破山區以低生產和低消費結構為主的低能源生態系統侷限，做出了多方面的努力。農業、手工業及經濟林特產資源開發規模空前，生產力亦顯著增長。」〔註 12〕在湘鄂西山區，清統治建立以後進入大開發階段，其動力是改土歸流前後「臨近的各已開發區人民源源不斷地湧入這個被視為『土曠人稀』的地方。」〔註 13〕水利建設是農業開發的重要內容。明清時期兩湖的農田水利建設有兩個基本內容，「一是新的水利工程設施的創建，一是原有水利設施的不斷修復、重建和維護」，在特點上呈現出建設難度越來越大；設施因地制宜多樣化、規模小、存廢無常；水利科技含量低等內容。〔註 14〕在垸田區，興建堤防「成為發展垸田生產的前提和必須採取的重要的農田水利工程措施。」但垸堤雖有防洪作用，但為了解決垸內積澇，還需要進行「開挖排灌渠系，興建引派涵閘於保留蓄澇湖泊等水利工程措施。」在江漢平原的垸田區，由於垸外河湖水位逐漸上升，垸田的自流外排日益困難，需要水車抽排，因此，「水車是江漢平原垸田生產必備的重要的水利工具。」〔註 15〕在堤垸水利經營方面，清代以後經費方面轉向以民間負擔為主，實行官督民辦，在享利和負擔相結合的原則下，按照受益大小確定負擔輕重，在此前提下，盛行按照負擔能力分擔經費勞務的辦法。官府在水利建設方面的作用，是在民間難以自主聯合和有糾紛的時候介入調解。〔註 16〕在山區，雖然灌溉水利得到長足發展，但是由於過度墾殖，水

〔註 11〕張建民：《清代江漢──洞庭湖區堤垸農田的發展及其綜合考察》，《中國農史》1987 年第 2 期；梅莉、張國雄、晏昌貴：《兩湖平原開發探源》，江西教育出版社 1995 年版，第 87～131 頁；陳鈞、張元俊、方輝亞主編：《湖北農業開發史》，中國文史出版社 1992 年版，第 119～120 頁；吳量愷主編：《清代湖北農業經濟研究》，華中理工大學出版社 1995 年版，第 80～85 頁。

〔註 12〕鄭哲雄、張建民、李俊甲：《環境、移民與社會經濟──清代川、湖、陝交界地區的經濟開發和民間風俗》，《清史研究》2004 年第 4 期。

〔註 13〕張建民：《清代湘鄂西山區的經濟開發及其影響》，《中國社會經濟史研究》1987 年第 4 期。

〔註 14〕張建民：《試論中國傳統社會晚期的農田水利》，《中國農史》1994 年第 2 期。

〔註 15〕張國雄：《江漢平原垸田的特徵及其在明清時期的發展演變》，《農業考古》1989 年第 1 期。

〔註 16〕張建民：《清代兩湖堤垸水利經營研究》，《中國經濟史研究》1990 年第 4 期。

利難以保證農業墾殖的維持與發展。〔註17〕兩湖地區農業開發的後果，學界有基本的共識，即有促進兩湖地區社會經濟大發展積極面的同時，也存在消極面。在積極方面，兩湖由此成為中國最重要的糧食生產地區之一，並向外地大量輸出米糧，帶動了商業和市鎮的發展。在消極方面，農業開發破壞了兩湖地區的生態環境，使明清時期兩湖地區較之前水旱災害愈加頻繁。〔註18〕

　　綜上所述，我們可以看出明清時期兩湖地區農業開發有如下特點：起步較晚，但速度快，由於移民的大量湧入，自然條件較好的平原區在短時期內隨著人口的膨脹完全開發，山區也在清代開發殆盡。人類活動與自然的緊張關係也在這一時期兩湖的農業開發中突出顯現，過度開發使生活在該區域的人們不得不面臨頻繁的災害。這些特徵對兩湖地區的社會經濟發展模式、農民的心理和行為都造成了深遠的影響。

2. 農業生產力與農業作物的發展

　　珀金斯的研究表明，從十四世紀到二十世紀前期，中國糧食總產量的增加，一半是由於耕地面積的擴大，另一半則是因改良種子、改變耕作方式和引入新作物而引起的主要糧食作物產量的加倍。〔註19〕這個結論暗示，明清以後農業生產技術並沒有突破性發展，生產方式的改進是農業生產力進步的主要內容。譚天星認為，清代兩湖地區耕作制度的改進主要表現在兩熟制面積的推廣，特別是雙季稻，另外，在增強地力的途徑方面也有了新的突破。〔註20〕鄧永飛分析了清代湖南的水稻生產，認為通過精耕細作和提高生產技術，清代

〔註17〕張建民：《明清長江中游山區的灌溉水利》，《中國農史》1993年第2期。
〔註18〕主要的研究成果有：梅莉、張國雄、晏昌貴《兩湖平原開發探源》，江西教育出版社1995年版；譚天星《清前期兩湖地區農業經濟發展的原因及其影響》，《中國農史》1990年第1期；梅莉《洞庭湖區垸田的興盛與湖南糧食的輸出》，《中國農史》1991年第2期；張家炎《明清江漢平原的農業開發對商人活動和市鎮發展的影響》，《中國農史》1995年第4期；張建民《清代湘鄂西山區的經濟開發及其影響》，《中國社會經濟史研究》1987年第4期；張建民《明清漢水上遊山區的開發和水利建設》，《武漢大學學報（哲學社會科學版）》1994年第1期；張建民《明清山區資源開發特點述論——以秦嶺—大巴山區為例》，《武漢大學學報（哲學社會科學版）》1999年第6期；鄭哲雄、張建民、李俊甲《環境、移民與社會經濟——清代川、湖、陝交界地區的經濟開發和民間風俗》，《清史研究》2004年第4期，等等。
〔註19〕（美）珀金斯著，宋海文等譯，伍丹戈校：《中國農業的發展（1368～1968）》，上海譯文出版社1984年版，第45頁。
〔註20〕譚天星：《清前期兩湖地區農業生產技術水平初探》，載華南農業大學農業歷史遺產研究室編《農史研究》，農業出版社1990年版，第36頁。

後期，湖南水稻畝產量由明代的 2.29 石增加到 4.29 石。〔註21〕在清代湖北江漢平原，依張家炎的研究，雙季稻「雖廣有分布但比例甚微」，水稻種植以一季稻為主。在畝產量方面，「整個清代江漢平原水稻的單產，大體上使徘徊在 2 石左右。」因此，該區域水稻生產的發展主要表現在種植面積的擴大。〔註22〕在農業作物方面，除水稻作為兩湖地區主要農作物一直以來受到學界重視外，經濟作物和雜糧受到關注。兩湖地區的經濟作物在清代得到較大的發展，特別是江漢平原，清中期已形成「糧棉兼重」的種植結構。〔註23〕到清代晚期為止，鄂北、鄂東都是湖北重要的棉花產區，尤其以德安、漢陽、黃州三府最為著名；湖南則以洞庭平原為主要棉產區。〔註24〕茶葉也是清代兩湖地區重要的經濟作物，主要分布在鄂東南、鄂西南、岳州及其周圍以及長沙、寶慶、常德、辰州四府交界等地區。另外湖南衡陽、湖北均州的煙草對當地的經濟也起到相當重要的作用。〔註25〕至於雜糧作物，大多分布於兩湖的山區。〔註26〕

　　總體上說，明清時期兩湖地區農業生產力的發展體現在耕地面積的擴大和種植方式的改變，與中國其他區域一樣，兩湖地區農業生產技術並沒有突破發展，只是在生產細節上做了改進。在作物種植上，雖然清代兩湖地區的經濟作物有了較大發展，但並不足以打破以水稻為最主要作物的農業結構。這種結構對兩湖社會經濟發展起了一定的消極作用。

3. 米糧貿易

　　米糧輸出作為明清時期兩湖地區異常顯眼的經濟特徵，長期以來受到學界的格外重視。在上世紀六七十年代，全漢昇就對兩湖地區的米糧輸出有所關注。〔註27〕在盛極一時的「資本主義萌芽」研究中，兩湖米糧輸出亦是作

〔註21〕鄧永飛：《清代湖南水稻生產技術探析》，《中國社會經濟史研究》2007 年第 3 期。
〔註22〕張家炎：《清代江漢平原水稻生產詳析》，《中國農史》1991 年第 2 期。
〔註23〕張家炎：《糧棉兼重各業發展——清代中期江漢平原作物結構研究》，《古今農業》1991 年第 3 期。
〔註24〕張國雄：《清晚期兩湖纖維作物的種植與分布》，《古今農業》1995 年第 2 期。
〔註25〕張國雄：《清代兩湖地區茶、煙的種植與分布》，《古今農業》1993 年第 3 期。其他關於兩湖地區經濟作物的研究，另見李華《清代湖北農村經濟作物的種植和地方商人的活躍——清代地方商人研究之五》，《中國社會經濟史研究》1987 年第 2 期；任放《明清湖北商品經濟的發展狀況》，《湖北大學學報（哲學社會科學版）》，2003 年第 1 期，等等。
〔註26〕張國雄：《清代兩湖地區的玉米和甘薯》，《中國農史》1993 年第 3 期。
〔註27〕全漢昇：《中國經濟史論叢》，香港中文大學新亞書院新亞研究所 1972 年版，第 2 冊，第 573～574 頁。

為全國市場擴大的重要一環。〔註 28〕但是宏觀研究無法深入把握兩湖米糧貿易的諸多細節，這個缺憾為後來從事兩湖區域農業經濟史研究的學者所彌補。明清時期兩湖地區米糧貿易的研究涉及多方面內容，如米糧輸出的原因，米糧輸出的走向及貿易的影響等。譚天星指出清前期兩湖地區糧食商品化程度提高的原因有以下幾點：1、糧食產量的提高，納入市場的糧食數量也相應增多；2、國內市場聯繫的加強以及民眾日常對市場的嚴重依賴性。3、重要商業市鎮（如漢口、沙市、樊城、津市等）的發展成為大規模糧食流通的樞紐，同時，這些市鎮本身也吸收大量的糧食。〔註 29〕清代湖廣大規模的糧食外流始於康熙中葉，主要流向為：東入江浙，南下兩廣，西去貴州，北上陝豫。其中流向江浙最多，約占總量的 3/4 有餘。〔註 30〕「湖廣熟，天下足」是湖廣糧食外運後產生的諺語，至遲在成化以前的明代前期已經出現、流傳。〔註 31〕張國雄分析了這句諺語的經濟地理特徵，認為「湖廣」主要由江漢—洞庭平原、鄂東沿江平原（即鄂東南、鄂東北）、湘中丘陵盆地組成，是兩湖糧食生產最發達的農業經濟區；「天下」是指南半個中國，即長江、珠江流域，其中長江下游江蘇、浙江、安徽先進經濟區對兩湖糧食的依賴性最強。〔註 32〕米糧貿易對兩湖地區的影響主要是積極性的，對本區域而言，它推動了農業經濟的發展，促進了集鎮和城市的發展；對全國範圍而言，部分滿足了外省百姓的日用需求，對一些地區的物價穩定起了積極作用，並促進東南地區商品經濟的進一步發展。〔註 33〕亦有學者注意到米穀輸出對地區經濟的消極影響。鄧永飛通過對清代湖南米穀貿易的研究認為，外省對米穀的需要刺激了湖南水稻生產，並在清代形成了以水稻生產和米穀輸出為主的比較單一的生產方式，使得湖南經濟顯得十分脆弱，極易受到市場的影響，也極大影響了湖南經濟的發展；隨著人地矛盾的激化，這種單一的生產方式不能吸收日益

〔註 28〕許滌新、吳承明主編：《中國資本主義萌芽》，人民出版社 2003 年版，第 281頁。

〔註 29〕譚天星：《簡論清前期兩湖地區的糧食商品化》，《中國農史》1988 年第 4 期。

〔註 30〕吳琦：《清代湖廣糧食流向及其社會功用》，、《華中師範大學學報（哲社版）》1992 年第 2 期。

〔註 31〕張建民：《「湖廣熟，天下足」述論——兼及明清時期長江沿岸的米糧流通》，《中國農史》1987 年第 4 期。

〔註 32〕張國雄：《「湖廣熟，天下足」的經濟地理特徵》，《湖北大學學報（哲學社會科學版）》1993 年第 4 期。

〔註 33〕吳琦：《清代湖糧食流向及其社會功用》，《華中師範大學學報（哲學社會科學版）》1992 年第 2 期。

增長的農村剩餘勞動力，從而使湖南的各種社會矛盾更加激化。〔註34〕

大體上，清代以後，兩湖的米糧輸出以湘米為主，鄂省在一定程度上還要仰賴外米的輸入，但鄂省在米糧貿易中的作用仍然是巨大的，以漢口為中心的中轉市場，保證了全國性米糧貿易順利運行。湘鄂兩省在米糧貿易中的不同作用，既是兩省經濟的不同特徵，也塑造了兩省社會經濟發展的不同模式。

以上是明清時期兩湖農業經濟史研究所取得的部分代表性成果，從中我們可以大致勾勒出明清以來兩湖地區農業經濟的基本特徵：農業的大開發使兩湖地區成為了中國重要的糧食生產區域，並由此成為中國最重要的糧食輸出地，農業經濟波動影響全國。在此基礎上，商業、市鎮也發展迅速，反過來又促進了兩湖地區農業商品經濟的發展。但是，過度開發、農業結構單一等負面因素也嚴重影響了兩湖經濟的良性發展。在這些特徵的作用下，及至近代，兩湖地區一方面延續著自身作為中國重要農業基地的地位，另方面，也不得不面臨社會經濟近代轉型的艱難。

（二）農業經濟特徵與近代兩湖社會的土地關係研究

1. 近代兩湖地區土地關係研究述略

1988 年章有義發表《本世紀二三十年代我國地權分配的再估計》一文對中共關於建國前我國農村不到 10%的地主富農佔有全部耕地的 70%～80%的權威判斷提出質疑。章氏認為在當時地富佔有土地最多不到 60%，大致在 50%～60%之間。〔註35〕儘管此前有西方學者有過類似判斷，〔註36〕但對於當時較少接觸西方學界的中國學人來說，章氏的研究是具有相當震撼性的，並在以後作為很多學者有關地權分配文章的立論基礎被一再引用。此後，有關近代中國地權分配的研究逐漸擺脫意識形態的束縛，出現多元化的趨勢，如上文提及的秦暉提出的「關中模式」以及趙岡對太湖流域地權分配的顛覆性研究。與上述兩個地區及華北相比，兩湖地區的地權研究略顯沈寂。這並非是

〔註34〕鄧永飛：《米穀貿易、水稻生產與清代湖南社會經濟》，《中國社會經濟史研究》2006 年第 2 期。

〔註35〕章有義：《本世紀二三十年代我國地權分配的再估計》，《中國社會經濟史研究》1988 年第 2 期。

〔註36〕比如周錫瑞就曾發文認為在民國時期地主富農佔地在 56%，見 Joseph W. Esherick "Number Games: A note on land distribution in prerevolutionary China". *Modern China*, Vol.7,No4(Oct.,1981)。

學界不關注兩湖，事實上，由於地區的特殊性——作為 20 世紀二三十年代中國農民運動最為激烈的地區之一——地權分配在研究兩湖地區近代農民運動和土地革命史都會有所涉及，[註37] 但某些近代史論著給人的印象，一是材料使用的傾向性，二是引用材料簡單，這使得我們除了能瞭解當時兩湖農村地權關係存在嚴重問題之外，無法更深入瞭解農村社會。由於農業在傳統經濟中占支配地位，通史性質的著作也通常會涉及土地關係，但因通史涉及面較廣，土地關係通常無法詳細論述，只是作為歷史事件發展的背景來處理。[註38] 目前而言，筆者尚未見到過論述近代兩湖土地關係問題的專著，僅就涉及這方面研究的論著和論文而言，數量上不甚多，但內容卻十分豐富，大致如下：

（1）人地關係

人地關係涉及人口和耕地面積。一般認為，明清時期兩湖地區人口雖有增加，但人均面積要大大超過江浙，這也是從「蘇湖（常）熟，天下足」，到「湖廣熟，天下足」轉變的一大因素。[註39] 但經過清代的發展，兩湖地區人均耕地迅速下降。龔勝生認為，「人均耕地的下降，是人口壓力產生的根本原因，而土地兼併對人口壓力的深化也起著推波助瀾的作用，因為土地兼併必使一部分失去耕地所有權而加速人口的剩餘。」[註40] 李鐵強認為，在清代中葉以後，湖北人口達到峰值，由於人口壓力所推動的土地墾殖在 1840 年左右達到最高水平。在土地墾殖係數方面，江漢平原和鄂北崗地各縣最高，在 40% 到 60% 之間，鄂西山地墾殖係數盡在 10% 到 20% 之間。[註41] 陳鈞等人的觀點更具代表性：「時至晚清，耕地擴闢的勢頭已大為減弱，與人口過快的增長相比，人均耕地面積呈現急劇下降的趨勢，農業過剩人口顯著增多。」作

[註37] 成漢昌：《中國土地制度與土地改革（20 世紀前半期）》，中國檔案出版社 1994 年版，第 639 頁。

[註38] 劉泱泱主編：《湖南通史‧近代卷》，湖南出版社 1994 年版，第 19～21 頁；宋斐夫主編：《湖南通史‧現代卷》，湖南出版社 1994 年版，第 2～3 頁，第 96 頁；羅福惠著：《湖北通史‧晚晴卷》，華中師範大學出版社 1999 年版，第 26～29 頁。

[註39] 張建民：《「湖廣熟，天下足」述論——兼及明清時期長江沿岸的米糧流通》，《中國農史》1987 年第 4 期。

[註40] 龔勝生：《清代兩湖地區人口壓力下的生態環境惡化及其對策》，《中國歷史地理論叢》1993 年第 1 期。

[註41] 李鐵強：《土地、國家與農民——基於湖北田賦問題的實證研究（1912～1949）》，人民出版社 2009 年版，第 32～33 頁。

為後果，湖北省的國內糧食輸出地位急劇下降，〔註42〕在民國時，尚需仰給湘、贛、皖米的輸入。〔註43〕李金錚通過分析包括兩湖在內的長江中下游地區農家的收支，指出土地缺乏、人均耕地少是導致農民生活貧困的重要原因。〔註44〕

（2）地權分配與租佃制度

地權分配與租佃制度在土地關係研究中是核心問題，但就筆者所見，目前尚無專題論文專門探討兩湖地區的地權分配問題，租佃制度則近年來已有人涉足。論及近代兩湖地區地權分配的除了上文提到的革命史和通史著作外，有曾成貴對北洋時期湖北農村經濟的研究，認為地權進一步集中到地主手中，但由於其論述面廣，有關地權分配的內容不多，且所引用的資料也不全面。曾文同時論及了租佃制度，對北洋時期湖北農村租佃慣習和租額做了概括性闡釋。〔註45〕李鐵強在研究中以土地佔有量及其使用狀況為基礎，把農戶分為地主和農民，農民又分自耕農、佃農和雇農。根據他的分析，在民國時期，湖北省的地主約占農戶的3.4%，約占耕地的28%；佃農的比率只有15%，承租總耕地的28%；78%左右為自耕農，佔有72%的土地。由此可見，湖北省是租佃制度較不發達的省份。他還進一步指出，僅根據土地佔有量來劃分農村階層可能是不合適的。原因有三：一是某些地區存在永佃制，導致地權的扭曲；二是除土地外的其他再生產性資本（如牲畜、大型農具、現金、勞動力的數量和質量），都可能導致收入的差別；三是農產品在滿足家戶消費後的剩餘不一定相同。〔註46〕官互進通過對北洋時期兩湖地區租佃制的考察，認為湘鄂「兩省租佃制都較為發達」，「民國以來，它成了經濟發展的束縛力量」。〔註47〕趙彥玲通過對1927～1937年湖北租佃制度的研究，認為湖

〔註42〕陳鈞、張元俊、方輝亞主編：《湖北農業開發史》，中國文史出版社1992年版，第148～152頁。

〔註43〕侯楊方：《長江中下游地區米穀長途貿易》，《中國經濟史研究》1996年第2期。

〔註44〕李金錚：《近代長江中下游地區農家的收支對比及其相關因素——以20世紀20～40年代為中心》，《學海》2002年第4期。

〔註45〕曾成貴：《北洋時期的湖北農村經濟》，《江漢論壇》1985年第1期。周群在碩士學位論文中對清末民初湖北地權分配亦有探討，結論與曾文相同，不贅述，見周群：《清末民初湖北農村經濟社會的變更》，華中師範大學2005年碩士學位論文。

〔註46〕李鐵強：《土地、國家與農民——基於湖北田賦問題的實證研究（1912～1949）》，人民出版社2009年版，第308～321頁。

〔註47〕官互進：《北洋軍閥時期兩湖農村租佃關係述略》，《湖北社會科學》2002年第5期。

北土地的租佃關係較為普遍，佃農占農戶比例在 35%～50%之間，並指出在促進湖北農業經濟增長的諸多因素中，租佃制度是重要因素之一。作者對地租進行了集中討論，得出如下結論：在該時期，湖北地租的形式多樣而落後，租額和租率並不比全國的平均水平高。〔註48〕

（3）地權變動

論及兩湖地區地權變動的論文主要是徐暢的《農家負債與地權異動——以 20 世紀 30 年代前期長江中下游地區農村為中心》。作者以農家負債與地權變動的關係為視角，從農戶土地典押借貸比例，由土地典押借貸到喪失地權的可能性和現實性，農戶因土地典押借貸引起地權喪失的實況，論證了抗戰前包括兩湖地區在內的長江中下游地區地權處於集中時期，地權集中具有普遍性、不劇烈性的特點；土地兼併者的非農民性加強，大量土地流向城居地主、政府官員等手中。最後，作者認為，「長江中下游地區農戶普遍負債、地權趨於集中、土地市場清淡、地權非常態異動等多重看似矛盾的現象交織在一起，說明中國農村經濟遇到了前所未有的嚴峻形勢，也昭示了中國農村孕育著巨大的、甚至是不可調和的矛盾，不經過劇烈的社會動盪，不足以解決之。」〔註49〕陳鈞等認為近代湖北地權不斷集中，且民國比晚清更加嚴重。〔註50〕

（4）農戶的作物選擇

對近代兩湖地區農戶作物選擇的討論集中在江漢平原。張家炎認為，清中葉起江漢平原垸田的大量增加，當地並沒有更多的稻米輸出，也沒有因人口壓力而轉向種植價值更高的經濟作物（尤其是棉花），原因在於環境的不確定性使農戶優先選擇保障生存的糧食作物。民國初期，由於環境改善，棉花種植才激烈擴張，因此，江漢平原的農戶的經濟行為主要受環境變化驅動，而不是市場變化驅動〔註51〕。常慶欣、劉明松同樣強調環境的作用，指出民國時期江漢平原農戶面臨著自然的（主要是水災）、市場的（糧食市場的價格

〔註48〕趙彥玲：《民國時期湖北租佃關係研究（1927～1937）》，華中師範大學 2008 年碩士學位論文。

〔註49〕徐暢：《農家負債與地權異動——以 20 世紀 30 年代前期長江中下游地區農村為中心》，《近代史研究》2005 年第 2 期。

〔註50〕陳鈞、張元俊、方輝亞主編：《湖北農業開發史》，中國文史出版社 1992 年版，第 157、210 頁。

〔註51〕張家炎：《環境、市場與農民選擇——清代及民國時期江漢平原的生態關係》，載黃宗智主編：《中國鄉村研究》第 3 輯，社會科學文獻出版社 2005 年版，第 1～37 頁。

波動）、社會的（大量的武裝衝突）的風險，在此背景下，農戶形成了一種風險規避基礎上的基本需求最大化行為取向，農戶種植仍以糧食作物為主，棉花雖然大量種植，但仍屬「試探性行為」，一旦價格下降或受到自然災害的影響，農戶就會將種植棉花的耕地重新種植糧食作物。〔註 52〕陳風波、丁士軍的論著持同樣的觀點。〔註 53〕

（5）公田及其他

田炯權在論著中對清後期兩湖地區的義田做了較為全面的研究，內容包括湖南義田的分布、管理和租佃關係，湖北義田的生產關係等，並以此為切入點討論地主制的相關問題。〔註 54〕柳鏞泰比較了國民革命時期廣東和兩湖地區農民運動中對公產的不同處理方式，認為「公產、公堂的爭奪──合作社設立──打倒土豪劣紳──鄉民、縣民、省民會議運動相互聯接在一起，公產、公堂的爭奪既是一連串運動的出發點，又是突破點。這四個運動是在別的省看不到的兩湖地區農民協會運動的最大特徵。」〔註 55〕林濟在對黃州宗族的研究中，提出了長江中游地區宗族公產的特點：從來源看，主要來自私人贍養田、無嗣繼承的財產、族人的捐助、土地自由買賣和宗族的自然圈佔；從產權上看，族產所有權歸於祠堂祖先名下；從功能上看，以祭祀和助學為主。〔註 56〕任金帥認為辛亥革命導致了兩湖地區公產運作模式的轉變，傳統的「官督紳辦」轉變為權紳獨掌，進而成為劣紳割據鄉里的經濟基礎，因而，鄉村各種社會矛盾衝突非但沒有因辛亥革命得到緩和，反而進一步加劇。〔註 57〕此外，徐暢認為抗戰前長江中下游地區地主城居的規模和速度日益擴大，給鄉村帶來了負面影響，政治上使農村社會基層權力結構中非官方力量制約減弱，加重了農村基層政權地痞化和流氓化的趨勢，經濟上地主城

〔註 52〕 常慶欣、劉明松：《民國時期江漢平原農戶經濟行為研究》，《中國經濟史研究》2006 年第 3 期。

〔註 53〕 陳風波、丁士軍：《農戶行為與農村經濟發展：對民國以來江漢平原的研究》，中國農業出版社 2007 年版，第 62～89 頁。

〔註 54〕 （韓）田炯權：《中國近代社會經濟史研究──義田地主和生產關係》，中國社會科學出版社 1997 年版。

〔註 55〕 （韓）柳鏞泰：《國民革命時期的公產、公堂問題──兩湖與廣東農民運動之比較》，載張憲文主編：《民國研究》總第五輯（1999 年），第 5～15 頁。

〔註 56〕 林濟：《長江中游宗族社會及其變遷──黃州個案研究（明清～1949 年）》，中國社會科學出版社 1999 年版，第 68～81 頁。

〔註 57〕 任金帥：《辛亥革命與鄉村公產運作的歷史變遷──以兩湖為中心的歷史考察》，《人文雜誌》2011 年第 5 期。

居帶走了相當數量的現金並造成了租佃關係形式的改變，加劇了 30 年代前期農村金融枯竭和農村破產。〔註 58〕譚同學在著作中通過研究湖南一個村莊變遷，討論了傳統鄉村社會土地的物質意義和象徵意義，指出「對於村民而言……若不能掌握土地，尤其是依祖蔭獲致的土地，不僅在生計上受損，同時也是對祖先的不敬。」〔註 59〕

　　以上就是筆者所見有關近代兩湖地區土地關係研究的主要論著和論文。雖然說研究已經涉及土地關係的多個方面，但幾乎每一個方面都還有深入研究的空間，比如說李鐵強有關自耕農所佔比例的估計，官互進關於租佃製成為阻礙經濟發展的結論，都還可以繼續探討。總的說來，與華北、江南及關中地區相比，近代以來兩湖地區土地關係還未形成系統性的研究。

2. 從農業經濟特徵看近代兩湖土地關係研究的不足

　　對中國傳統時代農村社會經濟的研究，華北和以長江三角洲為中心的江南地區的成果最為豐富，原因大概在於這兩個區域一為「政治中心區」一為「經濟中心區」，然而正是由於它們的特殊地位，使我們無法以其作為中國傳統農村經濟社會的一般情形。以區域研究為基礎而得出的一般性結論，在經過更多地區的檢驗之前，它仍然只是區域性的。事實上，我們所做的區域研究，一方面是對地方經濟社會做深入瞭解，另一方面也是對一般性結論的檢驗。舉例來說，黃宗智提出的「過密化」理論是基於華北和長江三角洲的經驗而試圖解釋中國傳統社會農村經濟的一般性結論，雖然圍繞其展開的爭論很多，但遺憾的是，通過其他區域的研究對其證實或證偽較少。

　　明清以來兩湖地區的農業經濟特徵無疑會對土地關係造成深刻影響。就人地關係而言，明清時期兩湖地區土地的大開發和人口的膨脹是決定性因素，這一點在以上所提及的有關人地關係研究中都有所體現。從趨勢上說，經過清中期以後的人口膨脹，人地之間的緊張關係已經不可逆轉，兩湖地區極有可能出現農業「過密化」現象。張家炎認為，清代後期兩湖平原相對過剩農業人口的轉移「主要屬內部轉移……這種方式以投入更多的人力和時間為前提，它要求耕地面積與人口成線性比例增加，當可利用耕地增加到極限程度而轉移方式不變的話，人地矛盾就不可避免地總爆發，降低生活標準、

〔註 58〕徐暢：《抗戰前長江中下游地區地主城居述析》，《文史哲》2002 年第 4 期。
〔註 59〕譚同學：《橋村有道——轉型鄉村的道德權力與社會結構》，三聯書店 2010 年版，第 53〜59 頁。

社會劇烈動盪等情況都有可能相隨而生。」〔註60〕如果這個結論正確的話，表明兩湖地區（至少是江漢平原）的人地矛盾可能要甚於長江三角洲，然而就目前來說，兩湖地區在資料的發掘上尚不足以與長江三角洲進行量化比較，更遑論理論上的互證。

在對江南的研究中，我們能看到，區域農業經濟特徵對地權分配、農戶經濟行為等諸多方面都會產生深刻影響。如江南地權的集中與農業商品經濟的發達有著密切聯繫，「在工商業比較發達的地區……農民的勞動價值除了以地租和賦稅的形式被地主和國家徵收之外，還要通過商品市場、金融市場和勞動力市場，被商人、高利貸者和產業資本家所佔有。這些以商業利潤、借金利息、工廠利潤等形式從農民身上榨取的財富，不僅遠比地租和賦稅的總和還要多，而且財富的增殖速度也快得多。」土地外收入成為購買土地最重要的資本，按曹幸穗的說法，「一個村莊在一年中所提供的商業利潤，就足夠被用來買走它自己的 1/10 的土地」，地權因此而迅速集中。〔註61〕至於農戶經濟行為，即使表面看來是相似的，其深層因素因不同地區不同的特徵而有所差別。如華北平原，租佃比例低，農業商品化主要是由生存和謀利推動：底層農戶為了生存選擇種植風險更大但報酬也更大的棉花；在社會經濟上層的大經營農場，通常將植棉作為多種作物組合的一部分以謀取最大利潤。在長江三角洲，租佃制度發達，農業商品化的主要形式是「剝削推動的商品化」——地主、商人出售其收租所得的糧食。〔註62〕在微觀層面上，華北自耕小農面臨生存的壓力，長江三角洲的佃農則同時面臨繳租和生存兩方面壓力。在這個意義上說，長江三角洲的農戶更容易參與市場，特別是傳統社會後期貨幣地租盛行。在兩湖地區的研究中，張家炎注意到了農業大開發後農業生產環境的惡化對農民經濟行為的影響，為了在災害頻繁的環境中保障生存，農民優先考慮糧食作物而不是獲取利潤的經濟作物。但同時，張氏可能忽視了另一因素或者說兩湖農業經濟的另一特徵，即與江南相比，清代本地棉紡織業引發的市場需求並不足以刺激兩湖地區農戶大規模種植棉花。

〔註60〕張家炎：《明清長江三角洲地區與兩湖平原農村經濟結構演變探異——從「蘇湖熟，天下足」到「湖廣熟，天下足」》，《中國農史》1996 年第 3 期。

〔註61〕曹幸穗：《舊中國蘇南農家經濟研究》，中央編譯出版社 1996 年版，第 35 頁。

〔註62〕黃宗智：《長江三角洲小農家庭與鄉村發展》，中華書局 2000 年版，第 105～106 頁。

　　與華北、江南等研究得較為成熟的地區相比，兩湖地區的土地關係研究在區域農業經濟特徵的把握上相對存在不足。換言之，孤立的、就事論事的研究較為普遍，原因可能在於作者視野所限或者文章篇幅所限而無法展開討論，這些都不是無法克服的困難。區域農業經濟特徵是我們觀察兩湖地區土地關係的一個視角，同時也是土地關係特徵形成的深層因素之一。整體上把握這兩者之間的聯繫，不僅是我們深入瞭解本區域傳統時代農村社會經濟的需要，同時也是與其他區域深度比較的需要。

　　需要指出的是，農業經濟特徵只是影響近代兩湖地區土地關係的重要因素之一，上文提及的自然環境因素與制度性因素也需要重點關注。拿制度性因素來說，兩湖地區亦有發達的宗族組織，族田占耕地比例不低，特別是湖南，總體上在 10%左右，〔註 63〕其對地權分配的影響不能忽視。同樣，兩湖地區的永佃制雖無專文研究，但有資料表明，不少地區存在永佃制。〔註 64〕因此，要深入瞭解近代兩湖地區的土地關係，也需要整體上把握兩湖地區的區域特徵，幸運的是，近三十年明清以來兩湖農村社會經濟史研究的學術轉型為我們提供了這個條件。〔註 65〕

〔註 63〕林源西：《近代兩湖族田研究》，南京師範大學 2011 年碩士學位論文。

〔註 64〕參見南京國民政府司法行政部編，胡旭晟等點校：《民事習慣調查報告錄》，中國政法大學出版社 2000 年版，第 325 頁；土地委員會編：《全國土地調查報告綱要》，1937 年版，第 45 頁；丁正云：《湖南宜章縣之農佃制度》，《農聲》1942 年第 227 期，等等。

〔註 65〕近三十年來，明清以降兩湖地區農村史經歷了從側重經濟史到經濟史、社會史並重的學術轉型。以武漢大學為例，相繼推出了系列論著，如楊國安的《明清兩湖地區基層組織與鄉村社會研究》（武漢大學出版社 2004 年版）、《國家權力與民間秩序：多元視野下的明清兩湖鄉村社會史研究》（武漢大學出版社 2012 年版），周榮的《明清社會保障制度與兩湖基層社會》（武漢大學出版社 2006 年版），徐斌的《明清鄂東宗族與地方社會》（武漢大學出版社 2010 市版）；另有以兩湖地區為主要研究區域的論著，如任放的《明清長江中游市鎮經濟研究》（武漢大學出版社 2003 年版），王美英的《明清長江中游地區的風俗與社會變遷》（武漢大學出版社 2007 年版）。除此以外，還有一些專題研究和論文集面世，如陳鋒主編的《明清以來長江流域社會發展史論》（武漢大學出版社 2006 年版）、張建民主編的《10 世紀以來長江中游區域環境、經濟與社會變遷》（武漢大學出版社 2008 年版）、張建民、魯西奇主編的《歷史時期長江中游人類活動與環境變遷專題研究》（武漢大學出版社 2011 年版）等。這些成果在廣度上均有拓展，既重視實證，也強調理論，如任放在市鎮研究中對施堅雅有關中國傳統農村市場模式的運用；楊國安在鄉村基層社會對社會控制及周榮對社會保障的解讀，都涉及到社會學的重要理論。

三、探討的問題及概念界定

土地於中國傳統社會有著物質、社會、精神三個方面的意義。在物質方面，土地是農民生存和繁衍的經濟基礎，也是國家財政的最主要來源；在社會方面，圍繞土地展開的對所有權、耕種權以及土地產出的競爭是傳統社會裏的主要社會關係之一，這種競爭不僅是在農民個體層面，還涉及鄉村共同體和國家政權；在精神方面，鄉村中供奉最為廣泛的神靈便是土地神，而中國人對土地依戀塑造了中國文化特質，誠如費孝通在上世紀四十年代所言：「我們的民族確是和泥土分不開的了。從土裡長出過光榮的歷史，自然也會受到土的束縛，現在很有些飛不上天的樣子。」〔註66〕這三個方面綜合起來形成了中國傳統社會裏錯綜複雜的土地關係。這些關係包括自然與土地、人與土地以及在土地基礎上人與人、人與地方社會、地方與國家等等，它們之間聯繫緊密，環環相扣，牽一髮而動全身，「在農民社會裏……最小的技術變化，最小的人口壓力，都會影響到整個系統的平衡，帶來整個系統的變動與重組，而變動一旦啟動，就受自身固有動力的驅使，直到建立一個全新的系統。」〔註67〕因此，在觸及土地關係的某一環節進行改革時，常常要麼因強大的阻力而失敗，要麼對整個系統重新洗牌。在近代，較為典型的，前者如南京國民政府實行的「二五減租」，後者如中共農村革命的勝利。

土地關係中最基本的問題是土地所有權問題。私有制條件下，地權分配不均是正常現象。在傳統中國鄉村社會，兩個基本因素對地權分配起長期作用，一是土地的自由買賣，二是諸子平分家產的習俗，前者決定地權集中的速率，後者決定地權分散的速率。在此基礎上，按美國學者珀金斯的假想，「凡是自然的或人為的災難頻繁的地方或者極其貧困的，經常需要舉債，那麼各地的租佃率就應該長期穩步上升……隨之而來的又應該是華北的租佃率應該最高，因為那裡的自然災害最嚴重。由於華北有很多地方缺乏灌溉，黃河泛濫又很頻繁，那個地方作物產量的波動很大，要比長江流域這類地區大得多。這樣在北方農民就時常陷於飢饉狀態之中，因此也更可能借助於舉債來渡過他們的難關，這樣也就更可能喪失他們的土地。」但事實是，「正是在華北，那裡的租佃數是最少的。」〔註68〕依照珀金斯的解釋，在中國農業利潤很低

〔註66〕費孝通：《鄉土中國·生育制度》，北京大學出版社 1998 年版，第 7 頁。
〔註67〕（法）H·孟德拉斯著，李培林譯：《農民的終結》，中國社會科學出版社 1991 年版，第 33 頁。
〔註68〕（美）珀金斯著，宋海文等譯，伍丹戈校：《中國農業的發展（1368～1968）》，

的情況下，購買土地的資金一般來自農業部門以外，這些資金的持有人主要是軍政官員、商人和高利貸者。當這些資金流向土地時，通常選擇土地報酬率高、市場條件好的地區，這是東南沿海一帶和長江流域租佃率高的主要因素。〔註69〕且不論珀氏的觀點是否有普遍性解釋力，它給我們的啟發是，當我們考察一個區域的地權分配時，必須全盤考慮到該區域的自然條件、社會環境等相關因素。換言之，中國傳統鄉村社會的地權問題，不僅是經濟史問題，也是環境史和社會史問題。

　　探討近代以來鄉村社會土地關係問題，必須聯繫兩個基本背景，一是人口壓力，二是農業商品化的發展，這兩者對鄉村社會的階級結構、租佃與雇傭關係、農民經濟行為和生活水平等方面造成深刻影響。如冀—魯西北地區，在清初是一個「以自耕農為主的未經階級分化的社會」，到20世紀30年代，「此地區已變成一個人口密集，地主和佃農、雇主和雇工階級相當分明的社會。」〔註70〕伴隨者人口壓力和農業商品化，近代農村經濟發生了巨大的變遷。在華北，主要表現為三個方面，一是以棉花為代表的「技術農作物的發展」，二是「亦農亦商的趨勢」，三是「以副補農的普遍存在」。〔註71〕「同時，商業性農業的成長，又促進了階級的分化——獲利於經濟作物和因經濟作物的風險而遭受損失的兩種小農之間的分化。人口增長與階級分化的雙重壓力，使本區（冀—魯西北地區——引者）45%的農場面積降到了10畝以下。」〔註72〕

　　農民生活水平通常取決於土地的多少，但又不僅僅取決於土地的多少。隨著近代商業性農業的發展，農民的收入結構也發生著變化，經濟作物和副業在農戶的收入中佔有越來越高的比重，在某些地區，副業甚至成為主要收入，如湖北京山縣境內範家嶺，「該村由於受地理的限制，人煙稠密，耕地較少，平均每人不到半分地。范鵬程是范家嶺最大的戶，也只有三十多畝地，全家十幾人，人平沒有三畝地。因而范家嶺的人，光靠種田，是難以維持生活的。為了生活，每家都經營著一種或幾種常年副業或季節副業，以補耕地收穫之不足。……人稱范家嶺為小漢口。其中以開粉坊的為最多。由於人們

　　　　　上海譯文出版社1984年版，第116～117頁。

〔註69〕（美）珀金斯著，宋海文等譯，伍丹戈校：《中國農業的發展（1368～1968）》，上海譯文出版社1984年版，第123頁。

〔註70〕黃宗智：《華北的小農經濟與社會變遷》，中華書局2000年版，第301頁。

〔註71〕喬志強主編：《近代華北農村社會變遷》，人民出版社1998年版，第66～70頁。

〔註72〕黃宗智：《華北的小農經濟與社會變遷》，中華書局2000年版，第301頁。

農兼商搞得好，副業門路多，相應的人們的生活比較富裕，連最窮的范正舉也不愁吃穿。」〔註73〕但是，與市場聯繫緊密的經濟作物種植與副業經營也存在著巨大風險，一方面，捲入國際市場的中國農業要承受國際市場價格動盪的風險，另一方面，近代中國政局動盪，整體上缺乏穩定的市場環境。農民的生活受到此種環境的巨大影響。

土地關係問題的最終指向是農民生活問題。一般認為，近代以來中國農民生活普遍貧困。按照傳統的觀點，封建主義和帝國主義的雙重剝削壓迫是農村普遍貧困的主要原因。封建剝削表現在地主佔有大量土地通過租佃或者雇工無償獲得農民的大部分勞動成果，帝國主義則通過控制價格來掠奪中國農村。這也正是中國革命反帝反封建的理由。但事實上，鄉村中完全依靠剝削生活的地主僅占少部分，按南京國民政府土地委員會的調查，全國土地完全出租地主戶數占總調查戶數的2.05%，〔註74〕這其中又有一部分是家中缺乏勞動力的鰥寡孤獨戶。如果這個調查接近事實的話，意味著傳統認為地租剝削是鄉村中最主要的生產關係是誇大的，如章有義所言，「長期以來，人們慣於把土地關係狹隘地理解為租佃關係，即地主和佃農的關係，而把農民小土地所有制視為無足輕重的因素，不是一筆帶過，就是根本不提。實際上，小自耕農佔有土地達40～50%，或者說，40%左右，乃是中國近代土地關係的一個重要組成部分。將這部分置之視野之外，又怎麼可能對土地關係有一個全面的瞭解？農民小土地所有制和地主所有制是兩個不同的範疇，但兩者又是密切相關、互為消長的。固然地主所有制處於主導地位，而農民所有制處於從屬地位，但如果不瞭解後者，則前者的變化發展，也就難以解釋清楚。因此，在考察農村土地關係和階級關係時，除了租佃關係和雇傭關係，還必須對自耕農的經濟地位予以足夠的重視。」〔註75〕至於帝國主義，「促進了中國經濟的一些重要部門是沒有疑義的，但同樣確信無疑的是它們也製造了相當大的混亂和不景氣。」〔註76〕因此，也不能一概而論。

〔註73〕范守佐：《莊秀山浩劫范家嶺》，載中國人民政治協商會議京山縣委員會文史資料研究委員會編：《京山文史資料》第6輯，1987年版，第51頁。
〔註74〕土地委員會編：《全國土地調查報告綱要》，1937年版，第35頁。
〔註75〕章有義：《本世紀二三十年代我國地權分配的再估計》，《中國社會經濟史研究》1988年第2期。
〔註76〕黃宗智：《長江三角洲小農家庭與鄉村發展》，中華書局2000年版，第119～120頁。

　　總體來說，農民的生活水平並不僅僅是一個擁有多少耕地的問題，它與一個地區的自然條件、租佃制度、市場環境、價格水平以及外部市場等因素息息相關。目前就近代的農村經濟，在學界有倒退論、停滯論和發展論幾種，但不管持何種觀點，其隱含的焦點仍然是近代以來中國農民的生活水平究竟是趨於惡化還是趨於改善。換言之，農民的生活水平是反映農村經濟水平的主要指標之一。

　　綜上所述，土地關係作為一個系統問題，以地權分配為核心，延伸出租佃制度、雇傭關係等相關問題，結合地區的自然條件、市場環境等因素，最終指向農民的生活水平問題。這也是我們探討二十世紀前半期兩湖鄉村土地關係重點關注的內容。近代以來兩湖鄉村社會，既有中國鄉村社會的共性，又有根植於自身區域地理、風俗習慣等因素的特性，同時把握兩湖鄉村土地關係的這種共性和特性，既是本項研究的方法，也是本項研究的目的。

　　基於以上內容，我們對本項研究的一些概念做如下說明：

　　1. 土地關係。如前文所言，本文所指土地關係包括自然與土地、人與土地以及在土地基礎上形成的人與人、人與社會、社會與國家等方面的關係，是「包括土地經濟關係、政治關係、社會關係、文化關係在內的各種因土地制度而形成的關係總和」。〔註77〕從鄉村層面講，經濟關係和社會關係是土地關係中的核心內容，因為它們直接關係著農戶的生活問題。

　　2. 農家經濟。農家經濟的範圍很廣，包括農民所掌握的生產要素、農民的生產、收入、支出等方方面面。在本文中，由於材料和篇幅的限制，我們無法一一研究農家經濟的各方面內容，重點放在農民家庭的收支結構方面，以此反映農民的生活水平。

　　3. 兩湖。兩湖（湖南、湖北）在一定程度上可視為一個整體。歷史上，在康熙初年分省而治之前，兩湖屬「湖廣」一個行政區劃，擁有較高的整合度。分省之後，由於相近的地理位置，兩省在經濟、社會等方面交流密切。同時，兩湖之間又因地理環境、人文環境的不同又擁有各自不同的區域特徵。因此，兩湖既可以作為整體進行區域研究，又可以通過各自特徵作比較研究。

　　4. 二十世紀前半期。從具體時間上說，本文的「二十世紀前半期」為1900～1950年。這一段時期是中國歷史變革最為劇烈的時期之一，短短半個世紀，中國的政治體制經歷了從帝制到共和制再到共產主義的三級跳。鄉村的社會

〔註77〕劉淼編著：《土地關係與農村社會》，暨南大學出版社2011年版，第6頁。

經濟狀況是變革的主要動力之一，而變革也給鄉村社會帶來了深刻影響，但這樣的互動在不同的階段有著不同的程度。研究這一段時期的土地問題，有助於我們深入把握鄉村與社會變革之間的聯繫。需要指出的是，為了更好的說明歷史的傳承關係，研究的時間段並不僅限於這半個世紀，將會有適當的上延下伸。

四、資料來源及其說明

近代以來，特別是南京國民政府時期，政府機關、高校、研究機構、民間團體、個人和外國在華機構等對中國社會經濟狀況進行了大量的調查。在農村社會經濟方面，僅在 30 年代前後，「調查之多不下於九千次」。〔註 78〕這些調查，有各省區宏觀層面的統計，如國民政府行政院主計處、實業部國際貿易局、地政學會、土地委員會以及中外學者如卜凱、田中忠夫、馬札亞夫等人的調查，也有針對村級乃至農戶的微觀層面的資料，如毛澤東對贛南興國等縣、日本「滿鐵」對華北和蘇南、李景漢對河北定縣、張聞天對陝北的農村調查等。總體來說，宏觀層面的農村調查質量良莠不齊，編造數據、調查不嚴謹的現象比較嚴重，比如國民政府實業部國際貿易局組織調查的《中國實業志》，因素據豐富而被研究者大量引用，但是根據參與調查的馮和法回憶，江蘇、浙江兩省的調查，很多數據都是編寫人員所杜撰。〔註 79〕微觀層面的資料，由於範圍較小，調查相對容易，資料的可信度也相對較高。在宏觀層面調查資料的使用上，我們可能需要各方面材料進行互證才能得出較為準確的結論，而微觀層面的資料，我們更多要考慮的是其是否具有典型性的問題，但是由於民國時期微觀調查較少，某些資料我們也很難因其典型性不夠而將其忽略。

民國時期對兩湖的農村經濟調查，宏觀層面上的資料較為豐富，湖南省方面，如實業部國際貿易局的《中國實業志（湖南省）》（1935 年版），湖南省經濟調查所的《湖南之桐油與桐油業》、湖南省銀行經濟研究室的《湖南各縣市經濟概況》（1942 年版）、《湖南之棉花及棉紗》、《湖南之穀米》等（參見曾賽豐、曹有鵬編：《湖南民國經濟史料選刊 2》，湖南人民出版社 2009 年版），

〔註 78〕陶誠：《30 年代前後的中國農村調查》，《中國社會經濟史研究》1990 年第 3 期。

〔註 79〕馮和法：《回憶〈中國實業志〉編纂過程》，載《文史資料選輯》第 22 輯，總 122 輯，中國文史出版社 1991 年版，第 110 頁。

縣級的經濟調查，如中央農業實驗所的《湖南安化茶業調查》（1939 年版）、國民經濟研究所的《湖南桃源之茶葉》（1936 年版）、《湖南益陽之經濟》（1935 年版）、《湖南沅江縣經濟調查》（1935 年版）等等；湖北省方面，如湖北省政府秘書處統計室的《湖北省年鑒（第一回）》（1937 年版），平漢鐵路經濟調查組的《老河口支線經濟調查》（1937 年版），金陵大學農業經濟系的《豫鄂皖贛四省農村經濟調查報告》（1936 年版），有湖北省政府民政廳的《湖北縣政概況》（1934 年版），湖北省農村調查委員會的《湖北省農村調查報告》（1937 年版）等等，縣級的調查，金陵大學農業經濟系的《黃岡縣煙葉貿易調查記》（1934 年版），葉雅各、趙學詩的《武昌縣農村調查統計表說明書》（刊於《湖北建設月刊》1928 年第 4、5、6 期），李華、葉雅各《鄂城縣農村調查統計表說明書》（刊於《湖北建設月刊》1929 年第 1 期），李華、葉雅各《大冶縣農村經濟調查統計表說明書》（刊於《湖北建設月刊》1929 年第 11 期）等。此外，蕭錚主持的地政學會對 1930 年代土地問題進行的調查，民國時期出版發行的各類經濟期刊，都有不少兩湖省級或縣級層次的農村經濟統計。相較之下，微觀層面的調查較為缺乏。就目前筆者所掌握的資料，湖南省方面，有湖南省立衡山鄉村示範學校的《衡山師古鄉社會概況調查》（1937 年版），孫本文、陳倚興的《湖南長沙崇禮堡鄉村調查》（1948 年版）、張煥華的《湖南臺田村農村生活散記》（刊於《農村生活》1940 年第 10 期），宋志堅、田耕禮的《新開鋪農情紀實》（新開鋪屬長沙，刊於《修農月刊》1931 年第 1 期），張宗禹的《上湘西各縣農業經營與農業金融之初步研究》（針對 190 戶農家的綜合分析，刊於《湖南經濟》1948 年第 3 期）；湖北方面，有湖北省立教育學院的《湖北武昌縣青山實驗區戶口與經濟調查報告》（1936 年版），徐士俊、王楚賓、胡紹齋等的《六十五家菜園農經濟調查》（調查地點位於武昌，刊於《湖北農聲》1935 年第 1 期），署名寄食的《鄂城五區裏的一百戶農家》（刊於《西三縱隊月刊》1935 年第 5 期）等。這些微觀資料，無論是數據的豐富程度還是調查的系統性，都無法與華北、長江三角洲等地的一些著名調查——如「滿鐵」農村調查、李景漢的定縣調查——相比。此外，這些調查還存在著準確度的問題，如湖北省立教育學院對武昌縣青山實驗區的調查，調查者指出在調查過程中有如下困難：1.鄉民不明了調查意義，懷疑是係政府徵兵抽稅之用；2.保甲辦理未善，無保甲長者，該保或該甲調查無法進行；3.鄉民個性複雜，性格姦猾者易作偽；4.鄉民數字觀念籠統；5.調查時間碰上農忙，

鄉民不願交談；6.鄉民有防備心理，不願多交談。〔註 80〕這些困難或多或少降低了調查數據的準確度。但是，調查者畢竟意識到了這些困難，在調查過程「用種種方法，以求得其真相」，〔註 81〕為我們最大程度地保存了當時村級乃至農戶層次上的經濟狀態。在目前民國時期兩湖農村社會微觀調查數量發掘有限的情況下，我們只有充分利用好這些資料，才能對該區域農村社會經濟做更深入探討。

在我們的研究過程中，民國時期兩湖地區微觀層次調查資料較為缺乏的情況，可以用土改時期的農村調查資料彌補。對土改農村調查資料，學者張佩國有過高度評價：「可以毫不誇張地說，土改資料時研究近代中國農村地權分配乃至整個農村社會經濟史的最為豐富的史料。」〔註 82〕土改調查雖然有著濃烈的階級意識，整體上也是以「地權高度集中」為指導原則，但事實上，作為鄉村財富強制平均分配的依據，調查數據必須儘量準確且分類細緻。這些數據包括每家農戶的家庭人數、勞動力、土地佔有、農具、借貸及農家收入、支出等情況，涉及了農家經濟的每一個角落。土改調查還往往追溯抗戰之前，有的甚至追溯到大革命時期，〔註 83〕這為我們研究農村社會經濟變遷提供了條件。

最後我們需要特別一提的是 1950 年湖北省農業普查資料。這次普查的目的是「瞭解本省各縣區村農業基本情況，作為 1951 年全省農業生產計劃的根據」。普查由湖北省農業廳組織，發動了武漢大學、中華大學及省農學院師生 684 人，另外專屬動員 100 人，一般縣動員 30 人。普查時間從七月下旬到九月下旬，為期兩個月。在調查層次上，包括縣、區、村、農戶四級，並有重點縣和一般縣劃分，八個省重點縣由省派駐工作隊進行調查；一般縣又分重點村和一般村，重點村由各縣普查委員會派人直接主持，一般村則由各區發動幹部進行調查。〔註 84〕此次普查的項目，與土改調查既有重合，又有區別。

〔註 80〕王倘、薛建吾編：《湖北武昌縣青山實驗區戶口與經濟調查報告》，湖北省立教育學院 1936 年版，第 6～8 頁。

〔註 81〕王倘、薛建吾編：《湖北武昌縣青山實驗區戶口與經濟調查報告》，湖北省立教育學院 1936 年版，第 8 頁。

〔註 82〕張佩國：《地權・家戶・村落》，學林出版社 2007 年版，第 24 頁。

〔註 83〕如湖北省檔案館藏《湖北省委政研室關於陽新縣五區金門鄉林上行政村「大革命以來人口、土地變動及政治情況演變調查報告」》，SZ-02-0045-002。

〔註 84〕湖北省農業廳：《湖北省 1950 年農業普查初步總結》，1950 年，湖北省檔案館藏，檔案號：SZ107-02-0003-001。

就農戶層面來說，調查的項目包括家庭人數、勞動力人數、耕地數（包括自有耕地、租出耕地、租入耕地）、水田面積、旱地面積、耕畜和家畜數、農具數、作物面積及產量（包括水稻、棉花、小麥、大麥、蠶豆、油菜等）。這些項目中，作物面積和產量是土改調查較為缺乏的。調查數據雖然反映的是 1950 年的農業情況，但為我們研究一段時期內農家的經濟行為提供了幫助。遺憾的是，湖南省缺乏對應的資料。

通過宏觀材料，我們可以瞭解兩湖地區整體上的農村社會經濟情況，對湘鄂兩省之間及兩省內部地區差異進行比較研究；通過微觀材料，我們可以深入到村落和農戶家庭，掌握農戶的生產行為和生活水平。只有這樣，才能真正的認識革命勝利前的農村社會。

五、論文的重點與難點

如前文所述，地權問題是土地關係中的基本問題，這也是本項研究所重點關注的問題之一。湘鄂兩省有著密不可分的聯繫，但是兩省又有著各自鮮明的地區特徵。我在查閱資料的過程中，發現兩省地權分配呈現出截然相反的特點，特別是核心農業區，湖南省的洞庭湖區、湘中和湘東丘陵區地權集中，湖北省的平原區、鄂東一帶丘陵區地權較為分散，這無疑為我們提供了可做比較的樣本。這種比較不僅僅體現在資料所反映出的地權分配外在特點，更重要的是，我們需要挖掘造成地權分配差異的內在因素。

本項研究認為，江漢平原是一個較為特殊的區域。作為湖北農業條件最好的區域，此間地權分散值得關注，因為從全國來看，農業條件好的地區通常地權較為集中，如江南地區、華南珠三角地區等。儘管江南、珠三角地區地權集中表現為不同的外在形式，且有不同的內在動因，但是優質的土地吸引了土地外資本的進入無疑是原因之一。按理說，江漢平原優越的農業條件對土地外資本具有同樣的吸引力，地權應較為集中，但這樣的情況卻沒有出現，這意味著江漢平原有著其獨特的經濟社會環境，這種獨特性是其地權分散的主要因素，我們將深入探究此種獨特性。

我們還將關注 20 世紀前半期兩湖地區的地權變動。自 1980 年代以來，學界對近代地權究竟是趨於集中還是趨於分散有不同的認識，但大都是在宏觀層面上的爭論，那麼我們從區域上看，地權變動又會是什麼樣的特點呢？在決定地權分配狀況的兩大長期因素——土地自由買賣和諸子平分家產習俗

——這個條件相同的情況下，區域地權變動取決於該區域制度特徵和社會狀況，如土地交易習慣、宗族制度、政治狀況等，例如，20 世紀 20 年代兩湖的農民運動以及後續影響，對地權變動產生了很大的影響。因此，我們探究兩湖地區的地權變動，並非只是簡單地指出是趨於集中還是分散，而是結合整個區域社會環境，對地權變動進行全方位的把握。

我們所要重點關注的另一個問題是農民的生活水平。「三農問題」——無論是歷史上的還是現實中的，最終要探討的是農民的生活問題。本項研究中，我們將著重討論中農的生計問題，理由有二：其一，「中農」這一概念雖然存在著階級意味，但這一階層大體上是由自耕農組成，屬鄉村社會裏的中產階層。通過對中農生活水平的把握，一方面瞭解自耕農的家庭經濟，另一方面，以此為標準，推斷出佃農、雇農的生活水平，從而總結出兩湖鄉村社會農民生活的一般水平。其二，有關中農家庭經濟的資料較為豐富，在土改時期的農村調查中，有不少中農典型戶的調查資料，調查的內容包括家庭人口、勞動力、佔有耕地、家庭收入、家庭支出等等，並調查了從抗戰前到土改後這些項目的變化，這為我們進行深入研究提供了條件。對中農生活水平的考察，我們將通過分析農戶的家庭收支情況進行。同時，我們還將考察農民生活水平與社會變遷的關係。

本文雖然是土地關係的區域研究，但並不是孤立的。在實證考察的同時，需要把握兩湖區域特徵對土地關係的影響，以此為起點，我們還將進行區域間的比較研究，認識兩湖地區土地關係的區域特徵，這是本項研究需要克服的難題。

第一章　兩湖地區的農業環境

　　農業生產的特殊性在於它受多種因素的制約，這些因素不僅包括與農業生產有著直接關聯的自然環境，還包括社會經濟環境。

　　自然條件是農業生產的基礎，數千年來文明的發展也未改變農業生產「靠天吃飯」的特點，「即使發展到現代化農業的今天，還要受到自然條件的巨大影響，不僅是特大的洪澇、乾旱、風災等一時無法抵禦，而且對某些自然因素的影響，如光照條件、地面漬害等，要比傳統農業所受到的制約更為敏感。」〔註1〕在傳統農業中，土壤、氣候、水能等要素直接制約著農作物的分布、種類乃至農業生產效率。因此，傳統農業的發展，既是人類對自然改造的過程，同時也是人類對自然環境適應的過程。

　　農業生產亦受社會經濟環境影響。最簡單的事實是，當社會處於平穩時，農業通常會有所發展，而當社會動盪時，農業生產會出現停滯甚至倒退。工業革命後科學技術的突飛猛進為農業發展提供了強大動力，但對近代中國來說，農業技術沒有出現突破性的發展。相較之下，不同地區的社會經濟環境對中國農業的影響要遠遠大於生產技術對農業的影響，如江南地區，原是中國重要的水稻產區，在宋代開始有「蘇湖熟，天下足」的說法，明清以後，由於商品經濟的發達，農業商品化程度高，以棉花為主的經濟作物迅速發展，擠佔了水稻的生產空間，需要仰給外來糧食才能解決民眾的吃飯問題。農業經濟中與社會經濟環境關聯最為密切的是土地關係，比如地權分配，從縱向上來說，中國歷史上的王朝興替與地權的分散與集中的走勢在某種程度上一

〔註1〕周立三主編：《中國農業地理》，科學出版社 2000 年版，第 4 頁。

致；從橫向上來說，不同地區的社會風俗、經濟發展水平都影響地權分配，比如華南宗族組織發達，廣東某些地區的族田要占到全部耕地的三分之一以上。〔註2〕

　　自然環境與社會經濟環境共同造就了農業社會，我們所關注的二十世紀前半期兩湖地區土地關係問題雖然只是這個時段農業社會的一部分，但要深入把握，也需要對該區域該時段的自然條件和社會經濟環境做全方位的瞭解。

一、兩湖地區的自然條件

　　兩湖地處長江中游，為中國東西、南北部的過渡地帶，地理位置非常重要，其中武漢更有「九省通衢」之稱，是為東西南北之交通樞紐。明清以來，由於大量移民的湧入，兩湖進入了快速開發階段，並發展成為中國重要的農業區之一，「湖廣熟，天下足」這句諺語的流傳說明了兩湖地區的農業在明清時期的重要地位。兩湖優越的自然條件是明清以來農業迅速發展的主要原因。

（一）地形與土壤

　　整體上，兩湖的地勢是以兩湖平原為中心半封閉的碗狀結構，東南西北皆有高山，如鄂北之桐柏山、鄂東之大別山，鄂西大巴山，湘西之武陵山、雪峰山，湘東之羅霄山，湘南之五嶺等，這些山脈是兩湖地區與其他省區的天然界線，也是限制兩湖與外地交流的障礙。山地是兩湖地區的主要地形，湖北省海拔 500 米以上的山地占全省總面積的一半以上，湖南省 500 米以上山地占總面積的 46.32%，總體上說，兩湖地區一半左右的面積為山區。丘陵與平原是明清以來兩湖地區成為中國重要農業區的基礎，兩者合計面積占各自省份總面積的不到一半，丘陵在湖北省占總面積的 24.2%，湖南省占 35.8%，平原占湖北省總面積的 19.9%，湖南為 12.54%。〔註3〕

　　湖南的土壤有紅壤、黃壤、紫色土、灰棕壤和水稻土，其中以紅壤面積最大，約占全省總面積的百分之七十，分布於湘中、湘南大部，湘東、湘北、湘西的部分地區；黃壤主要分布於湘西地區；紫色土集中於衡陽與常寧之間，

〔註2〕陳翰笙：《解放前的地主與農民——華南農村危機研究》，中國社會科學出版社 1984 年版，第 36～38 頁。

〔註3〕參見湖北省地方志編纂委員會：《湖北省志·地理（上）》，湖北人民出版社 1997 年版，第 2～3 頁；湖南師範學院地理系編：《湖南農業地理》，湖南科學技術出版社 1981 年版，第 6 頁。

灰棕壤多分布在山嶽地帶。在耕地方面，以水稻土分布為最廣，占全省耕地面積百分之八十以上，遍布全省各地，這其中以濱湖各縣湖積層發育的水稻土最為適合水稻生長。〔註4〕地形對土壤肥力有著不同的影響。

表1.1：湖南省各類地形的土壤肥力

地形	水分%	全氮%	有效磷斤／畝	交換鉀斤／畝	有機質%	樣品數	備註
山區	2.36	0.135	3.72	43.17	1.94	7	
丘陵	2.85	0.147	3.22	30.44	1.61	37	包括河流平原
平原	4.23	0.100	2.83	24.67	1.19	6	
冷浸滂田	2.88	0.112	0.44	17.28	1.69	3	丘陵區

資料來源：湖南農學院編：《湖南農業》，高等教育出版社1959年版，第31頁。

上表表明，地力以山區為較高，丘陵區次之，平原再次之，以冷浸滂田為最劣。這屬土壤的天然肥力，與各類地形的特點有關。山區由於植被豐富，樹葉腐爛成為天然肥料，丘陵、平原、湖區的植被則遠不及山區豐富。但土壤的天然肥力作用有限，加之明清以來森林破壞，水土流失嚴重，土地肥力亦有所下降。山區的另一個劣勢是灌溉不便，特別是對水稻而言，水利尤其重要，山區無法提供穩定水源，即使氣候適宜，亦無法成為糧食生產重地。

湖北省的土壤同樣肥沃，除了東北山地土地較為貧瘠外，「餘則概稱沃壤」，兼以適宜的氣候，「凡溫帶及半熱帶高山植物均宜。」〔註5〕湖北省的土壤主要有紅壤、黃壤、黃棕壤、潮土、石灰土、紫色土和水稻土為主，其中耕地亦以水稻土為主，大約占全省耕地總面積的50%左右。從各類地形上說，平原湖區以潮土、水稻土為主，適宜各類作物生長；丘陵地帶土壤主要由黃土、馬肝土、白墡土、紅黃土、沙泥土、青泥土等，鄂中丘陵以黃土、馬肝土、白墡土分布最廣，鄂東北丘陵地帶以沙泥土為主，鄂東南低山丘陵區以紅黃土為主，此類土地適宜中水稻、小麥、茶、麻等；山地土壤則以山地黃土、石渣子土、灰色土和山地沙土為主，分布於恩施、宜昌、鄖陽等第，適宜中玉米、紅薯、麥、豆、水稻等。〔註6〕

有關作物的分布，土壤的類型是一個因素，但更重要的因素是氣候。

〔註4〕湖南農學院編：《湖南農業》，高等教育出版社1959年版，第26～31頁。
〔註5〕白眉初：《鄂湘贛三省志》，中央地學社1927年版，第305頁。
〔註6〕周兆銳主編：《湖北省經濟地理》，新華出版社1988年版，第18～21頁。

圖 1　湖南省地圖

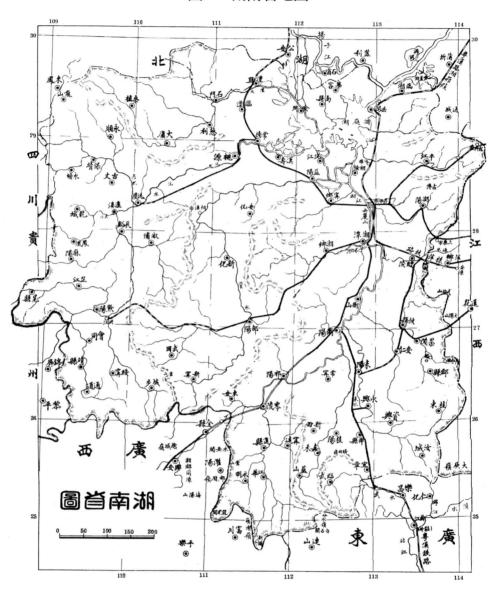

資料來源：湖南省政府秘書處第五科編：《湖南省年鑒》，1933 年版，第 1 頁。

圖 2 湖北省地圖

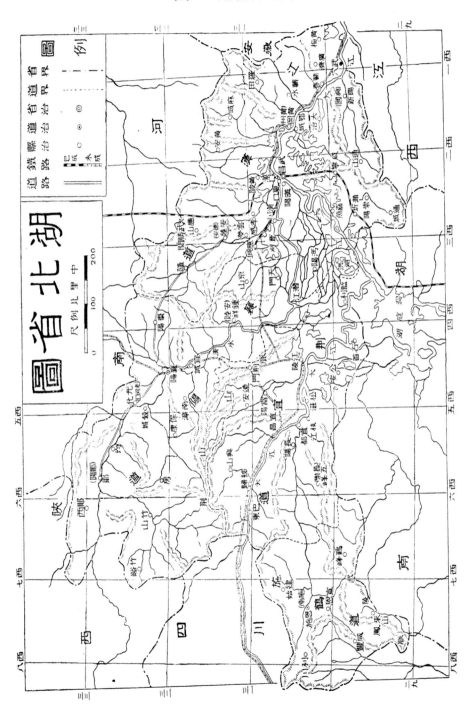

資料來源：陳博文編，陳鐸校：《湖北省一瞥》，商務印書館 1928 年版，第 1 頁。

（二）氣候與作物

按照卜凱的農業區分類，湖北大致屬揚子水稻小麥區，湖南屬水稻茶區，這個分類的主要決定因素是氣候。揚子水稻小麥區一月平均氣溫 3.8 攝氏度，七月平均氣溫 27.9 攝氏度，全年平均雨量 1059 毫米，生長季 293 天，水稻茶區一月平均氣溫 5.3 攝氏度，七月平均氣溫 28.5 攝氏度，全年平均雨量 1466 毫米，生長季 308 天，[註7] 這種溫暖濕潤的氣候極適合水稻的生長，甚至大部分區域適宜種植雙季稻。

但兩湖地區地形的複雜也導致了兩湖地區氣候的多樣化，並直接影響農作物的分布。根據 1981 年的資料，湖北省可劃分為六個農業氣候型，分別是北緯 31 度以南鄂東南溫熱多雨伏旱型（下分幕阜山地農業氣候區、鄂東沿江平湖低山兩個農業氣候區）、北緯 31 度以南江漢平原溫暖易澇型（江漢平原農業氣候區）、北緯 31 度以北低山丘崗和多光多旱型（下分三北崗地農業氣候區、荊山—大洪山各縣農業氣候區、鄂東北大別山農業氣候區）、鄂西南暖和多雨少光、旱澇最少型（鄂西南農業氣候區）、三峽河谷冬暖型（三峽河谷農業氣候區）、鄂西北山區溫涼少雨春旱型（下分北三縣農業氣候區、南五縣農業氣候區）。[註8] 這些氣候類型（氣候區）對湖北多樣化的作物發展起著決定性的作用，如鄂東沿江平原低山農業氣候區由於光能豐富、熱能充沛，又與水資源配合較好，故稱為湖北省糧棉高產區；江漢平原光能、水熱豐富，農業氣候條件十分優越，對農業的全面發展極為有利，糧、棉、油等作物產量高；三北崗地農業氣候區（包括襄陽、棗陽及光化、南漳、穀城東部部分地區）光照充足、陰雨較少，對小麥的生長極其有利，同治年間的《襄陽縣志》稱：「襄麥較下游諸郡獨勝。」[註9]

湖北的主要農作物為稻、棉花、麥、玉米、高粱、豆類、芝麻等。稻穀、大小麥分布最廣，全省各縣皆有種植，但分布較不平衡，鄂西大部分山區的氣候地形不適宜稻麥生長，因此出產較少，而以玉米、甘薯等高產旱作物為主。棉花是湖北省最主要的經濟作物，由於氣候合適，全省除了鄂西山區外，

[註7]　（美）卜凱主編：《中國土地利用》，金陵大學農學院農業經濟系 1937 年版，第 28、36 頁。
[註8]　鄧先瑞：《湖北氣候分區簡述》，湖北省地方志編撰委員會辦公室編：《湖北省志資料選編》，第二輯，1983 年版，第 14～21 頁。
[註9]　（同治）《襄陽縣志》，卷之三，《食貨志·物產》。

基本上都有出產，但分布亦不平衡，以江漢平原出產最為豐富（湖北主要作物的分布參見附錄 1）。

對農業生產來說，湖北的氣候條件是優越的，全省大部分地區適宜主要作物的生長，水稻、大小麥、棉花這幾種保證民眾生存和近代工業發展的農作物皆有出產，且產出頗豐。同時，氣候、地形的多樣性又決定著作物的多樣性，在近代人口壓力且農業生產技術未有突破發展的情況下，這種多樣性為民眾提供了一定的生存保障。

湖南的水、熱資源豐富，「並在主要作物生長季節配合得還算好，有利於農林牧副漁的全面發展」，但亦十分複雜，「在季風環流和複雜地形的支配影響下，水分和熱量的時空分配不均。」〔註 10〕湘北洞庭湖平原農業區與湖北江漢平原的氣候特點較為相似，水量充沛，光、熱充足，對水稻的生長極為有利，同時亦適合旱地作物大小麥和棉花的生長，近代以來，該區域是湖南棉花的主要產區。湘中、湘東一帶雖然水、光、熱資源同樣豐富，亦適合多種作物生長，「但是由於氣候的季節變化，熱量和降水常常配合不當，以致乾旱季節明顯，低溫危害甚烈。」夏秋季節的乾旱使晚稻、棉花的生長受到較大影響〔註 11〕。湘南、湘西多山，氣候更為複雜，但總體上降雨豐富，大部分區域亦適宜水稻生長。同時，光熱較兩湖其他區域更為豐富，分布著一些其他區域沒有的特產，比如湘南的甘蔗。

水稻是湖南最為重要的作物。在清代以後，湖北的糧食輸出大大減少，甚至需要仰給外面輸入，而湖南仍然有大量的稻米輸出，「湖廣熟，天下足」實際為「湖南熟，天下足」。湘省由於地形導致氣候複雜，雖然各縣皆有水稻產出，但是各地產量不平衡。根據 1930 年代國民政府實業部國際貿易局的調查，「湘南各縣……稻多植於山地，年產僅有一次。濱湖各縣……年可收穫二次。」以湘資沅澧四水流域論，湘水流域流經 34 個縣，面積最大，產稻亦最多，占全省總產量的 54%。以縣論，湘中、湘北幾個縣產量最高，如湘鄉、衡陽常年產量600 萬餘擔，益陽、湘潭、澧縣各產五百萬擔，邵陽、寧鄉、湘陰、常德各產四百萬擔。湘西、湘南各縣的產量大部分在 100 萬擔一下，少如城步常年產量在 39 萬擔左右，大庸 28 萬擔上下。〔註 12〕總體上，湖南水稻產量地區特徵異

〔註 10〕湖南農學院編：《湖南農業》，高等教育出版社 1959 年版，第 10 頁。

〔註 11〕湖南農學院編：《湖南農業》，高等教育出版社 1959 年版，第 123～124 頁。

〔註 12〕實業部國際貿易局編：《中國實業志（湖南省）》，1935 年版，第四編，第 10頁。

常明顯，分布廣，但是產出集中，這一點與湖北省較為相似。

小麥在湖南的分布並不十分廣泛。依照《中國實業志》的數據，全省 75 個縣中，產小麥者 48 個縣，與湖北省相差較大。小麥的分布以湘南、湘西為最多，以面積論，永順縣最大，約計 180000 畝，另面積在 10 萬畝以上的有零陵、瀘溪、江華、龍山四縣。常年產量亦以永順最大，約為 432000 擔，另年產超過 10 萬擔的有龍山、江華、寧遠、湘鄉、零陵、新化六縣。〔註 13〕除了湘鄉外，餘皆為湘南、湘西之山區縣。湖南的氣候條件不甚適宜種植小麥，湘南、湘西山區旱地較多，故在小麥在湘南、湘西分布較湖南其他地區為多，但總的來說，小麥在湖南分布有限，產量占全國總產量的比重也非常低，大致在百分之一左右。

棉花亦是湖南省的主要經濟作物，但分布、產量與湖北相差甚遠，全省七十五個縣中，產棉者三十八個縣，〔註 14〕無論從面積還是產量上看，濱湖各縣佔了絕對多數。據湖南省經濟調查所 1935 年的調查，湖南主要棉產區有 14 個縣，種植面積最大的為澧縣，其次是華容、常德，三個縣合計約占全省棉田面積的 60%，產量約占全省總產額的 57%。其他一些產棉縣亦大多沿洞庭湖一帶，如安鄉、南縣、漢壽、岳陽等。〔註 15〕就產量而言，1932、1933、1934 年三年湖北平均產量為 1905277 擔，而湖南僅為 159414 擔，相差懸殊。〔註 16〕

湖南省雜糧較少，實業部國際貿易局調查所得，僅高粱、玉米、花生、芝麻、小米五種，大都產於湘東、湘南、湘西之高原山區。〔註 17〕

總體上說，湖南的作物結構較為單一，這與湖南氣候溫熱多雨有關。湖南的氣候無疑是很適合水稻生長的，加之優越的土壤條件使水稻產量高，故為湖南農民種植作物之第一選擇，其他糧食作物如小麥與雜糧僅存在於水稻種植條件較差或無法種植的山地與高原。湖南的氣候對棉花的生長而言亦不是最佳，出產品質不佳，1932 年湖南輸往漢口的棉花，據檢驗，不合格數占

〔註 13〕實業部國際貿易局編：《中國實業志（湖南省）》，1935 年版，第四編，第 29、31 頁。

〔註 14〕實業部國際貿易局編：《中國實業志（湖南省）》，1935 年版，第四編，第 87 頁。

〔註 15〕孟學思編：《湖南棉花及棉紗》，湖南省經濟調查所 1935 年版，第 10 頁。

〔註 16〕孟學思編：《湖南棉花及棉紗》，湖南省經濟調查所 1935 年版，第 13 頁。

〔註 17〕實業部國際貿易局編：《中國實業志（湖南省）》，1935 年版，第四編，第 160 頁。

總額的五分之一，1933 年更達到了三分之一。〔註 18〕棉花品質不佳固然有多方面的原因，如品種、肥料等，但是氣候條件無疑是重要因素。

　　湘鄂兩省不同的氣候導致兩省不同的作物結構。湖北氣候兼有南北之特點，故農作物亦兼有南北特色。湖北之農產品雖以稻穀為大宗，但作為北方主要糧食作物的小麥亦多有出產。同時，湖北的氣候亦適合棉花的生長，使其亦成全國棉花的主要產區。湖南為南方氣候，水稻產量高，且適宜雙季稻的種植，故水稻的種植優勢明顯。當然，影響兩湖地區作物結構的因素不僅僅是氣候和地形條件，其他如市場環境、人口壓力等亦多農民選擇作物產生重要影響，我們將在下文論及。

（三）水系與水利灌溉

　　兩湖地區是中國水資源最為豐富的地區之一。中國第一大江——長江貫穿兩湖而過，第二大淡水湖橫亙其間。在湖北境內，有漢水、清江、沮水、陸水、溳水、澴水、灄水、舉水、巴水、浠水、蘄水等長江主要支流，在湖泊方面，湖北省則有「千湖之省」之稱。湖南有湘、澧、資、沅四大水系，串連著瀟水、春陵水、蒸水、耒水、洣水、涤水、涓水、漣水、瀏水、潙水、汨羅江、邵水、石馬江、洋溪、渠水、伊水、巫水、溆水、辰水、武水、婁水、澹水等主要支流。豐富的水利資源是兩湖在明清以後中國的農業中擁有舉足輕重地位的重要基礎，同時也是兩湖地區主要自然災害之源。

　　在濱江、濱湖區，灌溉便利，水利建設主要是築堤防范水災。根據《湖北省年鑒》的數據，到 1937 年為止，江漢兩岸堤長共計 2118.077 公里，其中長江 1414.306 公里，漢水 703.771 公里。〔註 19〕湖南省之防汛堤壩主要集中在洞庭湖沿岸各縣，在建國前，濱湖有堤垸 993 個，堤線總長 6400 餘公里。〔註 20〕這些是上千年開發兩湖的成果，但在 20 世紀前半期，由於政局不穩，戰亂頻仍，堤壩在建設和維護方面都未有太大的進展，洞庭湖濱堤壩由於解放前連年潰潰，未加修培，堤身殘破不堪，毫無禦水能力。〔註 21〕湖北省在 1931 年、1935 年長江、漢江大水災後對堤防有過兩次大的施工，隨後由於抗

〔註 18〕孟學思編：《湖南棉花及棉紗》，湖南省經濟調查所 1935 年版，第 15 頁。
〔註 19〕湖北省政府秘書處統計室編：《湖北省年鑒》，1937 年版，第 226～227 頁。
〔註 20〕湖南通俗讀物出版社編：《三年來湖南人民的巨大成就》，湖南通俗讀物出版社 1952 年版，第 25 頁。
〔註 21〕湖南通俗讀物出版社編：《三年來湖南人民的巨大成就》，湖南通俗讀物出版社 1952 年版，第 25 頁。

日戰爭和國共內戰的爆發，儘管國民政府制定了一些修堤計劃，但付諸施工的極少。〔註22〕

　　丘陵、山區的水利建設主要是以灌溉為主。明清時期，兩湖山區的水利建設伴隨著山區開發而進展迅速，湘鄂西山區的陂塘灌溉設施大多創始於明清時期。這些灌溉水利有因地制宜、多種多樣，規模較小，存廢交替無常，發展不平衡等特點。山區陂塘灌溉發展的高潮持續在康熙、雍正、乾隆三朝長達百餘年的時間裏，這與農業墾殖的恢復、擴張進程相一致。〔註23〕近代以降，有些山區的水利灌溉似並未受到很大的破壞，如湖南黔陽縣秀州鄉塘壩堰閘，均無失修之情形。加之政府年來積極督導，成績愈加可觀。〔註24〕會同縣雄溪鄉因溪流之錯綜，農民多設壩修閘，以保流水量之供給及調節。此外又多掘井塘，亦可供灌溉之用。〔註25〕道縣的灌溉水利則有築石堵水、伐木築堰，橫截河流，岸邊堰口施筒車，或者打井取水。水利設施皆能運行無礙，如晶波岩，既有水壩蓄水，又是筒車甚夥，沿河觸目皆是，行仁鄉一鄉已達百餘范。〔註26〕但不少湖南山區的水利灌溉仍然存在很大的問題，如黔陽縣，山地居多，地形複雜，不能裝置牛車筒車……各區池塘絕少，儲水無方，徒恃天然雨澤潤育萬物，一逢旱災，則束手無策矣。」〔註27〕另如藍田縣，「良田並非鮮有，所惜者農村無完善之組織與改良，天如稍晴數日，即隨處均感缺水之苦。」〔註28〕湖北省的灌溉水利工程建設主要集中在 20 世紀40 年代，時值抗戰期間，省政府西遷恩施，為保障糧食供應，興建了受益數百畝至數千畝的灌溉工程 10 餘處，還興辦了大量的小型農田水利工程。〔註29〕如建始縣，1942 年在三里鄉修築土渠 2.5 公里，倒虹吸管長 26 公尺，灌田在三千市畝以上。另有廣潤渠，主要灌溉於家壩，並附帶灌溉七里坪、橋蒲潭、

〔註22〕湖北省水利志編纂委員會編：《湖北水利志》，中國水利水電出版社 2000 年版，第 347～348 頁。

〔註23〕張建民：《明清長江中游山區的灌溉水利》，《中國農史》1993 年第 2 期。

〔註24〕農林部洪江民林督導實驗區：《湖南黔陽縣秀州鄉農村經濟概況》，《西南實業通訊》1943 年第 2 期。

〔註25〕孫九如、楊澧泉：《湖南會同縣雄溪鄉概況》，《西南實業通訊》1943 年第 3 期。

〔註26〕陳光煊：《湘南十二縣農事調查》，《農業建設》1938 年第 2 期。

〔註27〕周顯穆：《黔陽縣農業調查筆記》，《實業雜誌》1931 年第 163 期。

〔註28〕佚名：《湖南安化縣藍田鎮調查概況》，《本行通訊》1941 年第 20 期。

〔註29〕湖北省水利志編纂委員會編：《湖北水利志》，中國水利水電出版社 2000 年版，第 328 頁。

徐家溝等。〔註30〕但也和湖南一樣，湖北山區的水利灌溉設施仍然嚴重不足，在川鄂邊區，農民依然靠天吃飯，要是天不作美，就得忍饑挨餓，1942 年因長時間無雨發生嚴重的旱災。〔註31〕抗戰期間所修之水利工程對湖北廣大山區來說實為杯水車薪。

總體上說，整個 20 世紀前半期，水利建設的成就不如明清時期和建國以後，水利方面的投入主要是在舊有設施的維護上。但是由於政局不穩和經費的困難，維護大型水利設施較為困難，這也導致民國時期自然災害，特別是水災頻繁。

（四）自然災害

兩湖地區是自然災害多發之地，最主要的災害是水災，特別是沿江、沿湖地區，水災更是周邊民眾最為擔憂的災難。根據統計，清初到建國初的近三百年間，湖南全省性的水災發生 43 年次，湖區為 202 年次，湘水流域 291 年次，資水流域 129 年次，沅水流域 212 年次，澧水流域 103 年次。〔註32〕20 世紀以後，據夏明方統計，僅 1912～1948 年，湖南省發生大小水災 772 次，居全國之首。民國時期湖北省的水災次數低於湖南，1912 年至 1948 年發生 454 次，在全國居於中等水平。〔註33〕在 20 世紀前半期，兩湖就有 30 年代的兩次大水災造成巨大的財產損失和人員傷亡。1931 年長江流域大水，湖北省 70 個縣中 54 個縣受災，全省 60% 的耕地受水淹，死亡數萬人，〔註34〕湖南省受災面積約七百萬，損失穀約二千萬石，死亡五萬人以上；〔註35〕1935 年長江、漢江大水災，湖北 66 個縣受災，受災面積 4.8 萬平方公里，淹死及因災死亡 9.6 萬人。〔註36〕

〔註30〕毛景能：《一年來建始的農田水利事業》，《新湖北季刊》1943 年第 1～2 期。
〔註31〕樓同茂：《川鄂邊區農村經濟的現狀及其危機》，《中國農民月刊》1943 年第 3～4 期。
〔註32〕湖南歷史考古研究所編：《湖南自然災害年表》，湖南人民出版社 1961 年版，第 141 頁。
〔註33〕夏明方：《民國時期的自然災害與鄉村社會》，中華書局 2000 年版，第 383 頁。
〔註34〕湖北省地方志編纂委員會：《湖北省志·大事記》，湖北人民出版社 1990 年版，第 400 頁。
〔註35〕湖南省志編纂委員會：《湖南省志·大事記》，湖南人民出版社 1962 年版，第 623 頁。
〔註36〕湖北省地方志編纂委員會：《湖北省志·大事記》，湖北人民出版社 1990 年版，第 433 頁。

　　旱災是兩湖地區僅次於水災的自然災害。據統計，1912 年至 1948 年間，湖南發生大小旱災 417 次，湖北發生 442 次。此外，這四十多年發生 100 次以上的還有蟲災，湖南為 121 次，湖北 101 次。〔註 37〕

圖 3　洞庭湖洪水（1931 年）

　　以上災害雖為自然災害，但是人為因素亦不容忽視。人為因素主要來自農業過度開發。首先是圍湖造田造成湖水面積急劇縮小，在清中期時，兩湖平原的垸田已近飽和，造成了平原區河湖水系洩洪、排澇、蓄洪功能的下降；再者山區開發，致使植被破壞，水土流失，河道堵塞。據上世紀 50 年代的觀測，漢江每年的輸沙量平均為 1 億公噸，流域內有一、二分米厚甚至不到一分米厚的土壤的山坡亦被開墾，是水土大量流失最主要的原因和隱患。〔註 38〕

〔註 37〕夏明方：《民國時期的自然災害與鄉村社會》，中華書局 2000 年版，第 383 頁。
〔註 38〕中國科學院地理研究所、水利部長江水利委員會漢江工作隊：《漢江流域地理調查報告》，科學出版社 1957 年版，第 51～52 頁。

建國前湖南湘西山區也存在同樣的問題。〔註39〕從某種程度上說，人類過度開發帶來的災害比自然界本身的災害更為強烈。

　　總體而言，兩湖地區農業生產的自然條件是較為優越的，土壤、氣候、水資源結合較佳，適宜多種作物生長，特別是中國南方人的主食水稻，極適宜在兩湖地區的環境下生長，兩湖地區也因此成為中國重要的糧倉。但農民生產、生活並不完全取決於自然條件，也與社會經濟環境有關。

二、兩湖地區的政治、經濟、社會環境

　　清初湖廣分省而治，湖南、湖北兩省就此形成。清中期湘鄂兩省的行政區劃各有變遷，到清末，湖南轄長沙、寶慶、岳州、常德、衡州、永州、辰州、沅州、永順9府，澧州、桂陽、郴州、靖州4個直隸州，共67個縣（包括3個散州），另有南州、乾州、鳳凰、永綏、晃州5個直隸廳。民國成立後廢除府、州、廳建置，分省、道、縣三級，廳及縣級州都改縣，1916年，湖南轄3道75縣。〔註40〕此後，湖南的行政區劃雖然稍有變動，〔註41〕但到建國前，75個縣大體上未變。清末湖北轄武昌、漢陽、安陸、襄陽、鄖陽、德安、黃州、荊州、宜昌、施南10府和荊門直隸廳、鶴峰直隸廳共60個縣、6散州、1散廳。民國時期湖北省區劃建置的主要變動有：1926年建漢口市，1929年隸國民政府行政院，1931年改省轄，1947年又改直轄。1933年設禮山縣。1946設武昌市，為湖北省會。到1949年為止，湖北省轄1市（武昌市，漢口市為國民政府直轄）、69個縣。此外，在20年代末30年代初，中共在兩湖邊界建立湘贛、湘鄂贛、鄂豫皖、湘鄂西等根據地，並成立了蘇維埃政府。

（一）政治環境

1. 政治形勢的變遷

　　20世紀伊始的兩湖雖然沒有受義和團運動和八國聯軍戰亂的波及，卻也並不平靜，改良運動的活躍和革命的醞釀使兩湖政治風雲暗湧。在晚清，湖南的改良運動最為積極，以巡撫陳寶箴、年輕知識分子唐才常、譚嗣同為代

〔註39〕湖南師範學院地理系編：《湖南農業地理》，湖南科學技術出版社1981年版，第206頁。
〔註40〕劉泱泱主編：《湖南通史（近代卷）》，湖南出版社1994年版，第3～5頁，
〔註41〕1927年為鎮壓農民起義，湖南省政府劃祁陽、零陵、寧遠、桂陽、新田、常寧各縣部分地區，設立陽明縣，1931年廢除；1933年長沙縣、市分治，設長沙市；1942年設衡陽市，43年改省轄。

表的改良人物的活動受到了較為廣泛的支持,但隨著百日維新的失敗,湖南的改良活動亦告終止。有關改良的論爭所造成的湖南社會裂痕也延續到了 20世紀,「從 1898 年以後,湖南分成為人所慣稱的『新黨』與『舊黨』。」〔註42〕維新運動失敗,「舊黨」得勢,改革受阻。庚子事變後,清政府實施新政,湖南省也順應潮流,在政治、教育、司法、軍事等方面進行了變革。政治上,成立諮議局,嘗試議會制度;教育上,改舊書院為新學堂,新式教育逐步發展;司法上,改善監獄,培訓近代司法人才;軍事上,裁汰綠營,訓練新軍。等等。〔註43〕清末湖南的革命運動,前期由華興會領導,同盟會成立後,策劃了影響較大的萍瀏醴起義,並在武昌起義後迅速響應,長沙旋即光復。

在辛亥革命之前,湖北省的政局較為平靜,這得力於張之洞的強大領導力。張之洞督鄂期間最主要的貢獻在於建立起武漢的近代工業體系,在政治上的變革也緩慢進行。在張當政期間,為了洋務的實行,設置了許多新機構。在立憲運動方面,立法上,出現了諮議局及府州縣議事會、董事會;司法上,創設了審判廳所;行政上,出現了調查局、清理財政局與總督署「會議廳」、「漢口市政會」等單位。〔註44〕在辛亥革命前,湖北省的主要革命團體為科學補習所、日知會、共進會和文學社。革命黨人對湖北新軍的滲透是辛亥革命前革命活動的最大成果,「較其他任何一省都遠為深刻和更著成效」,〔註45〕這是武昌起義成功發動的一個關鍵因素。

辛亥革命後兩湖政局動盪,到國民政府成立為止,湖南省的最高軍政機關的名稱經歷了「都督府」、「將軍行署」、「督軍公署」的變化,民國三年實行軍政、民政分治,民政最高機構稱巡按使公署,民國五年又改稱省長公署。從 1914 年到 1926 年為止,湖南省的省長(巡按使)經歷了 18 任,共 15 人,平均每任和人均任期都不到一年。〔註46〕

〔註42〕 (美)周錫瑞著,楊慎之譯:《改良與革命——辛亥革命在兩湖》,江蘇人民出版社 2007 年版,第 19 頁。

〔註43〕 張朋園:《湖南現代化的早期進展(1860～1916)》,嶽麓書社 2002 年版,第 137～230 頁。

〔註44〕 蘇雲峰:《中國現代化的區域研究:湖北省(1860～1916)》,「中央研究院」近代史研究所 1987 年版,第 168～178 頁。

〔註45〕 周錫瑞著,楊慎之譯:《改良與革命——辛亥革命在兩湖》,江蘇人民出版社 2007 年版,第 183 頁。

〔註46〕 湖南省地方志編纂委員會編:《湖南省志》,第四卷,《政務志·政府》,湖南出版社 1993 年版,第 117、124、125 頁。

　　1914 年至 1926 年湖北省最高行政長官（巡按使、省長）則經歷段書雲、范守祐、王占元、何佩瑢、夏壽康、劉承恩、蕭耀南、湯薌銘（未到任）、杜錫鈞、劉佐龍等人，政治亦極不穩定。

　　雖然民初兩湖高層變動頻繁，但真正控制政權的為少數軍閥，如湖南的湯薌銘、張敬堯、趙恒錫、唐生智，湖北的王占元、蕭耀南等。這些軍閥雖有民政長官之名，但熱衷於爭奪勢力範圍，民生方面很少有作為，如 1921 年，趙恒錫聯合四川軍閥劉湘，以「援鄂自治」為名，分別先後從鄂南、鄂西攻入湖北，導致王占元下臺。同年，鄂籍直系軍閥蕭耀南在吳佩孚的支持下，擊退湘軍、川軍，取得對湖北的控制權。軍人當政，雖然名義上軍政、民政分治，但多數情況下，軍事、民政大權集於一人之手，民政從屬軍事，無獨立可言，地方行政極為混亂。〔註47〕

　　軍人當權的政治局面給兩湖社會造成了極大的負面影響，在湯薌銘（鄂籍）主政湖南期間，大量任用私人，植黨營私，全省 75 個縣局長，鄂籍者占大半，導致吏治紊亂，各級官吏貪污成風。〔註48〕張敬堯統治湖南時期，亦是植黨營私，劫掠經濟，給湖南社會造成了極大的混亂，致使湖南各界爆發了聲勢浩大的「驅張運動」，最終由譚延闓、趙恒錫武力「驅張」成功。〔註49〕同時，兩湖人民受到的剝削在此期間大大加重，如段芝貴統治湖北期間，主要通過增加賦稅大肆搜刮財富據為己有及輸送北京政府，在其當政期間，湖北田賦之高，僅次於陝西，居全國第二。〔註50〕

　　兩湖地區混亂的政治局面在 1926 年至 1927 年的國民革命期間達到高潮。在此期間，北洋軍閥、國民黨、共產黨乃至農民階級都在兩湖的舞臺上成為主角。北伐的勝利和國民政府的成立並沒有結束民國以來的政局動盪，在兩湖，共產黨發展迅速，其與國民黨的角力形成了該區域新的政治局面，直到中共反「圍剿」失敗而撤離。但不管如何，與全國的政治形勢一樣，國民政府的最初十年是整個民國期間兩湖地區政治最為穩定的時期，其中表現之一就是最高行政長官的任期較民國初期穩定許多，如湖南省何鍵任省政府

〔註47〕湖北省地方志編纂委員會編：《湖北省志‧政權》，湖北人民出版社 1996 年版，第 9 頁。
〔註48〕劉泱泱主編：《湖南通史（近代卷）》，湖南出版社 1994 年版，第 737～745 頁。
〔註49〕宋斐夫主編：《湖南通史（現代卷）》，湖南出版社 1994 年版，第 30～37 頁。
〔註50〕田子渝、黃華文：《湖北通史（民國卷）》，華中師範大學 1999 年版，第 21～22 頁。

主席達八年（1929～1937），湖北省有何成濬三年（1929～1932）、張群兩年（1933～1935）。相對穩定的政治局面為醫治兩湖地區民初以來因混亂的政治局面造成的社會經濟的千瘡百孔提供了條件。在何鍵主湘期間，湖南的糧食總產量雖有起伏，但總體上有所提高，從 1929 年的 94.58 億斤增加到 1937 年的 125.1 億斤，〔註 51〕交通運輸和部分工礦業發展迅速，如粵漢鐵路的全線通車、公路幹線修築計劃的提出和實施等。湖北省在此期間為復興經濟制定了一些政策和措施，如改革財政、金融，減少苛捐雜稅；復興農村經濟；興修水利；鼓勵公私企業發展；加強公路、郵電建設等。這些政策和措施取得了一定的效果，工業上紡織、食品發展較快，電力、機械、化學等工業也有一定規模，農業方面，1936 年與 1934 年相比，稻穀產量增長 52.3%，棉花增長 39.6%。〔註 52〕1927～1937 這所謂的「黃金十年」最終因為日本侵華而打斷，民國時期政治局勢最為穩定的一段時間匆匆結束。

　　抗日戰爭爆發前，武漢即是區域性的軍事中心。南京淪陷後，武漢成為全國的政治中心，亦是全國性的軍事大本營。湖北省政府於 1938 年 8 月西遷至宜昌，武漢淪陷後，再遷至恩施。1938 年 11 月，湖南省政府遷至沅陵，後輾轉耒陽、桂陽、嘉禾、臨武、藍山等地。政治中心轉向西部後，為了穩定後方，支持抗戰，湘鄂兩省政府著力進行各方面的建設，湖北省在嚴三立代理主政期間，「在凝聚各種力量，轉移社會風氣，提倡清廉勤政，厲行禁煙禁毒，改善鄂西交通，發展後方生產，遷移學校，實行學生公費制度，維護國共合作等方面，都發揮了影響，做出了成績，初奠了鄂西後方之基礎。」陳誠回任（1938 年初任）後，改組省政府，「在實施新縣制，選用新人，嚴懲貪污，肅清莠民，繼續禁煙禁毒，提倡減租，發展經濟，首創憑證供應，推行計劃教育等方面，都取得了一定的業績，從而鞏固了鄂西後方。」〔註 53〕湖南省在抗戰期間主要由薛岳主政，在此期間，湖南省在推行新縣制、發展戰時教育、擴展工礦企業、繼續推行合作事業等方面取得一定的成果。〔註 54〕

〔註 51〕宋斐夫主編：《湖南通史（現代卷）》，湖南出版社 1994 年版，第 272 頁。
〔註 52〕湖北省地方志編纂委員會編：《湖北省志‧經濟綜述》，湖北人民出版社 1996 年版，第 64 頁。
〔註 53〕田子渝、黃華文：《湖北通史（民國卷）》，華中師範大學出版社 1999 年版，第 487 頁。
〔註 54〕湖南省地方志編纂委員會編：《湖南省志》，第 4 卷，《政務志‧政權》，湖南出版社 1993 年版，第 205～215 頁。

在戰爭環境政局不穩的情況下，湘鄂兩省政府的政策措施穩定了西部後方，為堅持抗戰提供了經濟基礎，在此期間，原本交通不便、經濟落後的兩湖西部山區也較之前有較大的發展。

抗戰勝利後，國民黨政權試圖恢復社會秩序。在劉鄧大軍挺進大別山（1947 年 6 月）之前，內戰對兩湖的影響較小，湘鄂兩省在恢復社會經濟秩序上取得了一定的成績。1945 年 9 月，湖南省政府遷回長沙後，主要忙於兩件事情，一是警察力量的恢復，二是選擇參議員參加參議會。〔註 55〕在戰後社會較為混亂的情況下，加強警察力量是必要的，但是收編人員過多，造成了財政上的負擔（1948 年上半年保警經費占全省財政支出 30%以上），加之人員複雜，給社會穩定又造成了隱患。在選舉方面，各方全力爭奪激烈，黨方、團（三青團）方和元老派勢力集團頻繁活動，後元老派趙恒錫當選省參議會議長，與團方有關的唐伯球當選副議長。黨團的矛盾在民國末期的湖南省一直存在，「幾乎成為社會公害」。〔註 56〕但總體來說，抗戰後到 1947 年一段時間，湖南的社會相對穩定，經濟也有了短暫的復蘇。在 1947 年 6 月解放軍正面威脅兩湖後，政府的工作重點又轉向備戰狀態，經濟恢復工作也功虧一簣，直至最後的全面崩潰。1949 年 8 月 4 日，程潛和陳明仁在長沙和平起義，次日，湖南和平解放，國民黨在湖南的統治宣告終結。

1945 年 9 月湖北省政府遷回武漢。為了恢復政治和社會秩序，湖北省同樣實施加強軍警和選舉參議員等措施，1946 年 4 月，省參議會成立，1947 年 9 月武昌參議會成立，至此，全省 72 個縣市參議會全部成立。湖北的形勢與湖南不同，邊界有中原解放區對國民黨政權存在威脅，在劉鄧大軍挺進大別山後，解放軍的威脅更為直接，因此，湖北省政府的戰後工作中，「剿匪」成為重點，社會秩序和經濟的恢復停滯不前，並隨著戰爭的進行趨於崩潰。從 1947年開始，湖北各縣陸續解放，1950 年保康縣解放，至此，湖北全境獲得解放。

綜觀 20 世紀前半期兩湖地區的政治局面，除了清末十年和抗日戰爭前的幾年相對穩定外，一直是動盪局面。戰爭成為這半個世紀的主旋律，政治、經濟、社會、文化等方面的現代化進程不停地被打斷，雖然也取得了一定的成果，但顯然所受到的破壞更大。在與民生直接相關的經濟發展方面，由於政治局勢的影響亦是不停地被打斷，最終走向崩潰。這半個世紀兩湖地區工

〔註 55〕宋斐夫主編：《湖南通史（現代卷）》，湖南出版社 1994 年版，第 484 頁。
〔註 56〕宋斐夫主編：《湖南通史（現代卷）》，湖南出版社 1994 年版，第 488 頁。

業、交通建設上尚有所建樹，這其中很大部分的原因是戰爭的影響，而作為經濟主體的農業卻基本上沒有發展，〔註57〕反而因為戰爭的需要被掠奪、被剝削遭到嚴重破壞。即便是政治局勢穩定的那十幾年，由於現代化的重心在工業方面，農業的建設重視不夠，農業的豐歉基本依靠氣候的好壞，造成了農村經濟極其脆弱的狀態。總體說來，20世紀前半期兩湖地區的政治形勢對兩湖農業經濟的發展是不利的。

2. 共產黨政權

1920年，湖南、湖北省都建立了共產主義小組，〔註58〕但中共開始在兩湖產生巨大影響是在國民革命期間。國共合作開始後，共產黨加快了組織兩湖地區的農民協會，到1926年5月，湖南全省共有28個縣有農民協會的組織，成員6萬餘人，〔註59〕到1926年年底，農民協會的會員迅速增加到湖南130萬人，湖北28.7萬人。〔註60〕國民革命期間的兩湖農民運動雖然名義上是國共兩黨共同領導，但事實上，基層農民的動員、組織基本上由中共負責，中共由此在兩湖鄉村社會建立了威望，為以後根據地政權的建立奠定了基礎。

1927年5月21日，許克祥在湖南發動政變，湖南省的政權落入國民黨右派之手。7月15日，汪精衛在武漢發動政變，湖北的國民黨勢力亦右轉。國民黨右派得勢後，大肆捕殺共產黨員，農民運動也由此轉入低潮。在進行了一系列的嘗試後，〔註61〕中共放棄了公開暴動，轉入游擊戰爭，在兩湖的邊境地區陸續建立了多個根據地。

〔註57〕 學界對近代中國農業雖然有「倒退論」、「停滯論」、「發展論」三種觀點，但即使持「發展論」觀點的學者也認為近代中國土地畝產僅為恢復到清代的最高水平。參見徐秀麗：《中國近代糧食畝產的估計——以華北平原為例》，《近代史研究》1996年第1期。

〔註58〕 宋斐夫主編：《湖南通史（現代卷）》，湖南出版社1994年版，第48頁；田子渝、黃華文：《湖北通史（民國卷）》，華中師範大學1999年版，第53頁。

〔註59〕 中國革命博物館、湖南省博物館編：《湖南農民運動資料選編》，人民出版社1988年版，第122頁。

〔註60〕 陳富安、譚克繩：《湖北農民運動史》，武漢工業大學出版社1996年版，第101頁。

〔註61〕 如馬日事變後，中共組織了十萬農民進攻長沙，見韶山、衡山、醴陵、長沙工農兵，湖南省哲學社會科學研究所現代史組黨史學習班編：《第一次國內革命戰爭時期的湖南農民運動》，湖南人民出版社1977年版，第96～105頁。7.15政變後，共產黨在湖北省也領導發動了一系列的起義，具體參見陳富安、譚克繩：《湖北農民運動史》，武漢工業大學出版社1996年版，第208～236頁。

表 1.2：1927 年～1935 年兩湖地區的中共革命根據地

根據地名稱	領導人	建立時間	在兩湖的控制範圍
井岡山革命根據地、湘贛革命根據地	毛澤東、朱德等	1928 年	茶陵一部分、酃縣東南部
湘鄂贛革命根據地	彭德懷、滕代遠等	1929 年	湖南平江、瀏陽及湘陰、岳陽、臨湘、長沙一部分；湖北陽新、通山、大冶、通城、崇陽及蒲圻、咸寧、鄂城、黃梅、廣濟、蘄春、浠水一部分
鄂豫皖革命根據地	郭述申、許繼慎等	1930 年	湖北黃安、麻城、黃陂、黃岡、孝感、羅田。
湘鄂西革命根據地	賀龍、周逸群等	1930 年	洪湖區〔石首、監利、沔陽（今仙桃、洪湖）、江陵（今江陵縣、荊州區、沙市區）、公安、華容、南縣、安鄉、潛江、天門、京山、漢川、漢陽、應城、雲夢、孝感等縣全部、大部或一部〕、湘鄂邊區（鶴峰、桑植、石門、慈利、五峰、長陽、恩施、宣恩、建始、巴東、大庸、龍山等縣大部或一部）、巴（東）興（山）（秭）歸區、鄂西北區（房縣、均縣、竹山、穀城、保康等縣大部或一部）、荊當遠區（荊門、當陽、遠安、宜昌、南漳等縣部分）、松（滋）枝（江）宜（都）區、洞庭特區（華容、南縣、安鄉、常德、漢壽、岳陽、湘陰、益陽、沅江等縣部分）、鄂北區（襄棗宜區，襄陽、棗陽、宜城、鍾祥等縣部分）。
湘鄂川黔革命根據地	任弼時、賀龍等	1935 年	湖南永順、大庸、桑植三縣的大部地區和龍山、保靖、桃源、常德、慈利

資料來源：盛仁學、張軍孝編寫《中國工農紅軍革命根據地簡介》，解放軍出版社 1987 年版，第 1、66、77、127、141 頁。

在根據地，共產黨建立了蘇維埃政權，並開始了土地革命。如鄂豫皖革命根據地，1930 年成立蘇維埃政權後，立即著手開始土地改革，在 1930 年底完成了土地分配。同時，蘇維埃政權制定法律，建立司法機關和司法制度，形成完整的政權機構，〔註 62〕保證了對根據地的治理，並對根據地周邊地區形成影響。中共在根據地和周邊地區的影響力在反「圍剿」失敗中共主力撤離

―――――――――――――

〔註62〕譚克繩、歐陽植梁主編：《鄂豫皖革命根據地鬥爭史簡編》，解放軍出版社 1987 年版，第 252～299 頁。

後仍然存在，如黃梅縣「受共匪流毒甚深，有小莫斯科之稱……（中共）暗中組織，圖燃死灰」，〔註63〕陽新縣「赤化甚久，全縣分為全匪區、半匪區、鄰匪區三部，無安全地域可言」；〔註64〕監利縣「因受匪共濡染，禮教以往」；〔註65〕湖南省醴陵縣在國民黨控制地方權力後，「竭力提倡恢復舊觀（指恢復宗族制度——引者注），但亦無敢出首應命，因恐紅軍認為封建份子也云。」〔註66〕這種影響力一直持續到抗日戰爭的爆發。抗戰到建國前的一段時間內，中共在兩湖影響力較弱，儘管在此期間形成的中原解放區輻射湖北東北部和北部，但在劉鄧大軍挺進大別山之前，對兩湖的國民黨政權並沒有形成有力的威脅。

（二）經濟環境

1. 人口與耕地

中國歷史上的人口問題，一向缺乏準確的統計，這給中國人口史的研究造成了很大的困難。人口史學者對歷史上人口數的推斷往往需要通過對大量史籍查閱和篩選才能做出，但多數結論具有多大的準確性，仍需要繼續討論。這種情況不僅存在於古代人口史的研究，也存在於近代人口史的研究。1908年至1911年，清政府有過一次全國性的人口普查，這次人口普查是中國首次「現代」人口統計，但是由於此次普查的主要承擔者——警察缺乏（同時警察缺乏適當的訓練和報酬），普查所作出的結論被認為是失敗的。國民政府前十年的政治局面相對穩定，國民黨政權也試圖全面瞭解當時中國人口數量，但出於各種各樣的弊端，官方得出的人口數量（4.3 億～4.8 億）是完全揣測而來，而非普查所得。〔註67〕

以上是指全國而言，各省的統計又有各自具體情況，調查的準確性方面又各有不同。晚清時期由於太平天國運動的影響，兩湖損失了大量的人口，但在兩省上報的清冊中沒有反映。根據晚清民國各時期的估計，在1885年前後，湖北人口2740萬到2858萬不等，湖南則為1870萬至2005萬不等，姜濤的修正數字均為2700萬。〔註68〕湖北省的數字與姜濤的修正數相差不遠，

〔註63〕湖北省政府民政廳：《湖北縣政概況》，1934 年版，第 353 頁。

〔註64〕湖北省政府民政廳：《湖北縣政概況》，1934 年版，第 191 頁。

〔註65〕湖北省政府民政廳：《湖北縣政概況》，1934 年版，第 958 頁。

〔註66〕陳賡雅：《贛皖湘鄂視察記》，申報月刊社 1936 年版，第 40 頁。

〔註67〕何炳棣著，葛劍雄譯：《明初以降人口及其相關問題（1368～1953）》，生活·讀書·新知三聯書店 2000 年版，第 86～101 頁。

〔註68〕姜濤：《中國近代人口史》，浙江人民出版社 1993 年版，第 76 頁。

湖南省兩者相差則較大。1908 年至 1911 年的人口普查，湖南省完成僅完成 64
個州縣的普查清廷便覆滅，人口總數為 19581503 口。民國初期的各種人口數
據皆為推測數據，可信度不高，如海關在民國十年的報告，湖南全省總人口
數為 22040000 人，而民國十一年郵務局的報告則為 28443279 人，相差較為
懸殊。整個民國時期湖南省較為可靠的人口調查是 1929 年湖南全省地方自治
籌備處的戶口調查（缺大庸、桑植兩縣數據）、1930 年湖南省政府秘書處根據
湖南全省地方自治籌備處、湖南團防訓練所和長沙市政處的調查所做的統
計，以及 1932 年湖南省政府秘書處所做的調查，三個數據分別為 28075214、
30017581 和 30236835，而實業部國際貿易局則根據湖南各縣政府的報告，計
算出全省人口總數為 28514044 人。〔註 69〕在這三次調查統計中，湖南全省地
方自治籌備處進行的是實地調查，雖然不能確定其數字的準確性有多大，但
與以往的統計數字相比，無疑是較為翔實可靠的。1932 年湖南省政府秘書處
之調查，是由省政府直接命令各縣政府分區調查，加之其時湖南清鄉司令部
通令各縣辦理義勇隊，採用三丁抽一、五丁抽二的方法，各縣對於本縣的戶
口，已經有查編，所得數字亦可作為較為確實的參考。1933 年為配合湖南省
的農業調查，又有一次人口統計，此次統計數量為 30272053 人，與 1932 年
之統計無大的出入。〔註 70〕由於這些數據都不是來自科學的普查，故這些數
字都難稱得上很準確，但根據 1953 年人口普查的數據，湖南人口為 33226954
人，故可推測，在 1930 年代，湖南人口大致在 3000 萬左右。

　　湖北省在 1930 年之前沒有確切的人口統計，1932 年，「豫鄂皖三省剿匪
司令部」要求轄區內各縣編查保甲戶口，湖北省於該年冬開始執行，至 1935
年，「匪區」次第「收復」，戶口編查才告完成。根據這次統計，湖北人口為
25367475 人。〔註 71〕此次統計，亦存在與湖南省政府秘書處統計同樣的問題，
故存在一定程度的準確性問題，但與以往海關、郵務總局、申報館、教會的
調查相比，無疑是更接近當時的實際數字的。1953 年的人口普查，湖北省人

〔註69〕實業部國際貿易局編：《中國實業志（湖南省）》，1935 年版，第一編，第 20
　　　～21 頁。另據湖南省政府秘書處統計室編：《民國二十四年湖南年鑑》，1935
　　　年版，第 38～50 頁。

〔註70〕湖北省政府秘書處統計室編：《民國二十四年湖南年鑑》，1935 年版，第 39～
　　　50 頁。

〔註71〕湖北省政府秘書處統計室：《湖北人口統計》，1936 年版，第 3 頁。《湖北省年
　　　鑑》中湖北人口總數為 25520000 人，應是修正後的結論，見湖北省政府秘書
　　　處統計室編：《湖北省年鑑》，1937 年版，第 106 頁。

口總數為 27789693 人，我們估計 1930 年代前期湖北人人口在 2500 萬至 2600 萬之間。

耕地數目是中國歷史上另一個很難去準確統計的問題。土地統計通常用於徵稅，因有肥瘠之分，故土地劃為不同等級，不同等級承擔不同的稅率。為了計算的便利，各個地方逐漸產生了把實際畝數折為納稅畝數的方法，通常的做法是將中、下等地折成統一的相當於一納稅畝的上等地，而登記在冊時採用的是納稅畝。〔註 72〕所以通過一般史料無法得到正確的耕地數目。根據光緒年間的資料，1887 年湖北省總耕地為 59220195 畝，湖南省為 34730825 畝，〔註 73〕但 1930 年代金陵大學農業經濟系和國家農業調查局估計 1893 年湖北省耕地 5300 萬畝，湖南 5800 萬畝。〔註 74〕雖然有著幾年的時間差，但兩者相差過於巨大，特別是湖南省，1893 年與 1887 年的數字過於懸殊。從準確性來說，金陵大學和國家農業調查局的估計數可能以當時的調查數據為基準往前追溯，可靠性較高一些。

民國前期對耕地數目的調查集中在「黃金十年」。據實業部國際貿易局的調查，湖南省耕地總數為 46643912 畝，〔註 75〕而中央農業試驗所的估計數字是 42396700 畝。〔註 76〕30 年代，卜凱根據官方耕地面積做了修正，湖南耕地面積修正數字為 5020.7 萬畝。〔註 77〕而根據建國初的調查，全省共有耕地面積為 5794 萬畝，〔註 78〕這個數據準確性較高，以此數往前推測，卜凱的 5000 萬畝左右的修正數應較接近事實。

湖北省 30 年代的耕地面積，據省政府秘書處統計室的估計，為 5199 萬畝，〔註 79〕但這個數字是嚴重偏低的。1950 年代初的調查數為 6459 萬畝，

〔註 72〕 何炳棣著，葛劍雄譯：《明初以降人口及其相關問題（1368～1953）》，生活‧讀書‧新知三聯書店 2000 年版，第 122 頁。
〔註 73〕 梁方仲編著：《中國歷代戶口、田地、田賦統計》，上海人民出版社 1980 年版，第 380 頁。
〔註 74〕 轉引自（美）珀金斯著，宋海文等譯，伍丹戈校：《中國農業的發展（1368～1968）》，上海譯文出版社 1984 年版，第 316～317 頁。
〔註 75〕 實業部國際貿易局編：《中國實業志（湖南省）》，1935 年版，第二編，第 1 頁。
〔註 76〕 華恕編著：《湖南之農業》，亞光書局 1946 年版，第 5 頁。
〔註 77〕 轉引自（美）珀金斯著，宋海文等譯，伍丹戈校：《中國農業的發展（1368～1968）》，上海譯文出版社 1984 年版，第 321 頁。
〔註 78〕 孫敬之主編：《華中地區經濟地理（湖北、湖南、江西）》，科學出版社 1958 年版，第 73 頁。
〔註 79〕 湖北省政府秘書處統計室編：《湖北省年鑒》，1937 年版，第 136 頁。

〔註80〕這與卜凱在30年代的修正數6450萬畝非常接近。〔註81〕建國初期政治較為穩定，耕地有所增加，30年代的數字應是低於此數的，但不管如何，30年代湖北省耕地數目至少應在6000萬畝以上。

　　從以上數字看，兩湖地區的人地比例是較低的，特別是湖南省，人均耕地不足2畝。有關人地關係的具體情況，我們將在下文分析。

2. 工業與商業的發展

　　工業。20世紀前半期的中國，在經濟方面的一個主要目標是實行工業化。晚清以來，工業建設集中於江南及華北部分地區，清末張之洞督鄂期間使武漢成為中國的另一個工業中心。但對兩湖來說，整個20世紀前半期，工業的發展雖有所發展，但是很不平衡，武漢一枝獨秀，其他地區則遠遠落後。湖南的工業集中於礦業，陳寶箴於1895年成立礦務總局成為湖南礦業發展的起始點，在一戰期間，湖南省的礦務出口量為全國最大。湖南的其他工業發展得並不盡人意，根據《中國實業志》（湖南省）的資料，1934年湖南省工業工廠（或工場）23135家，工業資本12148207元，〔註82〕而1937年出版的《湖北省年鑑》中，湖北省的工廠數為548家，資本達到51365648元。〔註83〕這兩組數據中，湖北的工廠是現代工業工廠，而湖南的所謂工廠更多的是規模很小的手工作坊。在湖北，94.16%的工廠和91.98%的工業資本集中在武漢三鎮，工業的分布極為不均。湖南省的工場分布亦以省會長沙為最多，計5252家，其次為衡陽，共2864家，另有邵陽、瀏陽、湘陰、武岡等縣超過一千家。〔註84〕湖南的這些數字事實上無法證明湖南省工業分布較湖北平衡，恰恰是證明了湖南省各地區工業的普遍不發達。

　　20世紀前期兩湖地區與農業關係密切的近代輕工業在湖北發展迅速。張之洞主政湖北期間，設立了織布局、紡紗局、繅絲局、製麻局和氈呢局，到1910年代中期，湖北省擁有六個主要紡織工廠，資本金3100000兩和4500000

〔註80〕孫敬之主編：《華中地區經濟地理（湖北、湖南、江西）》，科學出版社1958年版，第18頁。

〔註81〕轉引自（美）珀金斯著，宋海文等譯，伍丹戈校：《中國農業的發展（1368～1968）》，上海譯文出版社1984年版，第321頁。

〔註82〕實業部國際貿易局編：《中國實業志》（湖南省），1935年版，第二編，第89、96頁。

〔註83〕湖北省政府秘書處統計室編：《湖北省年鑑》，1937年版，第293頁。

〔註84〕實業部國際貿易局編：《中國實業志》（湖南省），1935年版，第二編，第90頁。

元。六個工廠中，有五個位於武昌，一個位於沙市。〔註 85〕湖南第一家現代
紡織工廠創建於民國元年，到 30 年代中期，「全省棉紗生產，唯湖南第一紡
織廠也。」〔註 86〕而現代棉織業工廠，也僅此一家。其他如紡織機坊，數量
上以瀏陽為最多，共 73 家，而資本上，以長沙為最多，共 28 家 49000 元，
平均每家不到 2000 元。全省總計 293 家，資本 296700 元。〔註 87〕除此之外，
湖南的棉織業皆為家庭手工業。

　　與紡織業一同作為近代中國輕工業主力軍迅速發展起來的麵粉業，在長
沙也僅湖南麵粉公司一家，省內另有沅江一家與碾米兼營的粉廠，其他 23 家
皆為磨坊。〔註 88〕湖南麵粉業不發達與其小麥產量低有關，與此對應，由於
稻穀產量高，湖南的碾米業也隨之發達。全省機器碾米廠 84 家，其中長沙占
去 78 家，另有邵陽 2 家，岳陽 3 家，沅陵 1 家。其餘 277 家為手工碾米作坊。
碾米業本身沒有太大的附加價值，全省 361 家工廠（作坊）總產值為 2610802
元，〔註 89〕而 25 家麵粉廠（作坊）的產值達到約 1112000 元（其中湖南麵粉
公司約一百萬元）。〔註 90〕

　　湖南另一重要的輕工業是榨油業，其中又以桐油業最為重要，但是榨油
方法均係舊式，無現代機器榨油工廠。其他諸如釀酒業、醬園業、豆豉業等
皆是傳統作坊式生產。

　　與湖南相比，湖北省的輕工業要發達許多，紡織業和麵粉業這兩種近代
以來我國發展最為快速的工業，在湖北省的發展也是處於領先地位。在 30 年
代，武漢有 5 個大型的紡織工廠，位於武昌的民生、第一、裕華、震寰及位
於漢口的中新，前三家資本合計 640 萬元，後兩者資本合計 162 萬兩，工人
合計超過 2 萬〔註 91〕（按《中國實業志》的數據，湖南第一紡織廠工人總計

〔註 85〕蘇雲峰：《中國現代化的區域研究：湖北省（1860～1916）》，「中央研究院」
　　　　近代史研究所 1987 年版，第 383 頁。
〔註 86〕孟學思：《湖南的棉花與棉紗》，湖南省經濟調查所 1935 年版，下編，第 1 頁。
〔註 87〕實業部國際貿易局編：《中國實業志》（湖南省），1935 年版，第七編，第 46
　　　　～48 頁。
〔註 88〕實業部國際貿易局編：《中國實業志》（湖南省），1935 年版，第七編，第 196
　　　　頁。
〔註 89〕實業部國際貿易局編：《中國實業志》（湖南省），1935 年版，第七編，第 116
　　　　～118 頁。
〔註 90〕實業部國際貿易局編：《中國實業志》（湖南省），1935 年版，第七編，第 199 頁。
〔註 91〕鮑幼申編：《湖北省經濟概論（三續）》，《漢口商業月刊》1934 年第 5 期，第
　　　　24～25 頁。

3224 名）。同一時期，湖北較大的麵粉公司在武漢有 8 家，另有 2 家位於沙市和蘄水。〔註92〕無論是從數量還是規模上，湖北省的現代輕工業都遠非湖南省可比，但湖北省的工業過於集中於武漢，輻射範圍有限，因此，武漢的工業水平無法代表湖北整體的水平。從整體上說，湖北省的工業水平亦是較為落後的。

商業。兩湖地區的商業在明清以後得到了長足的發展，特別是湖北，長江作為運輸大動脈和漢口優越的地理位置使湖北成為整個華中的中轉中心。晚清以後，湖北的商業更為發達，這得益於漢口開埠（1861 年）。漢口是湖北乃至整個華中的商業中心，聚集著兩湖及周邊省份的商品。明清時期，漢口的眾多商品中，最引人注目的是鹽、米和木材，漢口開埠之後，茶葉成為漢口進出口貿易的最重要商品。〔註93〕民國以後，茶葉貿易受到外國衝擊，棉花、桐油的貿易地位開始上升。近代以來漢口的商品貿易，輸出品大部分為農產品，如米穀、茶葉、桐油、棉花等，而輸入品大部分為工業品或手工業品，如棉布、棉紗、紙張、石油等。〔註94〕在工業品和手工業品出口中，除了原先輸往西南等地的土布外，近代機器工業的建立也使漢口成為工業品的輸出地，這些工業品以茶磚為大宗，另有棉紗和棉布輸出，1920 年，漢口出口棉布價值 1372626 兩，其中土布 224577 兩，棉紗價值 2838706 兩。〔註95〕

湖北省的商業貿易地位在 1876 年宜昌、1895 年沙市開埠後得到進一步提升。沙市是湖北僅次於漢口的重要市場，自開埠後，海關統計中進口額由最低的 6091 海關兩（1896 年）上升至最高的 11965170 海關兩（1928 年），出口額最低由最低的 36023 海關兩（1896 年）上升至 24267127 海關兩（1926 年）。沙市的出口產品也是以農產品為主，主要有米穀雜糧、棉花、生絲、木耳、桐油等，而進口主要是工業品，如棉布、棉紗、糖、鹽、捲煙等。〔註96〕沙市幾乎沒有工業品輸出，這與其自身及周邊缺乏機器工業有關。

〔註92〕曾兆祥主編：《湖北近代經濟貿易史料選輯》，第一輯，湖北省志貿易志編輯室 1984 年版，第 157 頁。

〔註93〕任放：《明清長江中游市鎮經濟研究》，武漢大學出版社 2003 年版，第 321～322 頁。

〔註94〕王葆心：《漢口小志》，商務印書館 1915 年版，商業志，第 2 頁。

〔註95〕曾兆祥主編：《湖北近代經濟貿易史料選輯》，第一輯，湖北省志貿易志編輯室 1984 年版，第 114 頁。

〔註96〕曾兆祥主編：《湖北近代經濟貿易史料選輯》，第三輯，湖北省志貿易志編輯室 1985 年版，第 289～292 頁。

商業是流通的行業，因此，交通便利之地有利於商品的集散，形成區域性的中心市場，傳統時期稱為市鎮。晚清以降，湖北的市鎮發展迅速，數量居全國第五。〔註97〕市鎮是商店集中之地，1930 年代湖北省主要市鎮的商店數如下表：

表 1.3：1936 年湖北省 9 個市鎮商店數

業別	共計	漢口	武昌	宜昌	沙市	老河口	武穴	樊城	石灰窯	黃石港
總計	22695	12234	4015	1315	2287	958	1078	348	225	235
金融	308	202	18	24	22	22	5	10	2	3
交通	1310	827	469	6	3					5
飲食	4697	2051	896	218	679	282	426	57	44	44
醫藥	720	371	112	70	56	49	16	18	22	6
服飾	920	559	153	41	108	17	26	8	5	3
紡織	1020	513	81	97	136	84	51	34	17	7
旅館	429	280	56	19	40	8	15	6	4	1
禽畜	489	296	160	12	15			5		1
土石	488	302	76	18	40	20	24	7		1
金屬	806	537	63	61	55	29	36	9	6	10
電器	186	144	17	12	5	2	3	2	1	
木竹	1059	580	141	44	167	13	107	6	1	
化學	715	426	82	68	76	14	33	15	1	1
文化	862	478	153	47	88	30	32	22	4	8
藝術	329	175	67	17	39	5	14	2	4	6
衛生	236	147	37	13	3	4	29		2	1
其他	8121	4346	1434	549	755	379	261	147	112	138

資料來源：中國統計學社湖北分社編：《湖北省統計提要》，1937 年版，第 17 頁。

在上表 9 個市鎮中，除了老河口、樊城在漢水沿岸，其他 7 個皆位於長江沿岸，這也大致反應了湖北的商業發展亦是不平衡的，商業發達地區集中於長江流域，這得益於長江的水運優勢。在平漢鐵路通車之後，沿線附近的

〔註97〕任放：《明清長江中游市鎮經濟研究》，武漢大學出版社 2003 年，第 101 頁。

一些市鎮發展起來，[註98] 如應山縣，廣水「平漢鐵路南北貫通，從前行店鋪戶，尚稱發達。」[註99] 在粵漢鐵路方面，咸寧縣「商業區域，以沿鐵路之汀泗橋、縣城、官埠橋、賀勝橋四處，為較繁榮。」[註100] 但是由於民國時期局勢不穩，戰亂頻繁，許多市鎮出現了衰落。如應山，「（廣水）近因戰役頻仍，又加匪患，市面蕭條，遠商豪賈，均已歇業。現在所有商鋪，不過土布糧食雜貨，供本地及鄉村之需要而已。此外各處，均衰落不堪。」[註101] 主要商埠如宜昌、沙市也因局勢不穩市面蕭條。[註102]

在清末，湖南省最早開埠的城市是岳陽（1899 年），隨後長沙開埠（1904 年）。岳陽和長沙開埠後，船舶來往日增，「自 1902 的數百艘至 1911 年的二千餘艘，十年之間，增加三四倍之多。」[註103] 除了長沙、岳陽兩個開埠城市，其他重要的區域中心市場還有常德、湘潭、益陽、邵陽、洪江、衡陽、醴陵等。近代以後，湖南省的一些重要商貿中心出現了一定程度的衰落，如湘潭，在清代商業已較為發達，有「金湘潭、銀益陽」之稱，但是近代五口通商後，上海取代廣州成為中國的貿易中心，廣州至湘潭這一傳統商路衰落，湘潭作為貿易集散中心的地位也因此削弱。漢口開埠後，湘潭的地位進一步衰落，長沙取代湘潭的省內中心市場地位，這種趨勢在長沙開埠後更加明顯，[註104]「自輪運發達，進口貨改歸長沙直接分散，出口貨亦直運長沙漢口而至滬。迨粵漢之長沙株洲段（不經湘潭）而後，當地商務，愈益衰落。」[註105] 常德為湘西門戶，是川滇黔商品之集散中心，在清代盛極一時，「民國以後，逐年頹敗，最近不過得清末與民國初年百分之二十。」[註106] 即便出現衰落，湘潭仍不失為湖南的重要中心市場之一，在 1930 年代，「湘潭當湘水之中部，居長寶及湘粵兩公路之交點。交通發達，商業頗盛。」[註107] 而常德，「據民

〔註98〕湖北省民政廳編：《湖北縣政概況》，1934 年版，第 628 頁。

〔註99〕湖北省民政廳編：《湖北縣政概況》，1934 年版，第 656 頁。

〔註100〕湖北省民政廳編：《湖北縣政概況》，1934 年版，第 120 頁。

〔註101〕湖北省民政廳編：《湖北縣政概況》，1934 年版，第 656～657 頁。

〔註102〕曾兆祥主編：《湖北近代經濟貿易史料選輯》，第三輯，湖北省志貿易志編輯室 1985 年版，第 365 頁。

〔註103〕張朋園：《湖南現代化的早期進展》，嶽麓書社 2002 年版，第 121 頁。

〔註104〕尹鐵凡：《湘潭經濟史略》，湖南人民出版社 2003 年版，第 149～177 頁。

〔註105〕交通銀行編：《湖南湘潭之經濟概況》，《交行通信》1934 年第 6 期。

〔註106〕陳建棠：《湖南常德縣經濟概況》，《國民經濟月刊》1937 年第 1 期，第 142 頁。

〔註107〕實業部國際貿易局編：《中國實業志（湖南省）》，1935 年版，第二編，第 102 頁。

國二十年湖南全省營業稅局志統計，全年營業額列居湖南第二位。」〔註108〕

整體來說，湖南省的商業受近代以來沿海貿易興起的影響嚴重，以往兩廣、西南之商品，「運銷滬漢，在陸行論，湘省皆所必經；故往時湘省商業之繁興，直可等於武漢」，「及輪舶既興，粵中貨品之運銷京滬者，群趨海道，湘省之所需要，亦轉自滬漢運輸而來，因之商業驟形衰落，幾有不可以道里計者！」〔註109〕在中心市場方面，重要市鎮逐漸衰落，雖有長沙、岳陽等城市因開埠興起，但與武漢不可同日而言，即如沙市、宜昌，亦存在差距。1936年粵漢鐵路全線通車本有助於湖南商業的發展，但隨著抗戰的到來，這一進程亦告中斷。

在清代，湖南省最重要的出口商品是米穀，甚至所謂的「湖廣熟，天下足」也被稱為「湖南熟，天下足」。近代特別是清末以後，礦產、桐油的出口增加，並逐漸取代米穀稱為湖南最大宗出口貨物之地位，1931年、1932年兩年湖南出口的貨物，如以擔數論，以礦產為第一，桐油次之，爆竹煙花第三。〔註110〕以長沙、岳陽兩個海關計，長沙出口土貨以米穀、銻、爆竹、桐油為大宗，而岳陽出口土貨則以桐油為最巨，其次為棉花、苧麻等。〔註111〕進口貨物以工業品為主，以棉紗、棉布為大宗，五金煤油次之，另有棉貨、糧食等土貨入口。

作為明清以後中國重要的農業區之一，農產品對兩湖地區商業的發展起著決定性的作用。明清時期的米穀貿易為兩湖帶來了商業上的繁榮，形成了一些著名米市，如漢口，在清前期是最大最重要的米市；湖南的湘潭、衡陽、長沙亦在清前期形成米穀區域中心市場。〔註112〕米穀貿易為兩湖帶來了巨大的財富，增強了民眾的購買力。湖南的主要城市在此期間商業發展迅速，除了主要的米穀市場，善化、攸縣、巴陵等縣吸引了外省了本省的大量商人，農村經濟也因此頗為繁榮。農村經濟和商業的繁榮又促進了市鎮的發展，提

〔註108〕陳建棠：《湖南常德縣經濟概況》，《國民經濟月刊》1937年第1期，第142頁。

〔註109〕湖南省政府秘書處第五科編：《民國二十二年湖南省年鑒》，1934年版，第735頁。

〔註110〕劉泱泱：《近代湖南社會變遷》，湖南人民出版社1998年版，第201頁。

〔註111〕實業部國際貿易局編：《中國實業志（湖南省）》，1935年版，第二編，第117、119頁。

〔註112〕蔣建平：《清代前期米穀貿易研究》，北京大學出版社1992年版，第133～153頁。

高了當地生活水平，房屋租賃業、酒店業、釀造業、製糖業也獲得了發展。
〔註113〕近代以後，米穀仍然是兩湖（主要是湖南）主要的輸出商品，同時，
茶葉、棉花、桐油等商品也發展起來。桐油是山區作物，它的商品化有利於
山區商業的發展，抗戰前湖南的主要桐油集散市場是常德、長沙、益陽、洪
江、津市。20 世紀以後，湖北的棉花種植發展迅速，並很快成為湖北最主要
的輸出農產品。除了漢口、沙市、老河口等主要的棉花集散中心，湖北省內
尚有多個中級集散市場，如下表：

表 1.4：1930 年代湖北省棉花主要市場

區域		縣名	市場情形	備註
長江流域	鄂西區或荊沙區	宜昌		漢口為省棉花總會集地，沙市亦有出境者
		宜都		
		枝江	江口、董市	
		松滋	沙道觀、米基臺、竹班墻	
		江陵	沙市、郝穴、彌陀寺	
		當陽	河蓉鎮	
		公安	甲津渡、闡口、蘇家渡	
		石首	藕池、調關	
		監利	朱河、上下車灣、程家集、新溝嘴	
	鄂中或天沔	沔陽	新堤、彭家場、峰口	
	鄂中區或武漢區	嘉魚	龍口、青灘口、簰洲	
		漢陽	侏儒山、黃陵磯	
		孝感	三汊埠、蕭家嘴、祝家灣	
	鄂東區或黃鄂區	鄂城	葛店、華容、樊口、段家店	
		麻城	宋埠、歧亭、中館驛、迎河集、張家洲	
		黃岡	新洲、陽羅、倉子埠、孔家埠、金臺岡、封子岡、汪家集	
		浠水	巴河、蘭溪	
		大冶	黃石港	
		陽新	富池口	
		廣濟	田家鎮、武穴、龍坪	
		黃梅	小池口	

〔註113〕鄧永飛：《米穀貿易、水稻生產與清代湖南社會經濟》，《中國社會經濟史研究》
　　　　2006 年第 2 期。

襄河流域	鄂北區或襄樊區	均縣		亦有少數由公路運漢
		光化	老河口、龍興寺	
		穀城	太平店	
		襄陽	樊城、雙溝、張家灣、東津灣	
	鄂中區或荊沙區	鍾祥	石牌、臼口、新城	
		荊門	沙洋	
	鄂中區或天沔區	京山	多寶灣	
		潛江	長腦垸、張截港	
		天門	岳口、彭市、麻澤潭、漁薪河	
		沔陽	仙桃、脈趕咀	
		漢川	繫馬山、田二河、蚌湖口、城隍港	
		漢陽	新溝、蔡甸	
		雲夢	長江埠	
公路	鄂北區或隨棗區	隨縣	厲山、唐縣鎮、浙河、環潭、安居	由公路南下
		棗陽	陽壋、劉舉、興隆集	
		安陸		

資料來源：徐谷秀：《鄂漢棉花產銷概況（上）》，《纖維工業》1948 年第 3 期，第 20～21 頁。

　　儘管這些市場不少在棉花大量輸出前已經有所發展，但無疑二十世紀後湖北棉花種植業的發展使這些市場越加繁榮。

　　農業經濟與商品的發展呈現一種互動的關係。兩湖地區米穀、桐油、棉花等作物的廣泛種植促進了明清以來商業的繁榮，而商業的繁榮又反過來哺育農業，但是近代以來的社會動盪不停地打斷這種良性互動。

3. 交通

　　如前所言，兩湖地區四面環山，與外界的交通較為不便。在傳統時代，主要由長江及其支流漢江、湘江（連通廣西）、沅江支流武水（連通廣東）為連通東南西北之主要運輸孔道。陸路交通主要為驛道，但是在近代交通發展之前，陸路交通對貨物運輸的作用非常有限。兩湖的地理位置非常優越，明清時期兩湖在全國市場形成過程中開始作為交通樞紐，這種樞紐地位的形成有賴於長江以及支流的存在。晚清以後，由於近代交通的發展，兩湖地區作為交通樞紐的地位更加突出，除了原有的航運優勢，鐵路、公路交通也發展較快。

鐵路。建國前，兩湖地區的鐵路幹線有兩條，以武漢為中心，北去為平漢鐵路（京漢鐵路），南下為粵漢鐵路。平漢鐵路於 1906 年全線通車，而粵漢鐵路到 1936 年才全線通車。

鐵路的開通為湖北的整體經濟帶來了積極影響毋庸置疑，但影響是不平衡的，如孝感縣，除縣城外最繁盛的市鎮為花園和三汊埠，在鐵路開通之前，三汊埠為最繁榮之市鎮，平漢鐵路開通後，「花園始發達，而三汊埠反形衰落。」〔註 114〕另一方面，受制於各方面的原因，湖北省在鐵路發展方面亦是非常有限，粵漢鐵路湘鄂段（武昌至長沙）於 1918 年竣工，但是與平漢鐵路並不貫通，直到 1937 年漢口、武昌間建成火車輪渡設施，平漢、粵漢鐵路才得以銜接。川漢鐵路在民國時期一度恢復建設，但最終以流產告終。湖北省在鐵路支線建設方面，整個 20 世紀前半期一直停滯不前，全省兩條支線在 10 年代修成，但不久之後就拆除。〔註 115〕在 30 年代，亦有修築從廣水或花園到老河口的平漢鐵路支線的動議，鐵路管理方對擬修築支線沿線各縣的經濟情況做了詳盡調查，〔註 116〕但隨著而來的抗日戰爭和國共內戰打斷了計劃。整個民國時期，包括平漢鐵路、粵漢鐵路在內，湖北省內在鐵路沿線各縣（市）分別是應山、孝感、黃陂、漢口、蒲圻、咸寧、武昌，共 36 個站。這對湖北廣闊的地域、豐富的物產來說，實在是杯水車薪。

1936 年全線通車的粵漢鐵路南北橫貫湖南全境，經宜章、郴縣、永興、耒陽、衡陽、衡山、湘潭、長沙、汨羅、湘陰、岳陽、臨湘等縣，大小車站50 個，〔註 117〕從分布的密度上講，湖南省要大於湖北省。在粵漢鐵路全線通車之前，湖南境內起作用的為湘鄂段，包括武株、株萍兩線。武株線在湖南境內經過臨湘、岳陽、湘陰、長沙、湘潭等縣，共設 22 個站。此線路所經之地，皆為湖南省富庶之區，同時亦是商品集散地，省內商品集中長沙運至武漢再行外銷，故對經濟有重要影響。株坪線連接湖南和江西萍鄉，為粵漢鐵路之支線，主要用於萍鄉產煤之運輸。〔註 118〕粵漢鐵路湖南段通車不久之後，

〔註 114〕湖北省民政廳編：《湖北縣政概況》，1934 年版，第 628 頁。

〔註 115〕湖北省地方志編纂委員會編：《湖北省志‧交通郵電》，湖北人民出版社 1995年版，第 32～33 頁。

〔註 116〕參見平漢鐵路經濟調查組：《老河口支線經濟調查》，1937 年版。

〔註 117〕湖北省政府秘書處統計室編：《湖北省年鑒（第一回）》，1937 年版，第 614～620 頁。

〔註 118〕實業部國際貿易局編：《中國實業志（湖南省）》，1935 年版，第十編，第 6～7 頁。

抗日戰爭爆發，隨後國共內戰，政局動盪，鐵路對湖南經濟的積極影響無法充分體現。

公路。兩湖地區的公路建設始於民國初期，但是一開始進展較慢，民國二年開始建設的長沙湘潭一段公路，直到 1926 年才最終完成，湖北省亦是在 20 年代才出現武漢之外的公路。在 20 年代以後，兩湖的公路建設較為迅速。二三十年代，湖北省建設完成的公路主要幹線有四條，分別為襄沙線、襄花線、鄂東線、漢宜線，這幾條公路連接起了武漢、襄陽、宜昌、沙市等湖北省主要的經濟中心，並銜接上了平漢鐵路。到 1937 年年底為止，湖北省公路通車里程達到 4016.46 公里，汽車 957 輛，其中營運汽車 415 輛，大部分為 1928 年至 1937 年所發展。從地理分布上看，鄂東丘陵區公路最為集中，而江漢平原因航運興盛，公路並不多，鄂西山區公路的建設則較為滯後。〔註 119〕

湖南省在 1929 年成立公路局以後，擬定了與周邊省份國道或省道銜接的公路幹線建設規劃，該計劃以長沙為中心，連通川、桂、粵、贛、鄂、黔六省，建設湘粵線、湘桂線、湘黔線、湘川線、湘贛線、湘鄂東線、湘鄂西線七條幹線。〔註 120〕按實業部國際貿易局的調查統計，湖南省內建設完成的主要公路幹線有湘粵線長（沙）宜（章）段、湘桂線衡（陽）洪（橋）段、湘黔線（湘）潭桃（花坪）寶（慶）段、湘贛線長（沙）東（峰界）段、湘鄂東線黃（花市）高（橋）段、湘鄂西線長（沙）常（德）段，只有湘川線未建設完成。這些公路幹線將長沙、湘潭、衡陽、邵陽、益陽、常德、郴州、零陵、所裏、黔陽等湖南的主要城市聯結起來，並通往周邊省份。此外，有兩條重要支線建成，為魯（塘坳）永（興）線，茶（陵）蓮（花）線，前者為便利永興縣與湘粵線之聯絡，後者為便於「剿共」而築。〔註 121〕1937 年至 1949 年，由於戰爭的影響，公路運輸由盛轉衰，公路建設主要不是為經濟服務。

民國時期兩湖的公路建設雖然發展較快，為人員物資交流提供了較大的便利，但於商品流通而言，亦存在較大不足，「公路運輸，專賴汽車，載重之量既少，而購置車輛，亦復耗費。且路線迂迴，速度有限，偶值雨雪，勢須

〔註 119〕任放：《近代兩湖地區的交通格局》，《史學月刊》2014 年第 2 期。
〔註 120〕實業部國際貿易局編：《中國實業志（湖南省）》，1935 年版，第十編，第 16 頁。
〔註 121〕實業部國際貿易局編：《中國實業志（湖南省）》，1935 年版，第十編，第 22 ～28 頁。

停駛。兼之成本過高，運費甚巨。故大部分巨量運輸，仍感不便。」〔註122〕
這些缺點也使得公路運輸建設較快，但無法發揮如鐵路一般的作用。

　　航運。航運是兩湖地區傳統的交通優勢，以長江為主動脈，漢江、湘江
等支流為支線的航運線使地處華中的兩湖地區在近代之前便成為整個中國的
交通樞紐，對明清時期全國市場的形成發揮了巨大的作用。近代以後，兩湖
地區航運的發展體現在輪船的引入和發展。

　　晚清時期，隨著漢口、宜昌、岳陽、長沙的陸續開埠，外國輪船公司陸
續進入兩湖境內航線。輪船引進兩湖以後，漢口作為華中交通樞紐的位置更
為重要，長沙則成為湖南航運的中心。據統計，到抗戰前，「以漢口為中心的
輪船航線增加為 68 條，其中上江航線 21 條、下江航線 22 條、漢江航線 16
條、漢湘航線 9 條、武漢輪渡航線 9 條。同時，太古、怡和、日清等外國航
運公司仍有較強實力。彼時，湖南境內中外輪船約 160 艘，其中民營者 104
艘，占總數之 65.0%，多係小汽船。」〔註123〕

　　木船業雖然因輪船的進入而受到打擊，但在近代仍在兩湖交通中起著重
要的作用，民國時期，木船航運仍然相當活躍。甚至直到 20 世紀 50 年代，
湖北水運工具中，木帆船仍占主導地位，輪船運量僅占內河運量的 10%左右，
湖南木帆船運輸貨物則占河運總量的 80%。這些情況說明了兩湖運輸轉型過
程的困難。〔註124〕

（三）社會環境

1. 基層社會控制

　　中國傳統時代的基層社會多數時候處於較為固化的狀態，這種狀態保證
了鄉村的穩定和寧靜。矛盾的爆發往往在一個朝代的末期，地權的集中、剝
削的加重導致貧困人口大量增加成為社會不穩定的主要根源。晚清時期，兩
湖基層社會最大的動盪來自太平天國運動。太平軍進入湖南後迅速發展，主
要原因是吸收了農村大量的貧困人口。在此期間，宗族加強了對鄉村的控制，
從而穩定了湖南，這是湘軍崛起的一個重要因素。

　　太平天國運動後宗族權力的擴大與加強保證了兩湖基層社會大體上的穩
定，這種穩定甚至保證了清王朝被推翻時鄉村也未掀起較大的波瀾。在近代，

〔註122〕平漢鐵路經濟調查組編：《老河口支線經濟調查》，序，1937 年版，第 5 頁。
〔註123〕任放：《近代兩湖地區的交通格局》，《史學月刊》2014 年第 2 期。
〔註124〕任放：《近代兩湖地區的交通格局》，《史學月刊》2014 年第 2 期。

第一次讓鄉村社會有所震動的卻是在辛亥革命前——1905 年科舉制度的廢除讓鄉村民眾們直面近代社會的到來。傳統上生產鄉村社會精英的教育體系在科舉制度廢除後發生了巨大的變化，新式學堂逐漸出現，學生們在求學方面，與以往大不相同，甚至有不少鄉村學子出國留學。但對鄉村來說，這種狀況也許並非幸事，科舉制度的廢除對鄉村社會的影響是巨大的，但也是緩慢的，它通過近代教育的嘗試為鄉村帶來正面影響，也因為傳統士紳的離鄉讓鄉間的劣紳和流氓有了掌握基層權力的機會。

清代的保甲制度在中期以後作用已經不大，「就 19 世紀中葉以後的兩湖鄉村社會而言，士紳所控制的團練組織在許多地方基本取代了保甲或者以團保合一的方式成為鄉村社會的準基層行政組織。」〔註 125〕兩湖地方紳士在興辦團練的過程中權力得以擴張，在鄉村，這種權力是和宗族聯繫在一起的，比如湖南省，「有司迫於軍事……鄉約輟講……各族有規約，亦足補官法所不及。」〔註 126〕道咸期間的鄂東，在面對太平軍和捻軍的衝擊時，宗族成了人們自保的最主要形式和官府平叛所依仗的主要力量，出現了不少「族團」、「族勇」。〔註 127〕地方紳士們通過掌握宗族權力控制了基層社會。辛亥革命也未給鄉村的權力體系帶來變化，「對於農民，革命除了帶來了一個紳士和官僚更緊密聯合、以維護上流階層階級利益的新政權外，其餘一無所有。」〔註 128〕

辛亥革命後，兩湖的鄉村形成了多重權力中心，地主階級控制「地方自治」、族權得到強化、紳權質變劣化，農民深受其害，「廣大農村遂成為了一塊醞釀革命的溫床。」〔註 129〕正因為如此，當革命的宣傳到達兩湖鄉村時，農民的反抗火焰迅速被點燃，從而造就了 20 世紀中國最為激烈的一場農民運動。這場農民運動，由於時間短，對鄉村原有秩序的打擊並不徹底，比如經濟問題中最為關鍵的土地問題僅涉及公產；政治上，雖然懲處地主、破壞祠堂等行為非常激進，但最終無法摧毀舊有秩序，隨著國民黨的右轉，鄉村社會又恢復的舊有體制。

〔註 125〕楊國安：《明清兩湖地區基層組織與鄉村社會研究》，武漢大學出版社 2004 年版，第 315 頁。

〔註 126〕（民國）《寧鄉縣志》，故事編，第三。

〔註 127〕徐斌：《明清鄂東宗族與地方社會》，武漢大學出版社 2010 年版，第 270 頁。

〔註 128〕（美）周錫瑞：《改良與革命——辛亥革命在兩湖》，江蘇人民出版社 2007 年版，第 315 頁。

〔註 129〕于建嶸：《岳村政治——轉型期中國鄉村政治結構的變遷》，商務印書館 2001 年版，第 134～142 頁。

　　土地革命時期的根據地是中共試圖顛覆原有鄉村權力體制的試驗地，無論在政治上還是在經濟上都給予了傳統權力體制較為徹底的打擊。在陽新縣金門鄉林上村的地主人數從 1929 年第 33 人下降到 1933 年的 12 人，總共 12 戶地主富農有 5 戶共被殺 9 人，其中 2 戶殺絕。〔註130〕瀏陽縣三口鄉地主在 1930 年大革命的打擊中逃亡縣城、長沙等處，到 1944、1945 年才回鄉。〔註131〕根據地對原有鄉村權力秩序的打擊一方面確實打擊了一些土豪劣紳和惡霸，但另一方面，過於激進的政策及執行也使一些正直的士紳或逃離鄉村或不再干預鄉間事務，這給了其他形形色色的人物和勢力以可乘之機，如嘉魚縣，「地方士紳公正者，以各市鎮為最多，鄉村甚少」；〔註132〕通城縣，「士紳，期出身清正聲望素孚者，因時局紛紜，不願干預世事，殊少責任心。」〔註133〕瀏陽縣三口鄉在 1930 年後政治情況變得複雜，幫會、圈子（即洪老會）、國民黨、三青團一起擠上政治舞臺。〔註134〕

　　國民黨在全國的統治基本確立後，試圖建立起對基層的直接控制，從 1927 年至 1939 年推出「新縣制」，確立縣以下的區、鄉（鎮）、保、甲四級組織，但以失敗告終，同時，也因為失敗，「國民政府不得不容忍並聯合鄉村中的保守力量，在改造鄉村過程中只能依靠他們。這些保守力量非但沒有被取締和替換，反而利用了政府基層政權形式上的健全獲得了以前所未曾有過的合法性（即有了具體的官銜）。其日常的行為時往往借政府的名義去壓迫農民，或假借農民的名義去要挾政府，一舉一動無不為自身打算，成為一個『特殊階級』。」〔註135〕杜贊奇認為，20 世紀國家政權試圖毀壞「文化網絡」以深入鄉村，造成了鄉村中的政權內卷化。20 世紀前期的鄉村舊有體制存在一種惡性循環：「國家捐稅的增加造成營利型經紀的增生，而營利型經紀的增生則反過來要求更多的捐稅。在這種環境下，傳統村莊領袖不斷被營利型經紀所代

〔註130〕湖北省委政研室陽新調研小組：《湖北省委政研室關於陽新縣五區金門鄉林上村「大革命以來人口、土地變動及政治情況演變調查報告」》，1950 年，湖北省檔案館藏，檔案號：SZ-02-0045-002。

〔註131〕湖南省土改委：《瀏陽縣三口鄉調查材料》，1952 年，湖南省檔案館藏，全宗號：145，目錄號：1 卷號：93。

〔註132〕湖北省民政廳編：《湖北縣政概況》，1934 年版，第 99 頁。

〔註133〕湖北省民政廳編：《湖北縣政概況》，1934 年版，第 148 頁。

〔註134〕湖南省土改委：《瀏陽縣三口鄉調查材料》，1952 年，湖南省檔案館藏，全宗號：145，目錄號：1 卷號：93。

〔註135〕許紀霖、陳達凱主編：《中國現代化史（1800～1949）》，第一卷，學林出版社 2006 年版，第 397 頁。

替，村民們稱其為『土豪』、『無賴』或『惡霸』。」〔註136〕湖南瀏陽三口鄉，國民黨區分部書記、三青團區隊副羅鏡泉被人稱為「街王」、「五殿閻王」，〔註137〕湖北武昌縣錦繡鄉建國前活躍著所謂「十大閻王」、「廿四小閻王」，「十大閻王之首」唐平周曾任聯保主任、維持會長、武昌縣軍事科長、鄉長、鄉民代表等職。〔註138〕從 1940 年代開始，國民政府已完全無力控制基層政權，當 40 年末期政權即將崩潰之時，他們不得不借助傳統的社會組織來維持基層秩序，如湖北省政府試圖通過宗族自治來維持治安，「勸導族人不參加共匪及一切非法組織。」〔註139〕但這種呼籲顯然是無力的。對基層社會控制的失敗使國民黨最終失去了政權，而對農民來說，鄉村權力的失控給他們帶來的只有無盡的苦難。

2. 社會風氣

兩湖地區地形複雜，各地民情風俗各異。湘鄂兩省相較，有一點可以確定，即湖南偏保守，而湖北則較之開放。在西方勢力進入長江中游後，湘鄂兩省表現出了不同的態度，「湖南省雖然也有借長江交通之便利，但是民風保守排外，與外國關係不如湖北密切。」〔註140〕湖北之漢口、沙市、宜昌先後順利開埠，而岳陽、長沙的開埠就曲折了許多。口岸的最終開放給兩湖地區的社會風氣帶來了巨大的變化，即使是保守的湖南也日漸開放，「湘中人士多有欲知外事購覓海上各日報、旬報者」，在鄉間，「貧民無不望資本家糾股開辦（礦廠）藉易覓食」，而紳士勾結外商購買礦山「則已不少」。〔註141〕

社會風氣之變化，主要還是體現在城市，如長沙，「輪軌運輸，民智日趨進化，人情風俗，亦隨之而變遷。」〔註142〕武漢更是當華中一帶風氣之先，

〔註136〕（美）杜贊奇：《文化、權力與國家：1900～1942 年的華北農村》，江蘇人民出版社 2010 年版，第 213 頁。

〔註137〕湖南省土改委：《瀏陽縣三口鄉調查材料》，1952 年，湖南省檔案館藏，全宗號：145，目錄號：1 卷號：93。

〔註138〕湖北省政研室：《武昌錦繡鄉戰前、解放前及全鄉社會改革運動中對地主階級情況與打擊消滅程度的調查（第一部分）》，1952 年，湖北省檔案館藏，檔案號：SZ1-02-0113-001。

〔註139〕湖北省政府：《湖北省政府關於上報組織宗族自治會情形的代電及南漳縣政府的代電》，1948 年，湖北省檔案館藏，檔案號：LS-4-0941-004。

〔註140〕（日）東亞同文會：《支那省別全志（湖南省）》，1918 年版，第 21 頁。

〔註141〕佚名：《湖南問俗》，《聯勤學術研究季刊》1902 年第 17 期。

〔註142〕楊肇筠、沈若愚：《長沙縣調查筆記（續完）》，《自治》1930 年第 72 期，第 20 頁。

辛亥革命後，在女子放足、教育方面活動頗為激進。〔註143〕在鄉村，儘管也發生著變化，但過程緩慢。直到20世紀三四十年代，宗族仍然支配兩湖鄉村社會，如黃安縣「農村人民，類多樸素，其心理仍賴宗法維持」，〔註144〕黃岡縣，「社會仍賴宗法維繫」；〔註145〕湖南石門縣「沿用戶長、房長、族長舊制度，各有譜，並設祠，最近聯宗之風甚（盛）行」，桂陽縣「家族觀念甚深，發生糾紛由家族調節，有犯規者由族內議處。」〔註146〕宗族制度對舊習的極力維護，使一些傳統惡習或不良風氣在整個20世紀前半期的兩湖仍然大行其道，如婦女纏足，在耒陽縣鄉間，「婦女纏足，相沿不改，中年以上無放足者，二十歲左右解放殊少，十歲上下婦女，尚多包裹謹嚴。」〔註147〕鄂城縣，「全縣婦女，無論老幼，多尚纏足……現縣城及各鄉之大富人家，多已解放，但一般人們，則尚競研鬥小，異常重視也。」〔註148〕黃陂縣，「女子纏足之風頗盛，鄉間尤甚。」〔註149〕另如宗族械鬥，在某些地區仍是嚴重的社會問題，如鄂城縣，「民性頗強悍，勇於私鬥。同時封建宗法思想，又極濃厚，故常聞某族與某族之械鬥。一集數百人，死傷動十數，雖官廳亦無法禁止也。」〔註150〕

　　以上的不良風氣是屬傳統社會沿襲下來的，而另一些則是由近代產生的，在民國後頗有蔓延的趨勢，其中最為嚴重的是吸食鴉片問題，有關此類風氣的資料比比皆是，如湘鄉縣，「清季煙禁大開，人多吸種鴉片，近來禁令日嚴，而犯者漸多，然多吸售。」〔註151〕荊門縣，「嗜好以煙毒為最。每至街頭巷尾，即到處可聞煙香。」〔註152〕安陸縣鴉片煙在各地的流行，「比起牌賭來，有過之而無不及……巡店全鎮約兩百家，同時開設煙館的，便達十戶左右。」〔註153〕在20世紀前半期的兩湖鄉村，現代化進展有限，「吸食鴉片」此種「近代事物」卻大行其道，為害鄉村不淺。

〔註143〕蘇雲峰：《中國現代化的區域研究：湖北省（1860～1916）》，第506～512頁。
〔註144〕湖北省民政廳：《湖北縣政概況》，1934年版，第457頁。
〔註145〕湖北省民政廳：《湖北縣政概況》，1934年版，第484頁。
〔註146〕吳寄波等：《各縣風俗調查專輯（一）》，《自治月刊》1949年第1期。
〔註147〕謝古愚：《耒陽縣鄉間見聞記》，《自治》1929年第51期。
〔註148〕佚名：《鄂城社會概況（續）》，《人民週刊》1933年第68期。
〔註149〕南秉方：《湖北黃陂農村金融調查記》，《農林新報》1936年第13卷25期。
〔註150〕佚名：《鄂城社會概況（續）》，《人民週刊》1933年第68期。
〔註151〕湘鄉縣政府：《湘鄉社會概況調查》，《衡風》1933年第13期。
〔註152〕湯志澄：《湖北荊門縣社會調查》，《政訓月刊》1937年第29～30期。
〔註153〕陳範：《解放前安陸縣見聞雜憶》，《湖北文史資料》1990年第4輯。

　　農業社會是保守的，很少從內部產生改變原狀的因素，但沉默的農民並不缺乏力量，當外力的衝擊足夠大時，他們便成了推翻舊秩序的基礎力量，而這種變化直到 20 世紀進行到一半時才由共產黨的領導下完成。

　　20 世紀前半期兩湖地區的自然條件和社會經濟環境對農業生產來說，有積極的作用，也有消極的作用。交通運輸、商業、工業（特別是輕工業）的發展為農業生產提供了新的機遇，推動了農業的商品化，使農民在生產、生活等方面放生了某些積極的變化（我們將在下文提到這些變化）。但是近代以來的自然災害頻發、政治局面動盪、戰爭頻繁、農村土豪劣紳橫行、賦稅加重等負面因素給農業生產帶來了巨大的破壞，這些負面因素也是中共取得農村革命勝利的主要原因。因此，總體上，20 世紀前半期兩湖地區的農業環境對農業生產來說總體上是不利的。

第二章　兩湖鄉村的地權分配

　　地權問題是傳統農村社會最為重要的問題之一，農村中的租佃關係、貧富差距等問題都是由地權問題延伸出來。因此，無論是中國共產黨的革命者還是後來的農村社會經濟史的研究者，都對地權問題非常重視。如我們前文所指出的，20世紀80年代以前對土改前我國地權分配的不均程度是估計過高的，以章有義為代表的學者在對20世紀二三十年代我國地權分配重新估計之後，問題並沒有明朗化，反而更加複雜，主要原因在於我國幅員遼闊，地權問題在各地表現出不同的特點，這使我們無法以一個統一的觀點去概況中國傳統鄉村社會的地權問題。美國學者周錫瑞也對土改之前我國的地權分配做過研究，他估計地主富農大約佔有全部耕地的56%，與章有義的估計數字接近。相對於這些數字，周氏在文章結尾的一段話更值得思考：「這些數字證明了什麼？我不得不承認，它能證明的東西不多。它無法說明中國鄉村社會的結構，也無法告訴我們在不同地區地主制在形式上的重要變化；它無法幫助我們理解在革命前，作為一個佃農——或者說一個貧窮農民在經濟、社會和政治上意味著什麼；它也完全無法說明一段時期內土地分配的變動。」〔註1〕雖然周錫瑞的這些話不無偏激，但這些數字對深入認識我們這樣一個地域遼闊、區域間從自然環境到風俗習慣差別甚大的國家來說，作用確實有限。中國傳統農村社會地權狀況的複雜性，在近三十年的研究中已有體現。但就區域來說，華北、江南研究較多，而另一些地區的研究卻相對薄弱，兩湖地區便是其中之一。

〔註1〕Joseph W. Esherick, "Number Games: A note on land distribution in prerevolutionary China". *Modern China*, Vol.7,No4(Oct.,1981).

一、兩湖地區鄉村地權分配狀況

兩湖地區是中國重要的農業區,也是近代農民運動進行得最激烈的地區之一。國民革命中的兩湖農民運動最為引人注意的是政治方面的內容,經濟方面也有減租減息等措施執行,但更為關鍵的地權問題當時並沒有觸及。從農民運動的激烈程度上看,當時兩湖地區農村存在非常嚴重的問題,地權分配是其中之一。但兩湖地區地權問題究竟如何,學界一直沒有非常深入的分析。這無疑使我們無法全面認識革命前兩湖的農村社會。由於我們所掌握的資料基本是民國及土改時期資料,因此,下文討論的時段以民國時期為主。

(一)兩湖地區鄉村地權分配的總體狀況

關於民國時期兩湖地區鄉村地權分配狀況,據蘇聯學者馬札亞爾判斷,「在湖北大概的計算,整個經濟單位的百分之四六‧五佔有耕地的六分之一,而占整個經濟單位約百分之十的大的領土(原文如此,應為「領主」之誤——引者注)則佔有耕地的三分之一。關於湖南毫無誇大的斷定:百分之七五的耕地係握於地主之手。」〔註2〕這個表述模糊的估斷為我們提供了當時對兩湖鄉村地權分配的大致印象:第一,兩湖地區地權比較集中;第二,湖南地權的集中程度遠甚於湖北。

表 2.1:20 世紀三四十年代各地權類型戶比例 (單位:%)

省別	自耕農	半自耕農	佃農	資料來源
湖北	52	12	36	湖北省政府秘書處統計室編:《湖北省年鑒(第一回)》,1937 年版,第 147 頁。
	33	28	39	實業部中央農業實驗所農業經濟科編:《農情報告彙編》,1935 年版,第 62 頁。
	30	32	38	金陵大學農學院農業經濟系編纂:《豫鄂皖贛之租佃制度》,1936 年版,第 10 頁。
湖南	32	28	40	實業部國際貿易局:《中國實業志》(湖南省),第 2 編,1935 年版,第二編,第 47 頁。
	30	24	46	實業部中央農業實驗所農業經濟科編:《農情報告彙編》,1935 年版,第 62 頁。
	26	30	44	《民國三十二年湖南省各縣農佃分布及租率調查》,《湖南農情》1942 年第 8～9 期

〔註 2〕 (蘇)馬札亞爾著,陳代青、彭桂秋譯:《中國農村經濟研究》,神州國光出版社 1934 年版,第 248～249 頁。

說明：1、《湖北省年鑒》的數據原為自耕農占 41%，半自耕農占 10%，佃農占 31%，合計未到 100%，原因是全省 71 個縣市中，農戶人口數據全部有，但農田經營者分類只有 60 個縣有數字，其得出全省的比例是 60 個縣農田經營者各分類總和除以全省總人口，因此數據是偏低的。文中比例數字是筆者根據 60 個縣的數據重新計算所得。2、《中國實業志》（湖南省）中「佃農」數據為「佃農」與「雇農」之和，其他幾項數據沒有「雇農」統計。

　　上表中，除《湖北省年鑒》的數據外，其他各組較為接近。在佃農比例上，湖南省大體上略高於湖北，但相差並不太多。從全國範圍看，兩湖地區的佃農比例在各省中處較高水平，〔註 3〕因此，兩湖地區鄉村地權分配較為不均應無疑問，問題在於這種不均達到怎樣的程度。國民政府內政部的調查資料為我們大體瞭解兩湖地區地權分配不均度提供了條件，具體見表 2.2。

表 2.2：20 世紀 30 年代兩湖地區耕地分配情況

省別	田畝階段	戶數	戶數比例(%)	畝數	畝數比例(%)
湖南	10 畝以下	1829026	73.44	7294467	27.64
	11～30 畝	445683	17.90	7421064	28.12
	31～50 畝	137212	5.5	5359213	20.31
	51～100 畝	62182	2.5	3647372	13.82
	100 畝以上	16382	0.66	2668488	10.11
	總計	2490485	100	26390604	100
湖北	10 畝以下	546740	67.50	2419484	24.34
	11～30 畝	168596	20.81	2392740	24.07
	31～50 畝	59359	7.33	2098955	21.11
	51～100 畝	26375	3.26	1625468	16.35
	100 畝以上	8894	1.1	1405224	14.13
	總計	809964	100	9941871	100

資料來源：內政部編：《內政調查統計表》，1934 年第 9 期，第 6 頁；1935 年第 22 期，第 24 頁。

　　按照上表計算湘鄂兩省土地分配的基尼系數，湖南省為 0.522，湖北省為 0.527，兩者基本一致，地權分配很不平均。兩湖的地權分配特點與華北地區有相似性。根據胡英澤的研究，20 世紀二三十年代山西、河北、山東三省的

〔註 3〕實業部中央農業實驗所農業經濟科編：《農情報告彙編》，1935 年版，第 62 頁。

地權分配基尼系數大致在 0.5 以上，〔註4〕與兩湖地區相當，地權分配很不平均，原因之一是存在較高比例的無地戶、少地戶，這一點亦與兩湖類似。但是兩湖地區的無地戶、少地戶比例要遠超過華北地區，比如山西省，佔地 10 畝以下的農戶占總戶數的 37.07%，〔註5〕湘鄂兩省則分別占到了 73.44%和 67.5%。在無地戶比例上，兩湖地區在整體上也是遠高於華北，按 1935 年《農情報告彙編》的數據，1934 年湖南、湖北的佃戶比例為 46%、39%，而山西、河北、山東則為 14%、11%、9%。〔註6〕

應該說民國時期兩湖地權集中的問題較為嚴重，但是民國時期的調查資料並沒有表現出湖南地權分配的不均度要遠高於湖北。土改前夕，湖南省的農村調查者認為「湖南在中國南方各省的土地集中程度比較突出，比臨近的湖北、江西高」，〔註7〕但從當時的調查數據上看，情況也並非如此。

表 2.3：1948 年兩湖地區各階層土地佔有情況

階層	省別	戶口（%）	人口（%）	土地（%）	人均耕地（畝）
地主	湖南	4.81	6.13	30.82	12.70
	湖北	3.80	4.68	31.68	13.98
富農	湖南	2.04	3.06	6.48	4.09
	湖北	2.85	3.74	8.05	4.85
中農	湖南	32.97	37.91	29.77	1.51
	湖北	31.70	35.01	31.91	2.05
貧農	湖南	35.80	34.16	10.08	0.57
	湖北	49.89	48.46	17.35	0.80
雇農	湖南	4.93	3.19	0.27	0.16
	湖北	4.72	2.89	0.19	0.14
其他	湖南	19.45	15.55	9.54	
	湖北	7.04	5.22	6.45	

資料來源：中南軍政委員會土地改革委員會：《中南區一百個鄉調查統計表（內部資料）》，1953 年，第 238～241 頁。

〔註4〕胡英澤：《近代華北鄉村地權分配再研究——基於晉冀魯三省的分析》，《歷史研究》2013 年第 4 期。

〔註5〕胡英澤：《近代華北鄉村地權分配再研究——基於晉冀魯三省的分析》，《歷史研究》2013 年第 4 期。

〔註6〕實業部中央農業實驗所農業經濟科編：《農情報告彙編》，1935 年版，第 62 頁。

〔註7〕新湖南報編：《湖南農村情況調查》，新華書店中南總分店 1950 年版，第 5 頁。

說明：1、數據來自湖南 15 個鄉，總計 10640 戶，42661 人，82447.59 畝耕地，人均
　　　1.92 畝；湖北 20 個鄉，總計 11565 戶，48177 人，108669.94 畝耕地，人均 2.25
　　　畝。2、「其他」項包括「農村工商業、其他剝削階層、工人、貧民、游民、其
　　　他勞動人民和外鄉一般業主」。3、原表中，地主佔有耕地百分比為湖南 40.32%，
　　　內包括「地主操縱公田」9.5%；湖北 34.54%，內包括「地主操縱公田」2.86%。
　　　「公田」的具體數據為湖南省 13.04%，湖北省 4.37%。

如以地主富農佔地比例表示地權分配的集中程度，表 2.3 的土改調查數據
同樣沒有表現出湖南比湖北要高。湖南省地主富農占總農戶數的 6.85%，佔地
37.3%；湖北省地主富農占總農戶數的 6.65%，佔地 39.73%，兩省地主富農戶
數比例和佔地比例都很接近。儘管兩者都遠低於地富佔地 70～80% 的官方權
威判斷，也低於章有義、周錫瑞等學者對地富佔地比例的重新估計，但是兩
省地權分配不均仍然是顯而易見的。首先，農村中占總戶數最多的貧農僅擁
有少量土地，湖南省貧農戶占總戶數的 35.8%，佔有的耕地僅占全部耕地的十
分之一；湖北省的貧農戶占到總戶數的近五成，卻也僅佔有全部耕地的
17.35%。其次，人均佔有耕地相差懸殊。湖南省地主的人均耕地是中農的 8.4
倍，是貧農的 22.3 倍；湖北省這兩個數字分別為 6.8 倍和 17.5 倍。

湘鄂兩省在地權分配方面最大的區別是湖南省公田的比例要比湖北省高
出不少。公田的較高比例對湖南地權有兩個方面的影響：第一，降低了各階
層的人均耕地。依照上表，總體上，湖南省人均耕地比湖北省低 14.67%，富
農、中農、貧農的人均耕地分別比湖北低 15.67%、26.34% 和 28.75%；第二，
導致無地戶的增加，無地戶通過租佃公田成為佃農，這也是湖南省佃農比例
高於湖北省的主要原因之一，如瀏陽縣佃農及半自耕農，「50% 的土地來自祀
會」。〔註 8〕

以上三種數據雖然運用了不同統計分類方法，說明的問題大致上是相同
的。首先，湘鄂兩省鄉村地權分配的不均程度大體相當，至少在數據上沒有
表現出湖南的地權集中程度要遠高於湖北。其次，兩湖的地權集中程度沒有
土改前中共的官方判斷那樣高，但是分配不均仍然非常明顯，一方面，兩省
都存在著大量的無地戶，另一方面，在有地戶裏，僅擁有少量土地的農戶佔
了絕大多數。

對兩湖地區鄉村地權總體上的把握，有助於我們矯正以往對傳統鄉村社

─────────────

〔註 8〕周源歧：《瀏陽縣主要農產及租佃關係》，《農業推廣通訊》1945 年第 7 期。

會地權分配認識上的偏差。無論是湘鄂兩省之間還是在兩省內部，在自然條件、社會環境等方面均存在著差異，地權分配也因為這些差異有所不同。因此，要深入瞭解民國時期兩湖地區的地權分配特點，有必要對這種地區差異進行探討。

（二）湖南省鄉村地權分配

關於民國時期湖南省各縣各地權類型農戶比例的調查，筆者所見有三種：湖南省自治籌備處 1929 年的調查〔註 9〕，實業部國際貿易局 1935 年編的《中國實業志》（湖南省）〔註 10〕以及《湖南農情》雜誌 1943 年的調查〔註 11〕。在三種資料中，除《湖南農情》雜誌的調查僅有 32 個縣的數據，其他兩種各縣數據大致齊全（自治籌備處缺少大庸、桑植、古丈、乾城、晃縣 5 縣數據）。結合各方面的資料來看，湖南自治籌備處的調查可能更接近事實。比如長沙縣，《實業志》的無地戶比例是 19.25%，但在上世紀 20 年代有調查者做過估計，佃農在長沙湘潭一帶佔有十分之六，雇農則占到十分之三。〔註 12〕這裡的「佃農」可能包括一定數量佃有耕地的半自耕農，但無論如何，無地戶的比例應該是不低的。土改時期的調查顯示，土改前長沙縣各鄉地主富農佔有耕地比例普遍較高，如郭公鄉為 58.4%，雲田鄉為 48.7%，治安鄉為 44%，雙清鄉為 51.98%，陽石鄉為 50.74%，羅鳳鄉為 63%，〔註 13〕這些數字都比表 2.3 中湖南省地主富農佔地比例數字高出不少，可見長沙縣地權分配的不均程度在全省屬較高水平，再加上不低的公田比例（見下文），湖南自治儲備處的無地戶占 60.16% 應該更符合事實。又如瀏陽縣，《實業志》的無地戶比例是 87%，自治籌備處的數字是 47.37%，根據周源歧在 1943 年的調查，瀏陽縣「自

〔註 9〕潘鴻聲：《湘省農業述略》，《實業統計》1935 年第 4 期，在此處無地戶項為「佃農」，黃星輯在做舊長沙府租佃制度調查引用過該數據，有「佃農」和「雇農」〔參見黃星輯：《舊長沙府屬之租佃制度》，蕭錚主編：《民國二十年代中國大陸土地問題資料》，（臺灣）成文出版社 1977 年版，第 30677～30678 頁〕，潘文中的「佃農」比例正是黃氏所引數字中「佃農」與「雇農」比例之和。

〔註 10〕實業部國際貿易局：《中國實業志》（湖南省），1935 年版，第二編，第 43～47 頁。

〔註 11〕佚名：《民國三十二年湖南省各縣農佃分布及租率調查》，《湖南農情》1942 年第 8～9 期。

〔註 12〕陳仲明：《湘中農民狀況調查》，《東方雜誌》1927 年第 16 號。

〔註 13〕湖南省土地改革委員會：《長沙縣關於土改中各種數字統計和農村情況調查材料》，1951 年，湖南省檔案館藏，全宗號：145，目錄號：1，案卷號：256。

耕農約占 30%，半自耕農 30%，佃農 40%」，與自治儲備處的調查較為接近。再如醴陵縣，《實業志》的無地戶比例是 30%，而 1948 年出版的《醴陵縣志》顯示，1936 年該縣「有田者不及半數」。〔註 14〕在湘西南的會同縣，《實業志》中無地戶比例高達 73.17%，其中佃農占 39.03%，雇農占 34.14%，但 1940 年代的實地調查顯示，1942 年會同縣金竹鄉的佃農戶數占總戶數 36.1%，堡子鄉為 42.6%，雄溪鄉 29.7%。至於雇農比例，調查可能將之包含在「其他」項中，三個鄉中最高為雄溪鄉的 15%，金竹鄉和堡子鄉則分別為 2.5% 和 1.7%。〔註 15〕這說明《實業志》中有關會同的雇農比例遠高於實際情況。綜合上看，會同縣三個鄉的佃農比例為 35.45%，加上雇農，無地戶比例大致在 40% 左右，湖南省自治籌備處關於會同縣無地戶比例是 26.35%，在十多年的時間裏，這樣的變動亦屬合理範圍。

根據湖南自治籌備處的數據，全省 70 個縣中，無地戶比例在 40% 以上的有 26 個縣，如下表：

表 2.4：20 世紀 20 年代湖南省無地戶在 40% 以上縣份

縣別	無地戶（%）	縣別	無地戶（%）	縣別	無地戶（%）
長沙	60.16	湘潭	62.58	瀏陽	47.37
醴陵	54.09	湘鄉	53.06	寧鄉	46.36
攸縣	63.59	茶陵	41.44	新寧	53.42
平江	46.78	華容	54.80	南縣	73.51
安鄉	76.47	沅江	58.35	衡陽	45.90
衡山	55.28	常寧	43.53	酃縣	54.00
祁陽	44.94	東安	52.58	宜章	48.60
資興	49.30	桂東	67.33	汝城	51.85
漵浦	45.52	黔陽	47.34		

資料來源：潘鴻聲：《湘省農業述略》，《實業統計》1935 年第 4 期。

這 26 個縣中，丘陵縣 12 個，分別是長沙、湘潭、醴陵、湘鄉、攸縣、新寧、衡陽、衡山、常寧、祁陽、東安、宜章，占丘陵縣總數的 50%；洞庭湖區 5 個，為華容、南縣、安鄉、沅江、寧鄉，占總濱湖縣的 35.71%，山區縣 9 個，

〔註 14〕陳鯤修、劉謙纂：《醴陵縣志》，1948 年版，卷五，食貨志上。
〔註 15〕中國國民經濟研究所：《湖南會同黔陽兩縣六鄉農村經濟調查（三續）》，《西南實業通訊》1944 年第 6 期。

占總山區縣的 28.13%。〔註 16〕我們再看無地戶比例較低的縣份，如下表：

表 2.5：20 世紀 20 年代湖南省無地戶在 20%以下縣份

縣別	無地戶（%）	縣別	無地戶（%）	縣別	無地戶（%）
安化	13.51	慈利	18.79	江華	18.78
嘉禾	18.95	沅陵	9.00	瀘溪	8.00
通道	18.27	保靖	14.44	龍山	16.64
鳳凰	12.02	桂陽	19.07		

資料來源：潘鴻聲：《湘省農業述略》，《實業統計》1935 年第 4 期。

上表 11 個縣中，除了嘉禾和桂陽為丘陵縣外，其餘 9 個皆為山區縣。結合兩表，我們可以看到，高比例無地戶以丘陵縣最為普遍，山區縣較少，同時，低無地戶比例的縣中，山區最多。總體上，24 個丘陵縣的無地戶平均比例為 44.46%，14 個濱湖縣為 37.32%，32 個山區縣為 31.72%，〔註 17〕丘陵區最高，濱湖區次之，山區最低。這些數據在一定程度上反映出丘陵、濱湖區的地權較為集中，山區則相對分散。土改時期的農村調查顯示，湖南省的地權分配特點是濱湖區地權最為集中，丘陵區次之，山區較為分散，具體數據如下表：

表 2.6：土改前湖南省各階層人口及土地佔有情況　　　　　　（單位：%）

階層	濱湖區		丘陵區		山區	
	人口	土地	人口	土地	人口	土地
地主	3	60	4	33	3	27
富農	4	8	7	20	5	14
中農	34	26	28	26	23	26
貧農	42	4	36	8	44	18
雇農	9		5		16	
其他	8	1	20		9	1
公田		1		12		14

資料來源：新湖南報社編：《湖南農村情況調查》，新華書店中南總分店 1950 年版，第 7～8 頁。

〔註 16〕在有數據的 70 個縣中，丘陵縣 24 個，濱湖縣 14 個，山區縣 32 個。各類型縣的劃分參見國家統計局農村社會經濟調查總隊編：《中國縣（市）社會經濟統計概要（2000）》，中國統計出版社 2000 年版，第 1076～1113 頁。

〔註 17〕百分比由各區域縣總無地戶數除以總農戶數計算得出，下文湖北省同。

單從私有耕地的分配上說，濱湖區的地主富農佔有土地比例為 68%，丘陵區為 55%，山區為 41%，但是丘陵區公田比例較高，無疑是造成了丘陵區無地戶比例高於濱湖區的原因之一。

表2.7：土改前湖南20個保（村、鄉）地主富農戶口及佔地情況（單位：%）

序號	村名	地主		富農		外鄉地富佔地	地富佔地合計
		戶口	土地	戶口	土地		
1	益陽縣三區蘭濱鄉五保	3.35	24	5.4	12.98	5.7	42.68
2	邵陽縣震中鄉十七保	5.43	34.71	3.02	10.21		44.92
3	益陽縣七區桃林鄉第十二保	2.29	16.22	3.69	14.44	8.21	38.87
4	邵陽縣某村	2.3	15.06	0.7	2.8	19.7	37.56
5	寧鄉縣第四區洋泉鄉第八保	2.7	35.2	5.5	13.2		48.4
6	衡山縣一區安石鄉十五保	2.19	7.48	2.4	5.86	35.63	48.97
7	衡陽縣第六區第六保	2.6	29.6	1.8	6.5	21.11	57.21
8	湘潭縣黃龍鄉	2.66	43.6	7.14	15.2		58.8
9	沅江縣三區十一保	2.48	32.2	8.8	22.6		54.8
10	武岡縣二區三嵐村	3.8	25.32	5.29	17.1		42.42
11	瀏陽縣九區中安鄉	3.25	29.4	1.29	3.37		32.77
12	長沙縣榔梨鄉九保	1.1	5.45	3.97	12.03		17.48
13	沅陵縣信平鄉第三保	3.1	14.9	5.75	18.7		33.6
14	益陽縣箴言鄉第十六保	6.06	36.56	3.65	10.32		46.88
15	常德縣上德鄉第三保十一、十八兩甲	12	68.9	6	6.8		75.7
16	桂陽縣樟市鄉	2.47	27.31	1.77	4.09		31.4
17	益陽縣黃家侖鄉	5.96	58.05	2.52	7.63		65.68
18	長沙縣磨盆鄉	12.4	68.11				68.11
19	茶陵縣廟市鄉	3.95	13.56	2.6	7.47	3.74	24.77
20	瀏陽縣三口鄉	6.2	19.08	2.07	6.47	12.6	38.87

資料來源：1、（1～13）湖南省土改委：《省內各地區階級關係與土地關係統計表》，1950 年，湖南省檔案館藏，全宗號：145，目錄號：1，案卷號：64；（14～15）；2、新湖南報社編：《湖南農村情況調查》，新華書店中南總分店出版 1950 年版，第 58、75 頁；3、（16～17）中南軍政委員會土地改革委員會編：《中南區一百個鄉調查資料選集》，1953 年版，第 37 頁，50 頁；4、（18）湖南省土改委：《長沙縣第八區磨盆鄉典型調查材料》，1953 年，湖南省檔案館藏，全宗號：145，目錄號：1，案卷號：71；5、（19）湖南省

土改委：《茶陵縣廟市鄉典型調查材料》，1952 年，湖南省檔案館藏，全宗號：145，目錄號：1，案卷號：12；6、（20）湖南省土改委：《瀏陽縣三口鄉調查材料》，1952 年，湖南省檔案館藏，全宗號：145，目錄號：1，卷號：93。

說明：序號 1、3、5、9、14、15、17 位於濱湖縣，2、4、6、7、8、10、12、16、18 位於丘陵縣，11、13、19、20 位於山區縣。

　　上表中 20 個保（村、鄉）中，位於濱湖縣的有 7 個，其中 6 個保（村、鄉）地主富農總體佔地比例為 53.15%，位於丘陵縣的 9 個，地主富農總體佔地比例為 44.55%，4 個位於山區縣，地主富農總體佔地比例為 32.92%。〔註 18〕因此，從私有耕地的分配上來說，濱湖區地權最為集中、丘陵次之、山區較為分散的結論應是正確的。

　　湖南省濱湖區地形以平原為主，而丘陵以湘東、湘中一帶最為集中，在當代的農業地理中，這些區域被稱為湘北農業區和湘中、湘東農業區。〔註 19〕明清以來，這兩個農業區便是湖南最重要的糧食生產區域，據張國雄的研究，明清時期流傳的諺語——「湖廣熟，天下足」中的「湖廣」主要由江漢—洞庭平原、鄂東沿江平原（即鄂東南、鄂東北）、湘中丘陵盆地組成，〔註 20〕可見湘北洞庭平原區與湘中一帶丘陵區對湖南農業的重要性。上表 20 個保（村、鄉）中，除了武岡縣、沅陵縣和桂陽縣的 3 個保（村、鄉）外，其他 17 個保（村、鄉）都屬湘北和湘中、湘東農業區，16 個保（常德縣上德鄉第三保未計算在內）地主富農佔地比例達到了 47.96%〔註 21〕，較之表 3 中湖南省地主富農佔地比例要高出不少。17 保（村、鄉）中，地主富農佔地 40% 以上有 11 個，最高的常德縣上德鄉第三保十一、十八兩甲達到了 75.7%。較為特殊的是長沙縣㮚梨鄉九保，地主富農佔地僅為 17.48%，地權較為分散。但㮚梨鄉總體上地權並不分散，該鄉包括九保在內的河西的四個保的地

〔註 18〕百分比由位於各類型縣的保（村、鄉）地主、富農總佔地除以總耕地計算所得，具體數據為濱湖縣 6 個保（村、鄉）地主富農佔地 20590.2 畝，總耕地 38739.41 畝，丘陵縣 9 個保（村、鄉）地主富農佔地 11807.8 畝，總耕地 26506.67 畝，山區 4 個保（村、鄉）地主富農佔地 5130.473 畝，總耕地 15585.4 畝。常德縣上德鄉第三保缺乏各階層具體的佔地數目，故未計算在內。

〔註 19〕湖南師範學院地理系編：《湖南農業地理》，湖南科學技術出版社 1981 年版，第 80、120 頁。

〔註 20〕張國雄：《「湖廣熟，天下足」的經濟地理特徵》，《湖北大學學報（哲學社會科學版）》1993 年第 4 期。

〔註 21〕地主富農佔地 34950.4 畝，總耕地 72870.4 畝。

主富農佔地達到了 61.29%，其中以十保的地權最為集中，地主富農佔地比例達到了 80.9%。〔註 22〕

　　湘中、湘東一帶的公田佔地比例亦較高，如上表的湘潭黃龍鄉，公田全部耕地的占 15.6%，地主、富農與公田佔地比例之和達到 74.5%；〔註 23〕長沙縣幾個鄉中，郭公鄉的公田占全鄉耕地的 28.97%，雲田鄉占 14.23%，雙清鄉占 17.74%，陽石鄉占 16.22%，羅鳳鄉占 12.19%。〔註 24〕山區如瀏陽縣三口鄉，公田占 23.07%。〔註 25〕雖然公田「在實際使用中存在著多種多樣的情況，其得益者也不盡相同，不能將其與地主、富農私有田地簡單等同」，〔註 26〕但是從地權分配的角度講，公田高比例顯然擠壓了私人對土地的佔有，如醴陵縣，占全縣總戶數 5.29% 的地主富農占全部耕地的 32.38%，這個比例並不高，但公田比例卻達 26.13%，兩者合計達到了 58.51%，這意味著 94.71% 的其他階層僅占 41.49% 的耕地。〔註 27〕公田的高比例無疑加重了地權的不均度。

　　湖南北部洞庭湖區在民國時期以大地主佔地多聞名。據 1946 年的調查報告，「擁有一萬至七萬餘畝洲土垸田者，有陳浴笙、王一華、聶士達、湯冬生、陳蕭詩、楊丹青、張經、楊傳清等二十餘人」。〔註 28〕1000 畝以上的地主缺乏統計數字，但為數也應該不會少。30 年代湖區當地有調查者調查了沅江縣 4299 戶農戶的地權狀況，「約十之三四為十三家大地主所佔」。〔註 29〕土改調查顯示，湘陰縣，「全縣地主只占戶數百分之二左右，佔有土地達百分之七十一。」〔註 30〕大量大地主的存在無疑是洞庭湖區地權集中地主要原因之一。

〔註 22〕 新湖南報社編：《湖南農村情況調查》，新華書店中南總分店 1950 年版，第 18
　　　　～19 頁。

〔註 23〕 新湖南報社編：《湖南農村情況調查》，新華書店中南總分店 1950 年版，第 34
　　　　頁。

〔註 24〕 湖南省土地改革委員會：《長沙縣關於土改中各種數字統計和農村情況調查材
　　　　料》，1951 年，湖南省檔案館藏，全宗號：145，目錄號：1，案卷號：256。

〔註 25〕 湖南省土改委：《瀏陽縣三口鄉調查材料》，1952 年，湖南省檔案館藏，全宗
　　　　號：145，目錄號：1，卷號：93。

〔註 26〕 黃道炫：《一九二〇──一九四〇年代中國東南地區的土地佔有──兼談地主、
　　　　農民與土地革命》，《歷史研究》2005 年第 1 期。

〔註 27〕 醴陵市志編纂委員會編：《醴陵市志》，湖南出版社 1995 年，第 173 頁。

〔註 28〕 湖南省政府編：《湖南省濱湖洲土視察團報告書》，1947 年版，第 183 頁。

〔註 29〕 黃浪如：《湖南濱湖各縣農村經濟概況》，國立武漢大學 1934 年度畢業論文，
　　　　第 24 頁。

〔註 30〕 新湖南報社編：《湖南農村情況調查》，新華書店中南總分店 1950 年版，第 7
　　　　頁。

　　從農業生產條件上講，濱湖區最優，丘陵區次之，山區較差，這意味著，湖南省的地權集中程度與農業生產條件的優劣程度成正比的。就整個湖南省而言，湘北農業區和湘中、湘東農業區地形以平原、丘陵為主，〔註31〕擁有全省最好的農業條件，為湖南的核心農業區，而依據前文的論述，這兩個農業區正是地權總體上較為集中。這種核心農業區地權集中的情況與我們下文將要論及的湖北省的情況有很大的差別。

（三）湖北省鄉村地權分配

　　1937 年出版的《湖北省年鑑》所列出有數據的 60 個縣的自耕農、半自耕農、佃農的比例中，佃農比例超過 40% 的有 23 個縣。

表 2.8：二十世紀三十年代湖北省無地戶（佃農）比例在 40% 以上縣份

縣別	無地戶（%）	縣別	無地戶（%）	縣別	無地戶（%）
蒲圻	40	應山	60	長陽	60
崇陽	50	京山	40	鶴峰	40
陽新	50	公安	60	恩施	40
蘄春	60	光化	50	房縣	50
廣濟	60	穀城	65	均縣	40
羅田	70	保康	55	竹山	70
禮山	40	宜昌	70	竹溪	60
應城	50	興山	70		

資料來源：湖北省政府秘書處統計室編：《湖北省年鑑（第一回）》，1937 年版，第 146～147 頁。

　　上表 23 個縣中，除了公安縣屬平原區外，其他各縣都屬山區和丘陵區。這其中，山區縣 15 個，分別是崇陽、陽新、羅田、應山、穀城、保康、宜昌、興山、長陽、鶴峰、恩施、房縣、均縣、竹山、竹溪；丘陵縣 7 個，為蒲圻、蘄春、廣濟、禮山、應城、京山、光化。相較之下，平原區的佃農比例較低，

〔註31〕湖南師範學院地理系編：《湖南農業地理》，湖南科學技術出版社 1981 年版，第 80、120 頁。按照該書觀點，湖南分為湘北、湘中和湘東、湘南、湘西四大農業區。

如嘉魚縣 7%，天門 5%，沔陽 30%，漢川 20%，潛江 34%，石首 30%。〔註32〕總體上，28 個山區縣無地戶平均比例為 44.99%，20 個丘陵縣為 29.55%，12 個平原縣則為 26.13%。如以無地戶比例大致反映地權分配不均程度的話，湖北省地權分配的特點無疑是山區地權最為集中，丘陵區次之，平原區最為分散。對照其他資料，雖然數字上有所差異，但這個結論大致上是可靠的，如金陵大學對豫鄂皖贛四省租佃制度的調查，1934 年湖北省的 15 個縣中，佃農比例最高者為宜昌，為 62%，最低是江陵，分別是 19%，天門縣亦僅 20%。〔註33〕但在鄂東地區，《年鑒》的數據與可對照的資料存在著較大差異。如上表中陽新縣，佃農比例為 50%，廣濟縣，佃農比例為 60%，但根據 1929 年中共的報告，陽新縣「自耕農占十分之三，半自耕農占十分之三，中小地主和富農占十分之一，佃農占十分之二，雇農占十分之一。」廣濟縣「自耕農十分之四，半自耕農十分之三，族產、祠產十分之一，佃農百分之十五，雇農百分之五。」〔註34〕按照土改前的農村調查，廣濟縣地主富農僅占全縣耕地的 28.52%。〔註35〕因此，中共調查中關於陽新、廣濟二縣的地權並不集中應是可信的。在這份報告中，大冶是鄂東地區地權較為集中的縣，「自耕農占百分之二十，半自耕農占百分之三十，佃農占百分之三十，雇農占百分之十，中小地主占百分之五。」而黃梅「土地不集中，……富農、自耕農、半自耕（農）占主要成分。概括的統計，中小地主占百分之一，富農占百分之九，自耕農占百分之三十，半自耕農占百分之二十，佃農占百分之二十，雇農占百分之十。」〔註36〕如此看來，鄂東的地權應不集中，但總體上說，湖北省地權分配山區最為集中、丘陵區次之，平原區較為分散的格局並不受影響。我們再具體看一些村莊的數據，見下表：

〔註32〕湖北省政府秘書處統計室編：《湖北省年鑒（第一回）》，1937 年版，第 146～147 頁。

〔註33〕金陵大學農學院農業經濟系：《豫鄂皖贛四省之租佃制度》，1936 年版，第 10 頁。

〔註34〕曹大駿：《鄂東巡視員曹大駿報告》，鄭湘垓、馬小彬、陳文樵編：《湖北革命歷史文獻彙編（省委文件）》（1929 年），中央檔案館、湖北省檔案館 1984 年版，第 146、143 頁。

〔註35〕湖北省武穴市地方志編纂委員會：《廣濟縣志》，漢語大詞典出版社 1994 年，第 299 頁。

〔註36〕曹大駿：《鄂東巡視員曹大駿報告》，鄭湘垓、馬小彬、陳文樵編：《湖北革命歷史文獻彙編（省委文件）》（1929 年）中央檔案館、湖北省檔案館 1984 年版，第 149、141 頁。

表 2.9：土改前湖北 29 個村地主富農戶口及佔地情況 （單位：%）

序號	村名	地主		富農		地富佔地合計
		戶口	土地	戶口	土地	
1	應山縣馬坪區鄭家廟村	4.49	24.52	5.39	18.40	42.92
2	應山縣余家店蓮花村	3.96	16.91	3.96	9.54	26.45
3	應山縣陳家巷殷家廟村	5.64	39.22	8.21	12.60	51.82
4	鄖縣太平村	1.18	14.39	4.15	12.46	26.85
5	鄖縣太山村	3.45	17	4.31	16.57	33.57
6	宜都縣姚店區三保	2.86	57.12	6.12	19.66	76.78
7	宜昌縣小溪塔村	8.51	78.51	3.72	10.81	89.32
8	武昌縣青山區石山村	3.44	18.72	1.85	7.43	26.15
9	武昌縣三區華山行政村余、黃、陳三村	0.92	10.59	2.75	13.52	24.11
10	武昌縣紙坊鄉熊家嶺村	2.66	11.72	6.64	16.19	27.91
11	黃陂縣陂城區快嶺五行政村	2.78	21.27	3.18	8.3	29.57
12	黃陂縣方梅區六行政村	4.08	27.98	3.00	8.12	36.1
13	黃陂縣方梅區新義村	8.88	58.07	2.48	4.43	62.5
14	黃陂縣方梅區石橋村	3.00	15.66	6.91	21.96	37.62
15	黃陂縣方梅區龍興村	0.87	12.61	2.17	4.71	17.32
16	孝感縣朋興區十二村	1.52	10.60	5.64	15.97	26.57
17	孝感縣順山區張保村	2.52	18.81	6.00	12.82	31.36
18	安陸縣城關區代家村	0.59	10.86	1.78	4.56	15.42
19	安陸縣城關區草廟村	2.37	10.88	5.21	11.13	22.01
20	鄂城縣樊川鄉第三保	1.47	7.12	4.40	15.28	22.4
21	鄂城縣懷德鄉十一保洋蘭村	0.95	15.18	6.82	19.96	35.14
22	漢陽縣三區第一行政村	3.07	32.53	2.89	8.95	41.48
23	監利縣新溝區五熊村	0.51	16.26	5.05	16.43	32.69
24	監利縣新溝區中九古村	2.17	16.15	4.35	10.15	26.3
25	沔陽縣通海口區小河口村	1.55	4.82	5.15	10.95	15.77
26	沔陽縣八區楊家場村	1.38	6.79	1.73	6.71	13.5
27	沔陽縣七區南洲村	2.87	17.83	3.66	11.25	29.08
28	沔陽縣通海口區左家橋村			6.77	17.32	17.32
29	嘉魚縣魚岳區十五保	1.32	9.89	4.95	14.72	24.61

資料來源：湖北省委政研室：《徵詢土改意見 29 個村分田擬算統計》，1950 年，湖北省檔案館，SZ1-02-0047-008。

說明：1～7 村莊位於山區縣，8～21 位於丘陵縣，22～29 位於平原縣。

　　上表 29 個村中，地主富農佔地比例在 40%以上的有 6 個村，分別是漢陽縣三區第一行政村、應山縣馬坪區鄭家廟村、應山縣陳家巷殷家廟村、黃陂縣方梅區新義村、宜都縣姚店區三保、宜昌縣小溪塔村；在 30%—40%之間的有 6 個村，為黃陂縣方梅區六行政村、黃陂縣方梅區石橋村、監利縣新溝區五熊村、孝感縣順山區張保村、鄂城縣懷德鄉十一保洋蘭村、鄖縣太山村，其餘 16 個村在 30%以下。在地富佔地 30%以上的 12 個村莊中，位於山區縣的有 5 個，占表中山區縣村莊總數的 71.43%，位於丘陵縣 5 個，占丘陵縣村莊總數的 35.71%，位於平原縣 2 個，占平原縣村莊總數的 25%。總體上，7 個山區縣村莊地主富農佔地比例為 43.58%，14 個丘陵縣村莊為 32.43%，8 個平原縣村莊為 25.73%。〔註37〕

　　湖北省的平原區集中在鄂中南區和鄂東區（江漢平原和鄂東沿江平原），而鄂東的地形又以丘陵為主，兩個區域為湖北省的核心農業區。如前文所言，鄂東地區的地權並不集中，江漢平原的地權同樣如此，如表 2.9 所示，地主富農佔地比例普遍較低，8 個村莊中，有 6 個村的比例低於 30%，特別是沔陽縣，4 個村莊中，有 3 個村莊的地主富農佔地比例低於 20%，通海口區左家橋村甚至沒有地主，占總戶數的 6.77%的富農佔地 17.32%；該縣楊家場村地主富農僅占總戶數的 3.11%，僅擁有總耕地的 13.5%，在全部 29 個村中最低。

　　從縣級數據上看，江漢平原區地主富農佔地比例同樣普遍較低，如沔陽縣18 個鄉為 27.5%，〔註38〕監利為 19%，〔註39〕潛江為 24%，〔註40〕嘉魚為 22%，〔註41〕漢川為 11.93%，〔註42〕公安縣較為特殊，地富佔地達到 72%，〔註43〕

〔註37〕 7 個山區縣村莊地主富農佔地 16883.81 畝，總耕地 38739.35 畝；14 個丘陵縣村莊地主富農佔地 21701.57 畝，總耕地 66917.82 畝；8 個平原縣村莊地主富農佔地 5089.71 畝，總耕地 19799.41 畝。

〔註38〕 仙桃市地方志編纂委員會編：《沔陽縣志》，華中師範大學出版社 1989 年版，第 84 頁。

〔註39〕 湖北省監利縣縣志編纂委員會編：《監利縣志》，湖北人民出版社 1994 年版，第 124 頁。

〔註40〕 潛江市地方志編纂委員會編：《潛江縣志》中國文史出版社 1990 年版，第 222 頁。

〔註41〕 湖北省嘉魚縣地方志編纂委員會編：《嘉魚縣志》，湖北科學技術出版社 1993 年版，第 342 頁。

〔註42〕 湖北省漢川縣地方志編纂委員會編：《漢川縣志》，中國城市出版社 1992 年版，第 106 頁。

〔註43〕 公安縣志編纂委員會編：《公安縣志》，漢語大詞典出版社 1990 年版，第 129 頁。

對照《湖北省年鑑》中公安縣 60%的佃農比例，公安縣地權集中應無太大問題，但這並不影響江漢平原地權普遍不集中的結論，如土改時對荊州專區幾個重點鄉的調查，平原區的 4 個鄉和湖地 2 個鄉的地主富農佔地分別為：潛江上莫市 17.05%、公安中和 81.76%、江陵雨臺 45.48%、鍾祥延年 17.38%、監利吳橋 16.79%、沔陽楊步 21.51%，〔註44〕除了公安縣地權集中，地主富農佔地比例很高，江陵雨臺鄉地富佔地比例稍高外，其他四個鄉都較低，總體計，這六個鄉的地主富農佔地比例為 31.06%（地主富農佔地 15270.4 畝，總耕地 49159.93 畝），數字並不高。這幾個鄉的公田比例較低，僅占總耕地的 3.33%（六個鄉公田合計 1638.15 畝），對地權分配的影響不大。

江漢平原有些地區的地權甚至相當分散，如 1950 年湖北省農業廳對監利縣新溝區幾個鄉 59 個村的調查，在全部 8581 戶農家中，被劃為地主的有 31 戶，僅占總戶數的 0.36%。這樣的地主比例，相較於秦暉所研究的「無地主」的關中地區，也是不遑多讓。在這 59 個村中，沒有地主的村莊達到了 42 個，〔註45〕可見此類村莊相當普遍。

綜上所述，民國時期湖北省的地權分配呈現出山區最為集中，丘陵次之，平原區較為分散的特點。從具體區域上來看，作為湖北省核心農業區的鄂中南區及鄂東地區地權較為分散。顯然，民國時期湖北省的地權分配特點恰與湖南相反。從全國來看，一個省的核心農業區地權通常都比較集中，比如蘇南地區、廣東珠三角地區以及上文所論及的湖南濱湖區等，湖北省可以說是個少有的例外。

（四）兩湖地區核心農業區地權分配差異性的原因

通過以上論述我們知道，湘鄂兩省私有耕地的分配格局呈現截然相反的特點，湖南省的平原區地權最為集中，丘陵次之，山區較為分散；湖北省則是山區最為集中，丘陵次之，平原區較分散。從經濟地理上來說，作為湖南省核心農業區的湘北農業區和湘東、湘中農業區地權最為集中，而作為湖北省核心農業區的鄂中南區和鄂東區地權較為分散。

就農業條件而言，兩省的核心農業區並沒有非常明顯的差別。湖南、湖

〔註44〕湖北省政研室：《荊州專區各重點鄉各階層土地佔有情況調查統計》，1950 年，湖北省檔案館藏，SZ37-01-0390-001。

〔註45〕湖北省農業廳：《監利縣新溝區 1950 年農業普查分村、按戶調查表》，湖北省檔案館藏，SZ37-01-0583-001。

北的平原區皆以垸田多著稱，土地肥沃，災害頻繁。這兩個區域對土地投資者來說都擁有同樣的吸引力和排斥力。湘中、湘東一帶與鄂東一帶的丘陵區在自然條件上也較為接近。因此，自然條件應該不是兩個地區地權分配反差如此巨大的因素。對於民國時期各地地權分配的不同特點，美國學者珀金斯曾有這樣的疑惑：一般情況下，在災難頻繁或極其貧困的地方，土地的轉讓數應該最大，租佃率（通常說來，租佃率高意味著地權集中）也應該最高，而華北正是這樣的地區，江南地區是則相反。但是事實卻是華北「租佃數是最少的」，江南的租佃率高得多。造成這種狀況的原因，珀金斯提醒我們注意「那些購買土地的人以及他們這樣做的動機」。珀氏分析，購買土地的資金一般從農業部門以外取得的，大地主的職業包括商人、軍政官員、高利貸者等。〔註46〕這種情況以江南地區最為典型。近代以來江南地區工商業發達程度冠於全國，這已為人所熟知。按照曹幸穗的研究，蘇南地區「一個村莊在一年中所提供的商業利潤，就足夠被用來買走它自己的 1/10 的土地」，地權因此迅速集中。〔註47〕此外，江南人文薈萃，亦能造就了一批官僚地主。

　　與江南相比，兩湖的工商業較為落後。但相對於湖北，湖南省有一個重要特點，就是在太平天國運動後軍政官員的大量湧現。「僅據光緒十一年刊《湖南通志》所列名單，全省因軍功保舉武職游擊以上人員，即達 6219 人之多。其中提督 478 人，總兵 1077 人，副將 1534 人，參將 1464 人，游擊 1766 人。」〔註48〕這些人「廣積金錢，舊時鑿井耕田之子，椎牛屠狗之夫，皆高牙大纛、美衣華屋，以自豪於鄉里」。〔註49〕有人對湘軍武職總兵以上、文職道員以上的官員總共 400 人做了簡單信息的整理，這些官員除 109 人為外省籍外，以湘鄉為最多，而位於湘中、湘東區域的湘鄉、湘潭、寧鄉、長沙、瀏陽等籍的官員達到 186 人，占總統計人數的 46.25%，占湘籍人數的 63.92%，〔註50〕足見該區域太平天國運動後軍政官員的集中程度。這一大批湘籍軍政官員的出現給民國時期湖南地權分配造成兩個方面的影響，一是購買了大量土地的

〔註46〕（美）珀金斯著，宋海文等譯，伍丹戈校：「《中國農業的發展（1368～1968年）》，上海譯文出版社 1984 年版，第 117～118 頁。
〔註47〕曹幸穗：《舊中國蘇南農家經濟研究》，中央編譯出版社 1996 年版，第 35 頁。
〔註48〕劉泱泱：《近代湖南社會變遷》，湖南人民出版社 1998 年版，第 260 頁。
〔註49〕劉蓉：《劉蓉集》，下冊，嶽麓書社 2008 年版，第 239 頁。
〔註50〕皮明勇：《湘軍》，附錄二，《湘軍主要文武官員情況一覽表》，山西人民出版社 1999 年版。

官員，一方面有部分家族後代能夠維持並繼續擴大他們的財富，如新寧劉坤一後裔，在 1920 年代擁有一萬畝以上土地，另如曾國藩的外孫聶雲臺在湖田區擁有十餘萬畝土地，〔註 51〕另一方面，經過幾十年分家析產或家族子弟的揮霍，大部分湘軍將領後代的土地可能迅速減少，但是仍有相當部分是擁有高於普通農戶佔地的中小地主，如湘鄉籍湘軍將領易盛禧兄弟置田 300 畝，後經子孫續置，累逾千畝，析為 6 家後，每戶擁有 100 餘畝或數十畝。〔註 52〕二是湘軍將領對家鄉與宗族在文化教育建設方面的投入，使湖南省成為人文淵藪，從而造就了民國時期大批的高級軍政官員，這一點，湘中、湘東一帶尤其突出，在民國時期擔任過（包括代理）湖南省政府主席的 13 人中，除了 4 人是外省籍，湘籍 9 人中，有 7 人籍貫屬舊長沙府，分別是張翼鵬，醴陵人；陳嘉祐，湘陰人；魯滌平，寧鄉人；何鍵，醴陵人；程潛，醴陵人；陳明仁，醴陵人；黃傑，長沙人。湘中、湘東一帶湧現出的大量軍政官員必然使該區域出現相當數量的官僚地主。

湖南省官僚地主對地權分配的影響並不僅限於他們的家鄉，與湘中臨近的湘北洞庭湖區因特殊的自然因素而成為他們土地投資的最佳區域。洞庭湖常常會因為湖水退卻而出現許多新淤之地，這些土地便成為擁有大資本者爭奪的對象。湖區的大地主很多屬外來，如上文提及的聶雲臺是衡陽人，在南縣佔有 2 萬多畝湖田的何鍵是醴陵人，〔註 53〕擁有數萬畝湖田的國民黨高級軍官葉開鑫是寧鄉人，〔註 54〕等等。這些外來大地主極大地強化了湖區地權分配的不均度。

在近代湖南省遠遠不斷湧現出高級別的軍政官員這一點上，湖北顯然不能與之相比。同樣，湖北省工商業的發達程度也遜於江南地區。這表明湖北在形成大地主的兩個最大資金來源上相對缺乏。我們上面已經論證過，湖北省的地權山區集中、丘陵次之，平原區較為分散，這種分配特點與珀金斯的假想是相符的，即自然條件較差、經濟落後的地方，土地交易頻繁，租佃率較高，而富庶的地方租佃率低。因此，與其他地區相比，湖北省鄉村地權分

〔註 51〕章有義編：《中國近代農業史資料》，第二輯，三聯書店 1957 年版，第 15 頁。

〔註 52〕湘鄉縣志編纂委員會編：《湘鄉縣志》，湖南人民出版社 1993 年版，第 123 頁。

〔註 53〕中國人民政治協商會議湖南委員會文史資料研究委員會編：《湖南文史資料》，第 7 輯，湖南人民出版社 1964 年版，第 137 頁。

〔註 54〕彭文和：《湖南湖田問題》，載蕭錚編：民國二十年代中國大陸土地問題資料》，（臺灣）成文出版社 1977 年版，第 39368 頁。

配模式更具「自然形態」。江漢平原作為全省經濟條件最好的地區之一，此間的「農民生活，是比較豐裕而恬美」，〔註55〕它的優勢不僅僅在於肥沃的土地帶來的高於本省其他區域的農作物平均產量，還在於其豐富的水資源帶來的回報率很高的副業，如捕魚、種藕、大規模養鴨等。這種優勢對平衡平原區農戶的家庭收支起著很大的作用，減少了因家庭經濟條件惡化背負高利貸而出售土地的可能性。優越的自然條件降低了平原區頻繁的自然災害給農戶家庭經濟造成的傷害。沔陽在歷史上流傳著一支歌謠：「沙湖沔陽州，十年九不收，有噠一年收，狗子不吃糯米粥。」這支歌謠前半部分自然是說明沔陽自然災害的頻繁性，而後半部分則說明只要豐收之年，農民的生活就能過得較為富足。在這種條件下，相較於土地貧瘠地區的農戶，該地區的農戶在贖回度災時典押的土地擁有更大的優勢。頻繁的災害不僅僅是對普通農戶造成損失，對一般地主的家庭經濟也造成傷害，甚至地主的損失會更大。雖然災後土地價格會普遍下跌，但是災區的地主也因為缺乏資金而無力購買，如果沒有外來資金的介入，地權轉移不會更加頻繁。

　　江漢平原中土地最為集中的公安縣，縣情較為特殊，據《湖北縣政概況》載：「公安人口，雖近三十萬，但土著僅占十分之四強，客籍則占其大半。」〔註56〕雖然目前沒有資料讓我們瞭解公安縣的這種縣情對地權分配造成多大的影響，但是客籍人口在獲得地權方面顯然是處於劣勢的。公安縣如此龐大的客籍人口必然有大量的無地、少地戶，這應是該縣地權異常集中的主要原因之一。

二、江漢平原的地權分配

　　江漢平原位於湖北中南部，西起枝江，東至武漢，北到鍾祥，南與洞庭湖平原相連，主要包括江陵、公安、監利、石首、應城、松滋、沔陽、潛江、天門、漢川、嘉魚等縣，以及京山、鍾祥、枝江、宜城等縣的部分地區，總面積 4.6 萬平方公里，約占湖北省總面積的四分之一左右。江漢平原自然條件優越，土地肥沃，灌溉便利，從明清開始便是中國最重要的農業區之一。該區域在清代中期即已經形成糧棉並重的種植格局，近代特別是 20 世紀以後，棉花種植更是迅速發展，在糧食已停止輸出的情況下，棉花成為江漢平原農

〔註55〕焦桐：《江漢間農村婦女的冬日生活》，《農業週報》1937 年第 7 期。
〔註56〕湖北省政府民政廳：《湖北縣政概況》，1934 年版，第 1103 頁。

產品輸出的大宗。在農業社會，土地作為最重要的資產，是人們爭奪的主要目標，因此，在土地條件優越的地區，通常地權集中，但如我們前文所論及的，在上世紀三四十年代，江漢平原的地權是普遍分散的。本部分內容我們將繼續考察江漢平原的地權分配，以期對此有全方位的瞭解。

（一）私有耕地的分配

如前所知，江漢平原各縣的無地戶比例是較低的，但前文所列的數據只是江漢平原的部分縣，下表則可看到江漢平原各縣無地戶之比例。

表 2.10：江漢平原各縣農田經營者分類百分比 （單位：%）

縣別	自耕農	半自耕農	佃農	縣別	自耕農	半自耕農	佃農
嘉魚	80	13	7	潛江	66		34
漢川	80		20	監利	50	25	25
應城	50		50	石首	70		30
鍾祥	20	50	30	公安	20	20	60
京山	60		40	松滋	40	40	20
天門	70	25	5	枝江	50	20	30
沔陽	70		30				

資料來源：湖北省政府秘書處統計室：《湖北省年鑒》，1937 年版，第 145～146 頁。

上表幾個縣中，佃戶（無地戶）占全部農戶百分比在 40% 以上的僅 3 個縣，其中應城、京山屬於江漢平原的邊緣地帶，代表性不強。在江漢平原腹地各縣，佃戶比例大致在 20～30% 之間，相較於表 2.1 中所計算的湖北整體佃農 36% 的比例，低了不少，而嘉魚、漢川、天門更是稱得上為自耕農的世界。當然，上表存在著較大缺陷，一是數據籠統，比如幾個沒有半自耕農比例的縣，可能是佃農的比例已將其包括，二是數據的準確性可能存在一些問題。

能反映民國時期江漢平原地權分配的幾種資料中，數據較為準確且詳實的為 1950 年湖北農業普查資料及土改調查資料。我們整理了從湖北省檔案館查閱到的農業普查中的數據，從中可以更為詳細地瞭解江漢平原的地權分配。我們先看區域內各地區地主富農佔地情況，見下表：

表 2.11：1950 年江漢平原各縣地主富農佔地情況*

縣名	區名	地主富農佔地數（畝）	總耕地（畝）	地主富農佔地比例（%）	資料來源
公安縣	申津渡區	38629.52	97836.25	39.48	《公安縣1950年農業普查分區調查大綱及分村、按戶調查表》，SZ37-01-0568-001。
	城關區	41046.98	85835.07	47.82	
嘉魚縣	第二區	79494.761	172124.131	46.18	《嘉魚縣1-5區農業普查一般縣行政村調查表》，SZ37-01-0593-001。
	姚坪區	23152	104588	22.13	
	陸溪區	1857.425 石	9682.479 石	19.18	
漢川縣	范家、三合、淤洲、中會三村	1946.513	10708.51	18.18	《漢川縣各區1950年農業普查分類整理表》，SZ37-01-0589-001。
天門縣	蘆市區	10000	158298	6.62	《天門縣蘆市、徐黃、天北等區 1950 年農業普查分村、按戶調查表》，SZ37-01-0309-001。
	橫林區	24410	131694.47	18.54	
	乾驛區**	43050	151507.2	28.41	
	徐黃區	16774	96736.91	17.34	
	皁市區	13727.71	79741.89	17.22	
沔陽縣	第一區	20583	234522.3	8.78	《沔陽縣第一至三區1950 年農業普查一般行政村調查表》，SZ37-01-0571-001。
	第二區	14831.85	166495.22	8.63	
	第三區	10800	159556.186	6.76	
	第四區	9383.61	105255.17	8.92	《沔陽縣第四至七區1950 年農業普查一般行政村調查表》，SZ37-01-0572-001。
	第六區	9579.3	117607.37	8.15	
	第七區	27203.3	132316.2	20.56	
	第八區	24287	116490.45	20.85	《沔陽縣第八至九區1950年農業普查一般行政村級按戶調查表》，SZ37-01-0573-001。
	第十區	23803.73	119430.35	19.93	《沔陽縣第十至十三區1950 年農業普查一般行政村調查表》，SZ37-01-0574-001。
	第十一區	15658.1	83788.98	18.69	
	第十二區	4490	35663.109	12.59	

潛江縣	總口區	2732.1	43124.4	6.34	《潛江縣1-5區1950年農業普查分寸、按戶調查表》，SZ37-01-0539-001。
	浩口區許家村	117.7	1632.2	7.21	
石首縣	江北區	10687.9	44984.44	23.76	《石首縣各區1950年農業普查一般縣行政村調查表及城廂區分村按戶調查表》，SZ37-01-0588-001。
	團山區	24950.3	73267.12	34.05	
監利縣	新溝區	5304.09	36299.16	14.61	《監利縣新溝區1950年農業普查分村、按戶調查表》，SZ37-01-0583-001。
	城廂區毛者淵村	52.46	936.924	5.60	《監利縣城廂區城廂等鄉1950年農業普查分村按戶調查表》，SZ37-01-0580-001。
	尺八區鄒家村	169.11	1028.47	16.5	《監利縣尺八區1950年農業普查分村按戶調查表》，SZ37-01-0584-001。
總計***		496865.034	2561468.48	19.40	

說明：*資料皆來自湖北省檔案館。

　　**總耕地為地主、富農、中農、貧農土地之和，其他耕地數未知，該區地主富農實際佔地比例應比表中反映的更低。

　　***總數中不包括嘉魚縣陸溪區以「石」為面積單位的耕地數。

　　在上表28組數據中，地主富農占總耕地比例超過40%的僅2組，超過30%的僅4組，且有2組在我們已知的地權頗為集中的公安縣。各縣而論，地主富農佔地比例普遍較少的天門、沔陽、潛江、監利四縣，各區的地主富農佔地基本在20%以下，這四個縣是典型的平原縣。其他縣諸如嘉魚、漢川或有比例較高地區，說明地權分配較不平衡，或樣本較少無法全面反映該縣全貌。但從這些數據的總和上看，地主富農佔地比例僅在20%左右，這個數字放在當時中國的任何地區都是非常低的，因此，如以地主富農佔地比例來表示地權分配的集中與否，那江漢平原的地權無疑是非常分散的。

　　地主富農佔地比例是以往我們認識建國前地權集中抑或分散的一種比較傳統的方式。為了更深入地分析江漢平原地權分配的不均度，我們採用國際上公認衡量不均度的吉尼系數進行統計。在民國時期的大部分調查資料都無

法做吉尼系數的計算，幸運的是，湖北農業普查中保留了一定數量農戶層級的數據，為我們計算吉尼系數提供了材料。現將查閱到的江漢平原各縣內村莊地權分配的數據，計算出基尼系數，列表如下：

表 2.12：1950 年江漢平原部分村莊（鄉）地權分配吉尼系數統計

縣名	村莊名	地權分配吉尼系數	資料來源
沔陽縣	李家堤村	0.427	《沔陽縣第八至九區 1950 年農業普查一般行政村級按戶調查表》，SZ37-01-0573-001。
	張家灘村	0.288	
潛江縣	安家村	0.218	《潛江縣 1-5 區 1950 年農業普查分寸、按戶調查表》，SZ37-01-0539-001。
	許家村	0.257	
監利縣	朱吳臺、譚家竹園、潘家灣、吳家灣、裴家五個村	0.295	《監利縣城廂區城廂等鄉 1950 年農業普查分村按戶調查表》，SZ37-01-0580-001。
	馬尾村、觀音村	0.274	《湖北省農業廳：監利縣尺八區 1950 年農業普查分村按戶調查表》，SZ37-01-0584-001。
	鳶尾村、九根柳村	0.261	
	鄧家村、潘胥村、張家村	0.344	
	鄒家村、鄒家門、鄒家門、薛家湖四村	0.339	
	吳胥、譚港兩村	0.27	
漢川縣	江亭區第七村	0.424	《漢川縣各區 1950 年農業普查分類整理表》，SZ37-01-0589-001。
	六合村	0.501	
	淤洲村	0.462	
	范家村	0.359	
嘉魚縣	兩個保兩個組（保名未知）	0.653	《嘉魚縣 1-5 區農業普查一般縣行政村調查表》，SZ37-01-0593-001。
	汪家洲村	0.386	
	大崖村	0.381	
天門縣	唐店鄉	0.364	《天門縣蘆市、徐黃、天北等區 1950 年農業普查分村、按戶調查表》，SZ37-01-0533-001。
	龍背鄉一個村	0.306	
石首縣	三合鄉	0.594	《石首縣各區 1950 年農業普查一般縣行政村調查表及城廂區分村按戶調查表》，SZ37-01-0588-001。

根據當前的標準，吉尼系數低於 0.2 為分配絕對平均，0.2～0.3 為比較平均，0.3～0.4 為相對合理，0.4～0.5 為很不平均，0.5 以上為非常不均。在上表中，吉尼系數超過 0.5 的僅三個村（鄉），分別為漢川縣六合村，嘉魚縣兩個保其中的兩個組以及石首縣三合鄉；0.4～0.5 的也為 3 個村，分別為沔陽縣李家堤村、漢陽縣江亭區第七村以及漢川縣淤洲村。吉尼系數在 0.4 以下的總共有 14 個村，占上表全部村莊的 70%，說明大部分村莊地權分配較為合理甚至比較平均，這在全國來說都是不多見的。秦暉的研究認為土改前陝西關中地區除個別縣外，絕大多數地方土地分配中的吉尼系數均在 0.23 以下，〔註 57〕這樣的分配是相當平均的，但根據胡英澤的研究，關中地區的地權並不分散（見緒論），因此，就我們已知對建國前全國各地地權分配的研究而言，江漢平原的情況是非常少見的。以往認為近代以來在全國範圍內地權較為分散的華北地區，根據胡英澤最近的研究，山西、山東、河北的地權分配吉尼系數在 0.5 左右，其論文中所列 20 世紀二三十年代山西 34 組（縣或村級）、河北 30 個組（縣或村級）、山東 3 組（縣級）吉尼系數低於 0.4 的僅 6 組，分別是霍縣安樂村（0.313）、祁縣東左墩村（0.344）、榆社縣和平村（0.393）、崞縣蘭村（0.333）、定縣三區 83 村（0.399）、清苑縣李羅侯村（0.33），沒有一組低於 0.3。〔註 58〕由此可見，江漢平原地權分配較之華北要分散許多。

吉尼系數雖然能夠反映地權分配的不均度，但是它所呈現的並不是直觀的，換言之，吉尼系數在 0.4 以下是怎樣的分配模式，0.5 以上又是怎樣的分配形式，這需要我們通過農戶具體的土地佔有才能有直觀的認識。

表 2.13：1950 年潛江縣總口區安家村地權分配情況

分組	戶數	百分比	土地數	百分比
無地	2	1.29	0	0
0.1～5 畝	9	5.81	29.2	1.62
5.1～10 畝	49	31.61	376.95	20.96
10.1～15 畝	62	40	783.5	43.57
15.1～20 畝	25	16.13	428.7	23.84

〔註 57〕 秦暉、金雁：《田園詩與狂想曲——關中模式與前近代社會的再認識》，語文出版社 2010 年版，第 52 頁。

〔註 58〕 胡英澤：《近代華北鄉村地權分配再研究——基於晉冀魯三省的分析》，《歷史研究》2013 年第 4 期。

20 畝以上	8	5.16	179.9	10.01
總計	155	100	1798.25	100

資料來源：《潛江縣 1～5 區 1950 年農業普查分寸、按戶調查表》，湖北省檔案館藏，
　　　　　檔案號：SZ37-01-0539-001。

　　根據上表所計算的吉尼系數為 0.218，在 20 個村（鄉）中最低。該村戶
均耕地為 11.6 畝，有四成農戶土地佔有數在平均數左右，而無地、少地及佔
有土地較多的農戶較少。佔地 5.1～15 畝土地的農戶佔到總農戶數的 71.61%，
佔有的土地為總耕地的 64.53%。如以佔有土地多少來表示農戶的經濟狀況的
話，該村無疑是一種紡錘形的社會結構。

表 2.14：1950 年石首縣三合鄉地權分配情況

分組	戶數	百分比	土地數	百分比
無地	185	38.62	0	0
0.1～5 畝	128	26.72	387.46	16.00
5.1～10 畝	91	19.00	670.79	27.69
10.1～15 畝	41	8.56	512.14	21.14
15.1～20 畝	18	3.76	307.26	12.69
20～30 畝	11	2.3	279.66	11.54
30.1 以上	5	1.04	264.9	10.94
總計	479	100	2422.21	100

資料來源：《石首縣各區 1950 年農業普查一般縣行政村調查表及城廂區分村按戶調查
　　　　　表》，湖北省檔案館藏，檔案號：SZ37-01-0588-001。

　　根據上表計算吉尼系數為 0.594，應該說三合鄉的地權分配是非常不均
的，但細看表格，我們會發現一些吉尼系數無法告訴我們的情況。該鄉的戶
均耕地僅為 5.06 畝，這在任何地區都屬較低水平。土地的缺乏導致了無地戶
的大量產生，全鄉近四成的農戶沒有土地，這在江漢平原是很少見的，即使
如吉尼系數最高的嘉魚縣兩個保中的兩個組，無地戶比例也僅占全部農戶的
22.5%（見下表）。同時，擁有較多土地的農戶也不多見，佔地 20 畝以上的農
戶僅占全部農戶的 3.34%，所佔土地為全部耕地的 22.38%，即使以這些農戶

全部為地主富農，以地主富農佔地比例表示地權集中與否，該鄉的地權應該不屬集中的。這樣類型的村莊在江漢平原較為特殊，但也說明地權不均有時候並非由於地主富農佔地多的原因，而是土地缺乏使得無地、少地農戶，加劇了土地集中程度，比如湖南武岡縣三嵐村地主富農占總戶數的 8.8%，土地則占全部耕地的 42.24%，而占 55.4%的貧農僅占 8.65%的耕地，土地較為集中，但該村人均耕地很少，僅為 0.864 畝，地主人均耕地 4.48 畝，富農人均佔地僅為 2.42 畝。〔註59〕雖說是地主富農，也僅為溫飽或勉強糊口水平。因此，耕地的缺乏會把地權集中程度放大，在討論近代鄉村地權問題時，不能不注意這一點。

這 20 個村（鄉）中，嘉魚縣兩個保兩個組是地權集中較為典型的例子，見下表：

表 2.15：1950 年嘉魚縣兩個保中的兩個組地權分配情況

分組	戶數	百分比	土地數	百分比
無地	54	22.5	0	0
0.1～5 畝	38	15.84	100.518	2.74
5.1～10 畝	53	22.08	407.507	11.11
10.1～15 畝	23	9.58	293.098	7.99
15.1～20 畝	22	9.17	380.931	10.38
20～30 畝	23	9.58	558.041	15.22
30.1～50	19	7.92	707.307	19.29
50.1 以上	8	3.33	1220.119	33.27
總計	240	100	3667.521	100

資料來源：《嘉魚縣 1-5 區農業普查一般縣行政村調查表》，湖北省檔案館藏，檔案號：
SZ37-01-0593-001。

這兩個組的戶均耕地為 15.28 畝，在湖北平均水平之上。根據上表所計算的吉尼系數為 0.653，在 20 個村（鄉）中屬最高。這兩個組地權集中的表現形式符合我們傳統的認識，一是無地戶比例較高，達到 22.5%，二是佔地超過

〔註59〕湖北省土地改革委員會：《省內各地區階級關係與土地關係統計表》，1950 年，
湖南省檔案館藏，全宗號：145，目錄號：1，案卷號：64。

30 畝（為戶均耕地的 2 倍以上）的農戶占總戶數的 11.25%，但佔有耕地達到了全部耕地的 52.56%，而將超過 60%（包括無地戶）的農戶僅佔有 13.85%的耕地。這種分配模式在江漢平原較少，對民國時期江漢平原的地權分配總體影響不大。

綜上所述，江漢平原私有耕地的地權分配總體上較為分散，特別是天門、沔陽、潛江、監利這幾個縣，地權分配的分散尤其明顯，表 2.11 中地主富農佔地基本在 20%以下，而表 2.12 中位於這幾個縣的村莊（鄉）地權分配吉尼系數大多在 0.4 以下，甚至有不少在 0.3 以下。少數一些村莊地權集中的原因在於耕地的缺乏導致無地戶、少地戶數量多，而並非是少量農戶佔有大量的耕地，這樣的情況雖然不多，但應與地權集中於少數農戶手中的情況區別開，後者在江漢平原是較少的。總體上，江漢平原的地權是較為分散的，特別是對農業條件較為優越的地區而言，江漢平原的情況更是少見。

（二）公有耕地

在以往對近代鄉村地權分配的研究中，公有耕地通常被忽視，但有時候公有耕地會對鄉村地權分配產生重要影響，如一個地區公有耕地占總耕地的比例過高，擠壓了私人為土地的佔有，會因此產生大量的無地、少地戶，地權便會偏集中。在建國前廣東珠江三角洲地區，族田的比例超高，最高的如順德、新會族田面積占全部耕地的 60%，中山、台山等縣也達到了 50%，〔註60〕這樣高的公田比例無疑是該地區地權集中的主要原因。

湖北省公田比例總體上不高，根據調查，土改前湖北省的「公堂土地」（族田）占總耕地的 4.4%，不同類型的地區數字各不相同，土地集中區為 5.19%，一般集中區為 6.52%，分散區為 1.91%。〔註61〕在鄉村中，族田通常是公田的最主要部分，其他諸如廟田、學田、義田、渡田等，在農村也較為常見，因此，公田占總耕地的比例要比上述數字稍高。如上述數字能反映湖北省的一般情況的話，那麼作為地權分散區的江漢平原，公田的比例應該是比較低的，但事實是否如此，我們還需要更多的材料去證明。下表是江漢平原部分村莊的公田比例數據：

〔註60〕陳翰笙著，馮峰譯：《解放前的地主與農民——華南農村危機研究》，中國社會科學出版社 1984 年版，第 38 頁。

〔註61〕中共湖北省委農村工作委員會調查研究科編：《湖北農村調查——二十個農村點形象材料之一》，1952 年版，第 10 頁。

表 2.16：土改前江漢平原部分村莊（鄉）公田情況

地名	公田數（畝）	占總土地百分比
監利縣新溝區五熊村	0	0
監利縣新溝區中九股村	0	0
監利吳橋鄉	1224.24	7.24%
沔陽縣七區南洲村	80.7	2%
沔陽縣通海口區小河口村	0	0
沔陽縣八區楊家場村	0	0
沔陽縣通海口區左家橋村	0	0
沔陽楊步鄉	114.88	2.21%
嘉魚魚岳區十五保	528	13.2%
潛江上莫市鄉	186.3	3.82%
公安中和鄉	261.44	4.03%
江陵雨臺鄉	552.42	6.37%
鍾祥延年鄉	382.86	5.66%
松滋官渡鄉	188.29	4.58%

資料來源：1、湖北省委政研室：《徵詢土改意見29個村分田擬算統計》，1950年，檔案號：SZ1-02-0047-008；2、湖北省委政研室：《徵詢土改意見九個村統計》，1950年，檔案號：SZ1-02-0047-003；3、沔陽縣委：《湖北省沔陽縣第二區沙黃區土改前各階層佔有土地統計表》，1950年，檔案號：SZ37-01-0195-017；4、《荊州專區各重點鄉各階層土地佔有情況調查統計表》，1952年，檔案號：SZ37-01-0390-001。

從上表可以看出，雖然有一些村莊沒有公田存在，但在鄉一級區劃中，公田是普遍存在的。表中各鄉的公田比例比上文分散區公田的平均比例要高出不少。排除沒有公田的 5 個村，其他 9 個村（鄉）平均公田比例為 5.74%，這個數字略高於上文 4.4%的湖北 20 個鄉平均數字，如果加上一些沒有公田的鄉村的數據，那麼我們認為江漢平原的公田比例可能接近湖北省平均水平。這個數字在湖北已經算頗高的數字，少如安陸縣公田占總耕地 0.95%，〔註62〕通城縣公田占耕地的 1%左右，等等。〔註63〕但從全國來看，這個比例仍然是

〔註62〕湖北省安陸市地方志編纂委員會編：《安陸縣志》，武漢出版社1993年版，第120頁。
〔註63〕通城縣志編纂委員會編：《通城縣志》，1985年版，第71頁。

非常低的，高如廣東各縣，前文已有中山、台山的例子，而其他各縣，族田比例沒有低於 10%，以 20%～50%最為常見。〔註64〕即使與同在長江中游的湖南、江西相比，江漢平原的族田亦是較低的，如土改前江西省各縣族田普遍在 10%以上，高者如婺源縣達到 48.87%，石城縣達到 41.44%，宜豐縣達到 41.8%%。〔註65〕湖南省如前文所言，公田比例亦在 10%以上。

從以上的數據可以看出，江漢平原地區公田對地權分配的影響是比較小的，如珠江三角洲一般地權大部分集中於宗族手中在兩湖並不多見。公田比例高無疑會降低私人對土地的佔有，從而造成無地、少地戶的產生，最終可能出現類似於表 2.14 石首縣三合鄉那樣的地權分配模式。江漢平原的低公田率使這種情況在整體上不會出現，這說明私有耕地的分配狀況大體就是土改前江漢平原地權分配的總體狀況，也意味著江漢平原地權較為分散是毫無疑問的。

（三）江漢平原與長江三角洲平原的比較

長江三角洲平原與江漢平原皆有「魚米之鄉」之譽，在各自區域（長江下游地區和長江中游地區）乃至全國農業經濟中佔有重要地位。長江三角洲平原的面積稍小於江漢平原（前者約 4 萬平方公里，後者約 4.6 萬平方公里），在自然條件上則較為相似。作為長江中下游平原的組成部分，兩者都由主要由長江及其支流所夾帶的泥沙沖積而成，絕大部分區域的高度在海拔 50 米以下，境內皆河流縱橫，湖泊密布。這樣的自然條件，從正面來說，區域內土地肥沃，灌溉便利，非常適合農業的發展；從負面來說，由於河流眾多，造成境內水患頻繁，這是兩個區域最主要的自然災害。因此，無論是從所屬區域的經濟地位上還是從自然條件上，長江三角洲與江漢平原是具有可比性的。

長江三角洲從宋代開始成為全國的經濟中心，特別是商品經濟自此開始領先於其他地區，這對該區域地權的變動有著重要的影響。宋代「田制不立」，地權迅速集中，南宋時期包括長江三角洲在內的兩浙路大部分土地集中於官戶、富戶手中。〔註66〕明清時期，由於人口的劇增以及民間諸子平分家產的

〔註64〕陳翰笙著，馮峰譯：《解放前的地主與農民——華南農村危機研究》，中國社會科學出版社 1984 年版，第 36～38 頁。

〔註65〕鍾灼寰：《近代江西族田研究》，南京師範大學專門史專業 2010 年碩士學位論文。

〔註66〕梁庚堯：《南宋的農村經濟》，新星出版社 2006 年版，第 86 頁。

作用，地權實際上呈分散趨勢，即使如此，及至近代，我們通常認為長江三角洲的地權集中程度在全國範圍內是較高的。然而根據趙岡的研究，我們傳統對長江三角洲平原地權分配的認識，受到兩個制度性因素的扭曲，一是永佃制，二是族田。根據趙氏的計算，在永佃制盛行的地區，如果把雙層地權考慮進去，原本較高的基尼系數幾乎要降到原來的一半，如根據清代魚鱗冊計算出的蘇州三個圖的吉尼系數分別為 0.784、0.582、0.830，在計入田皮產權後，吉尼系數降為 0.398、0.372 和 0.482。〔註67〕修正過的數據較土改前的江漢平原各村（鄉）地權分配大部分的吉尼系數要高，但在東南一帶是較低的。在 20 世紀 30 年代，根據胡英澤的計算，江蘇常熟 7 村，地權分配吉尼系數高達 0.899，啟東 8 村為 0.885，無錫 20 村為 0.669，浙江崇德縣為 0.54，嘉興縣為 0.709，〔註68〕數字都非常高。這些地區也存在著不同程度的永佃制，如嘉興縣，永佃制占租田總數的比例在各鄉鎮總計為 38.35%，〔註69〕無錫、常熟則約在 70%～80%左右。〔註 70〕按照趙岡的觀點，這些地區不同的永佃制比例或多或少降低了這些區域地權分配的吉尼系數，但無論如何，應該不會比江漢平原更低。

近些年來的研究表明，以往被認為地權非常集中的東南地區，土地佔有「不如許多歷史著作描述的那樣畸形」，就長江三角洲平原區而言，建國初期的農村調查顯示地主富農佔地並不十分高，如浙江崇德 9 村地主富農佔地 27.37%，江蘇常熟 7 村為 59.53%，江陰瀆南鄉 4 村為 42.61%，無錫雲林鄉為 21.66%，〔註71〕雖然這些數字遠遠低於「不到 10%的地主富農佔有農村中 70%～80%的耕地」的官方結論，也低於章有義、周錫瑞等中外學者對革命前地主富農佔地比例的重新估算，但較表 2.11 中所列之普遍數字還是高出不少。因此，長江三角洲平原的地權較江漢平原集中是毫無疑問的。

長江三角洲一帶一直以來都是地主制高度發達的地區，在近代以後，該

〔註67〕趙岡：《永佃制研究》，農業出版社 2005 年版，第 59 頁。

〔註68〕胡英澤：《近代華北鄉村地權分配再研究──基於晉冀魯三省的分析》，《歷史研究》2013 年第 4 期。

〔註69〕馮紫崗：《嘉興縣農村調查》，浙江大學 1936 年版，第 42 頁。

〔註70〕胡華：《近代江南雙層地權研究》，南京師範大學專門史專業 2004 年碩士學位論文。

〔註71〕黃道炫：《一九二〇──一九四〇年代中國東南地區的土地佔有──兼談地主、農民與土地革命》，《歷史研究》2005 年第 1 期。

區域內產生了大量的城居地主。在土改前，蘇州全市三十萬人口中，有四千戶是地主；常熟縣城十萬人口中，有三千戶是地主；吳江縣城六千人口中，有三百戶是地主。〔註72〕這些地主佔有了大量的土地，根據滿鐵的調查資料，無錫、嘉定、松江、常熟、太倉5縣11個村莊共1850.91畝耕地，屬村中各階層的僅僅占35%，其餘的65%屬不在鄉地主。〔註73〕這種情況在江漢平原非常少見，如沔陽縣牛路鄉沙嶺村368戶農戶中，僅兩戶為不在鄉地主，一戶在彭場鎮經營銀樓，佔地11.5畝，另一戶4口人中有3口在「街上做生意」，佔有耕地13.27畝，總計僅占全部耕地的0.87%。〔註74〕比例較高的如公安縣中和鄉外鄉地主在本鄉田2665.03畝，占總耕地的41.05%，但這些耕地大部分並非城居地主所有。

長江三角洲平原在地主數量和佔地方面總體上要超過江漢平原不少。土改前蘇南973個鄉共有地主20417戶，佔地2304226.95畝，戶均112.86畝，人均20.75畝。〔註75〕在江漢平原地權較為集中的公安縣，地主戶均佔有耕地同樣較高，城關區共153戶地主，佔地31143.73畝，戶均203.55畝，申津渡區地主149戶，佔地22324.1畝，戶均149.83畝。〔註76〕在近代人均耕地有有限的情況下，農家耕地超過一百畝在土改時期通常被劃入「大地主」行列。在江漢平原其他地區，也不乏大地主存在，如天門縣蘆市區，地主12戶，佔地2500畝，戶均208.33畝；橫林區，地主35戶，佔地13250畝，戶均378.57畝；嘉魚縣姚坪區地主67戶，佔地9092畝，戶均135.7畝；〔註77〕天門縣蘆市區和橫林區地主的戶均耕地數要超過蘇南和公安縣，嘉魚縣姚坪區地主的戶均耕地亦超過蘇南不少。但是由於三個地區地主戶數較少，分別占總戶數的0.066%、0.23%和1.03%，因此地主總體佔地並不多。其他一些區域如沔陽縣第一區，地主39戶，佔地2998畝，戶均76.87畝；第二區，地主92戶，

〔註72〕潘光旦、全慰天：《蘇南土地改革訪問記》，《潘光旦文集》，第七卷，北京大學出版社2000年版，第25頁。

〔註73〕曹幸穗：《舊中國蘇南農家經濟研究》，中央編譯出版社1996年版，第68頁。

〔註74〕湖北省土地改革委員會：《沔陽縣牛路鄉沙岑村戶口調查登記表》，湖北省檔案館藏，檔案號：SZ37-01-0417-001。

〔註75〕華東軍政委員會土地改革委員會編：《江蘇省農村調查》，1952年版，第5頁。

〔註76〕《公安縣1950年農業普查分區調查大綱及分村、按戶調查表》，1950年，湖北省檔案館藏，檔案號：SZ37-01-0568-001。

〔註77〕《嘉魚縣1——5區農業普查一般縣行政村調查表》1950年，湖北省檔案館藏，檔案號：SZ37-01-0593-001。

佔地 5812.2 戶，戶均 63.18 畝；第三區，地主 15 戶，佔地 1200 畝，戶均 80 畝；〔註78〕潛江縣總口區地主 3 戶，佔地 140.9 畝，戶均耕地 46.97 畝，〔註79〕監利縣新溝區地主 15 戶，佔地 1017.3 畝，戶均 67.82 畝，這些地區地主不多，戶均耕地皆未超過 100 畝，這是造成江漢平原地權分配分散最主要的原因。

　　總體來說，近代的長江三角洲平原與江漢平原在地權分配方面相差是較為懸殊的，兩者的不同程度甚至要超過地理、自然條件相差懸殊的長江三角洲與華北之間地權分配的不同。〔註80〕如我們前文所述及，美國學者珀金斯認為造成地權集中的因素有商業資本、官僚資本以及高利貸資本，這是江南地區地權集中的主要原因。胡英澤在分析華北地權分散的原因是指出，自然災害的頻繁、諸子分家析產制度、土地交易、家庭副業和農村商品化與華北的地權分散有著密切的關係。〔註81〕那麼江漢平原地權分散的原因是什麼呢？

（四）江漢平原地權分散的原因

　　華北的地權分散是一種相對分散，主要表現在有地戶之間的地權分配較為平均，但無地戶比例較高。江漢平原的地權則是一種絕對分散，無地戶很少，而有地戶之間的地權較華北更為平均。這自然與江漢平原特殊的自然條件與社會經濟環境有密切關係。

　　江漢平原的自然條件對農業生產來說是較為優越的，有肥沃的沖積土和便利的水利資源。因此，該區域雖然災害頻繁，但民眾相對富裕。天門、沔陽等江漢平原腹地有「十年九不收」的誇張說法，但「人煙稠密，閭閻相望，繁華不下江南。」〔註82〕就主要農產品產量而言，1936 年嘉魚、雲夢、漢川、天門、沔陽、潛江、監利、石首、公安、松滋、江陵位於江漢平原 11 個縣稻穀估計產量為 15130000 市擔，小麥 3805000 市擔，棉花 1472479 市擔，估計人口 4920000 人，人均稻穀 3.08 市擔，小麥 0.77 市擔，棉花 0.3 市擔，而全省人均稻穀 2.46

〔註78〕《沔陽縣第一至三區 1950 年農業普查一般行政村調查表》，1950 年，湖北省檔案館藏，檔案號：SZ37-01-0571-001。

〔註79〕《潛江縣總口等四個區 1950 年農業普查分類表》，1950 年，湖北省檔案館藏，檔案號：SZ37-01-0538-001。

〔註80〕胡英澤：《近代華北鄉村地權分配再研究——基於晉冀魯三省的分析》，《歷史研究》2013 年第 4 期。

〔註81〕胡英澤：《近代華北鄉村地權分配再研究——基於晉冀魯三省的分析》，《歷史研究》2013 年第 4 期。

〔註82〕冬松：《江漢平原風土縮寫》，《湖南青年》1941 年第 2 期。

市擔，小麥 0.52 市擔，棉花 0.12 市擔，〔註83〕江漢平原三種農作物平均產量較全省分別高 20.13%、32.47%、60%。這說明江漢平原地區的農民在食物消費和農產品所帶來的現金收入上要較湖北平均水平高出許多。同時，由於湖泊眾多，江漢平原漁業發達，也為農民帶來一定的副業收入。所以，儘管災害頻繁，江漢平原的農戶的生活水平依然在全省屬前列。這些因素降低了因災害帶來的對農戶家庭經濟的破壞，也降低了因家庭經濟出現危機出售土地的可能性。

江南地區同樣是一個富庶的區域，但地權集中，這與該區域社會經濟及人文環境有關。江漢平原亦是人文薈萃之地，明清以後湧現出不少傑出人士，著名的如張居正、公安三袁、天門竟陵派鍾惺、譚元春等。但與江南相比，江漢平原仍然遜色不少，這使得江漢平原在官僚的產生上也遠為遜色。在中國歷史上，土地買賣不僅僅是一種市場行為，土地的兼併有時候會借助政治權力。歷史上有名的大地主很多都是官僚，比如前文所述及的洞庭湖區的大地主有相當部分是官僚地主。在江漢平原，官僚大地主並沒有形成規模。官僚地主佔地往往要遠超過人均耕地，但從佔地數上說，亦不能稱之為大地主。江陵縣三合鄉，這是江漢平原地權較為集中的地區，地主嚴振章曾任鄉長，17 個月內買地 210 畝；李英青，與國民黨政權有密切聯繫，佔地 176 畝，曾任保長和日偽維持會村長的地主李虎臣佔地 98.7 畝，曾任鄉政府副官的嚴開茂，佔地 28.5 畝。〔註84〕與佔地上千上萬畝的官僚大地主相比，這些地主的佔地是不多的，在江漢平原，更多的是存在這樣的官僚地主。這樣的小官僚地主在當時在中國普遍存在，但在地主中也並不占多數。雖然在土改調查中，佔地超過 100 畝的一般都劃為大地主，但畢竟與佔地成千上萬畝的大地主仍有相當大的差距。官僚大地主的缺乏無疑是江漢平原地權分散的原因之一。

從商業發展上說，江漢平原有著自身的特點，雖然沒有像江南一般發展出大量的大工商業資本，但近代以來，工商業也在不斷發展中。天門縣「水陸交通便利，人民多願報資貿易」；漢川縣「各市鎮之較為繁榮者，多仰賴花糧商業」，「商業資本額，在一萬元以上者，迨未之見」；沔陽縣「家庭手工業頗發達，如織布養蠶，織包頭、斗笠等，所在皆有；農村經濟多賴以補助」，

〔註83〕湖北省政府秘書處統計室編：《湖北省年鑒（第一回）》，1937 年版，第 162～167 頁、第 201～202 頁。

〔註84〕中南軍政委員會土地改革委員會調查研究處編：《中南區一百個鄉調查資料選集（解放前部分）》，1953 年版，第 31～34 頁。

商業上「新堤、仙桃兩鎮，商業資本額在五萬元以上者，約有八九家，其他市鎮商家資本額滿一萬元者殊不多覯」。〔註85〕由於商業的發展，江漢平原上形成一些著名的市鎮，如沙市、藕池口、仙桃、岳口等，這些市鎮不僅是所在縣的農產品集散中心，同時也為江漢平原上一些商品經濟不發達的縣提供了發展經濟作物的便利，使農民在工業、商業都不甚發達且土地有限的情況下能獲得更多收入。江漢平原上缺乏大工商業資本，而商業的發展又使農戶有條件進行市場活動增加收入，這既減少了土地兼併的因素，也降低了農戶家庭經濟出現危機而出售土地的可能性。

　　還有一個值得注意的是土地革命的影響。在 20 世紀 30 年代前後，周逸群、賀龍在江漢平原腹地建立了洪湖革命根據地，蘇區控制石首、監利、沔陽、江陵、公安、潛江、天門、漢川、漢陽等全部或部分地區，並在沔陽、潛江、監利、石首、江陵成立了縣蘇維埃。根據地在 1930 年開始進行了土地革命，通過丈量土地、劃分階級、沒收地主土地、富農、公田，按人口平均分配土地等步驟使土地出現了短時間的迅速分散。1932 年 9 月，紅軍第四次反「圍剿」失敗，中共勢力退出洪湖區，土地革命也隨之失敗。由於持續時間短，土地革命對當時地權分配不會產生根本性的影響，紅軍撤離後，分配的土地也大部分被原主收回，因此，造成土改前江漢平原地權分散的原因並不是土地革命。但是土地革命也會造成一定程度的分散，前文所述的陽新縣上林村便是一例。從其他區域的情況看，土地革命失敗後，中共的影響力仍然存在，一些地主為了不引人注目，不再買入土地，而且通過分家、賣地投資工商業的行為來減少土地的持有，這也一定程度上造成了地權的分散。

　　從根本上來說，造成地權分散的原因是諸子均分家產制度。雖然我們沒有資料證明在明清時期江漢平原地權的不均程度，但顯然，在土改前夕江漢平原的地權分散是歷史演變下的趨勢。在元明時期，江漢平原地廣人稀，最初的移民可以佔有廣闊的土地，隨著人口的增長，土地漸漸稀缺，而分家制度使歷史上的大地主土地逐漸分散，同時，江漢平原又缺乏使土地快速集中的主要要素，使該區域土地分散的速率超過土地集中的速率，隨著時間的推移，土地逐漸分散。總體來說，江漢平原地權分散是其優越的自然條件和特殊的社會經濟環境結合中國傳統分家制度的產物。

────────────

〔註85〕湖北省民政廳編：《湖北縣政概況》，1934 年版，第 762、786～787、811～812 頁。

三、地權變動及其原因

　　革命史觀在學界占主流的時期，近代中國鄉村社會的地權被認為是越來越集中的。上世紀 80 年代以後，隨著思想解放的展開，學術界的認識也趨於多遠化，形成了近代地權分配趨於集中和趨於分散兩種觀點，甚至趨於分散的觀點逐漸佔據主流位置，如美國學者趙岡認為「如果地主階級是指擁有田產數百畝或上千畝的人家，則經過幾百年的巨大人口壓力，地主人家大都自然地消失不見。而殘存的幾家，為數很少，不成其為一個『階級』。」〔註86〕國內學者，如章有義、郭德宏、朱玉湘、張佩國、史宏志、曹幸穗等通過對全國或者不同區域的研究，認為近代中國的地權分配總體上呈分散趨勢。持地權趨於集中觀點的代表性學者劉克祥則為 20 世紀 30 年代自耕農破產，中小地主普遍衰敗，而大地主、城市地主急劇膨脹，全國土地惡性集中。〔註87〕徐暢對地權變動的研究涉及到了兩湖地區，他認為包括兩湖在內的長江中下游地區在抗戰前地權處於集中時期，這種集中具有普遍性、不劇烈性以及土地流向的非農民性加強等特點。〔註88〕徐文涉及地域較廣，無法體現兩湖地區地權變動的區域性特點，此外，文章涉及的時間段較短，且以農民負債為角度也限制了全方位瞭解近代以來兩湖地區地權分配趨勢及其原因。這些不足將是下文需要解決的問題。

（一）地權變動的趨勢

　　經過明清時期的大開發，到近代，兩湖地區已是地無曠土。清中期以後人口的劇增使兩湖地區人均耕地急劇下降，同時，傳統諸子均分家產的傳統

〔註86〕趙岡、陳鍾毅：《中國土地制度史》，新星出版社 2006 年版，第 179 頁。
〔註87〕李金錚、鄒曉：《二十年來中國近代鄉村經濟史的新探廣》，《歷史研究》2003年第 4 期。具體論文和論著參見：章有義：《本世紀二三十年代我國地權分配的再估計》，《中國社會經濟史研究》1988 年第 2 期；郭德宏：《舊中國土地佔有狀況及發展趨勢》，《中國社會科學》1989 年第 4 期；朱玉湘：《試論近代中國的土地佔有關係及其特點》，《文史哲》1997 年第 2 期；張佩國：《地權・家戶・村落》，學林出版社 2007 年版，第 53～63 頁；史宏志：《20 世紀三四十年代華北平原農村的土地分配及其變化——以河北省清苑縣 4 村為例》，《中國經濟史研究》2002 年第 4 期；曹幸穗：《舊中國蘇南農家經濟研究》，中央編譯出版社 1996 年版，第 20～21 頁；劉克祥：《20 世紀 30 年代地權集中趨勢及其特點》，《中國經濟史研究》2001 年第 2 期。
〔註88〕徐暢：《農家負債與地權異動——以 20 世紀 30 年代前期長江中下游地區農村為中心》，《近代史研究》2005 年第 2 期。

使土地趨於分散。通常來說，產生大地主的兩個最大資金來源一是工商業，二是軍政權力，但在近代之前，這兩種勢力在兩湖地區都不突出。拐點出現在太平天國運動時期，但太平天國運動給兩湖社會帶來的影響卻有差別。總體上，戰爭給湖南帶來的破壞並不很大，整個太平天國運動期間，「湖南被寇最淺。」〔註89〕湖北受到的戰爭破壞就要嚴重許多，鄂東一帶是太平軍西征的主戰場之一，在太平天國運動後期及失敗後，捻軍還時常在鄂北、鄂東北、鄂東一帶活動。

太平天國運動期間，湖南省湧現了數量龐大的軍政官員，這些人「廣積金錢，舊時鑿井耕田之子，椎牛屠狗之夫，皆高牙大纛、美衣華屋，以自豪於鄉里」〔註90〕。太平天國運動給湖北造成的直接後果之一是人口的大量減少，一方面，戰爭使大量人口喪生，如安陸縣「咸豐四年至十一年，城池失陷者四……鄉民男女老幼前後死者以萬計，期被裹脅迫去者不可數」，〔註91〕應山縣在同治元年被「殺擄十餘萬人」〔註92〕；另一方面，天平天國運動被鎮壓後，湖北有不少人口移居江南等地，如同治六、七年間，安陸民間傳言：「下江南種無主良田，住無主美屋」，「無一村一鄉不為轟動。凡佃戶皆辭田而去，前往安徽寧國府者不下萬戶。」〔註93〕同一時期，應山縣也有大批人口移居江南。〔註94〕

湘鄂兩省在太平天國運動後的不同社會形勢造成了地權分配不同的變動。軍政官員的大量湧現使湖南出現了一個土地兼併高潮，如湘鄉縣，近代之前，「土地未曾高度集中，佔地千畝以上的地主甚少，多為百數十畝的中小地主。咸豐以後，許多湘軍將領回鄉置田建莊，一度引起湘鄉農村土地佔有的相對集中。」〔註95〕在 19 世紀的最後二三十年，湖南可能經歷了近代土地兼併最高峰的一段時期。而對湖北來說，由於人口的大量減少（這其中包括不少地主），使一些無地、少地戶趁機擁有土地，地權更有可能趨於分散。

〔註89〕王闓運纂：（光緒）《湘潭縣志》，列女傳。

〔註90〕劉蓉：《劉蓉集》，下冊，嶽麓書社 2008 年版，第 239 頁。

〔註91〕（同治）《安陸縣志補正》，卷下，兵事。

〔註92〕（民國）《湖北通志》，卷七十四，武備十二，兵事。

〔註93〕湖北省安陸縣地方志編纂委員會編：《安陸縣志》，武漢出版社 1993 年版，第 109 頁。

〔註94〕湖北省應山縣地方志編纂委員會編：《應山縣志》，湖北科學技術出版社 1990 年版，第 90 頁。

〔註95〕湘鄉縣志編纂委員會編：《湘鄉縣志》，湖南人民出版社 1993 年版，第 123 頁。

　　20 世紀以後，由於社會環境愈加複雜化，地權變動情況也變得複雜。我們先看 30 年代中央農業實驗所的調查，如下表：

表 2.17：1912～1933 年兩湖各類型農戶百分比變動情況　　　（單位：%）

年份	自耕農		半自耕農		佃農	
	湖南	湖北	湖南	湖北	湖南	湖北
1912 年	29	34	23	38	48	38
1931 年	28	30	25	30	47	40
1932 年	26	28	25	30	49	42
1933 年	27	30	25	32	49	38

資料來源：申報年鑒社：《第三次申報年鑒》，1935 年版，K：農產及農村，第 27～28 頁。

　　從表中看，湘鄂兩省自耕農、半自耕農、佃農比例雖有所變動，但變動幅度不大，似乎說明這一時期兩湖土地佔有的格局較為穩定。但是上表數據的準確性需要考量，特別是 1912 年的數字可能存在較大疑問。事實上，從其他一些資料可以反映出的鄉村各階層的變化不會如上表那般穩定，比如 30 年代中後期湖南會同縣的情況，如下表：

表 2.18：1936～1942 年湖南省會同縣雄溪鄉各階層百分比變動情況

（單位：%）

年份	地主	富農	自耕農	半自耕農	佃農	其他
1936 年	1.6	10.4	19.9	24.6	37.2	6.3
1937 年	2.3	12.5	22.4	23.5	31.7	7.6
1938 年	3.0	11.0	24.7	24.5	29.4	7.4
1939 年	3.6	11.6	29.5	25.1	24.8	5.5
1940 年	5.3	15.2	25.6	20.5	22.8	10.6
1941 年	7.3	18.0	26.8	23.4	19.0	5.4
1942 年	3.0	9.1	18.1	25.0	29.7	15.0

資料來源：中國國民經濟研究所：《湖南會同黔陽兩縣六鄉農村經濟調查（三續）》，《西南實業通訊》1944 年第 6 期，第 29 頁。

　　上表中，除 1942 年的數據波動較大外，其他 6 年的數據有規律可循。首先，地主、富農、自耕農的比重上升，半自耕農大致保持不變，而佃農的比

例下降。地主的比例上升並不意味著地權趨於集中，據調查者觀察：「所謂地主，大都屬有田不能自耕一類，並非土地集中於少數人之手。換言之，雖僅有地一畝而不能自耕種者，此類農戶，亦歸諸地主之列。」〔註 96〕富農、自耕農的增加與佃農的減少表明地權是趨於分散的。在 20 世紀的前期，湖南的其他一些地區也經歷了地權分散的過程，如湖南南部「大地主多屬顯宦，民國成立後變為多數小地主。」〔註 97〕30 年代的醴陵縣，「百數十年前，邑中有筦田千畝乃至萬畝者，今則無矣。」〔註 98〕宜章縣在民國前期「少數地主衰減，自耕農增加」，在抗戰期間，該縣各鄉佃農比例普遍下降，而自耕農比例上升。〔註 99〕

洞庭湖區的地權變動較為特殊，湖田管理在晚清之前長期處於無政府狀態，糾紛不斷。光緒八年以後，「將一切淤洲沒入官方，再行勘丈招佃，由官署發給佃田執照，每年收租。永禁私相買賣，侵佔官荒。」民國以後，清季的禁令不行，湖田等同私產。民國六年，湖田局發照徵費以確定湖田產權，自此，湖田確定私有制。〔註 100〕由於湖田私有化時間晚，子孫均分家產的作用尚不如其他地區，故大地主數量較多。但同時，湖田又存在「老垸」與「新垸」的區別，「大抵老垸自耕農較多，而新垸則佃農較多。」〔註 101〕老垸所表現出來的分散趨勢很明顯，如有調查者指出：「（南縣）大地主，以本人所知有高俊五、高正五、張奇峰、吳紹成、蔡景松、吳宗林等十數家，然彼等都由大地主而日漸崩潰與分化，聞蔡景松現僅存田二三十畝云。至於在其他老垸，雖有以購買之方式而擴大土地所有權之事，然總不能敵過因遺產制度而分化之趨勢。」〔註 102〕至於新垸，「為時頗暫，至遠亦不過五十年之光景，近者竟在二十年以內，則其間所發生地權之變遷，當不如老垸之甚。此新垸之

〔註 96〕 中國國民經濟研究所：《湖南會同黔陽兩縣六鄉農村經濟調查（三續）》，《西南實業通訊》1944 年第 6 期，第 31 頁。
〔註 97〕 何炎：《湖南南部》，《東方雜誌》1927 年第 16 號。
〔註 98〕 陳鯤修，劉謙纂：《醴陵縣志》，1948 年版，卷五，食貨志上。
〔註 99〕 丁正云：《湖南宜章縣之農佃制度》，《農聲》1942 年第 227 期。
〔註 100〕彭文和：《湖南湖田問題》，蕭錚主編：《民國二十年代中國大陸土地問題資料》，臺北：成文出版社 1977 年版，第 39360～39362 頁。
〔註 101〕彭文和：《湖南湖田問題》，蕭錚主編：《民國二十年代中國大陸土地問題資料》，臺北：成文出版社 1977 年版，第 39363 頁。
〔註 102〕黃浪如：《洞庭湖濱各縣農村經濟概論》，1934 年國立武漢大學第四屆畢業論文，第 25～26 頁。

所以多大地主也。」〔註103〕因此，除了洞庭湖區新垸因時間較短地權變動尚不明顯外，我們所掌握的資料顯示湖南其他地區的地權有分散趨勢。在20世紀前半期，湖南沒有出現類似於太平天國運動後土地兼併高潮那樣的社會條件，通過傳統分家制度的作用，地權應是趨於分散的。

在湖北的一些地區，清末到抗日戰爭前，地權有集中化的趨勢。湖北西部地區在20年代後，自耕農明顯下降，而佃農、雇農的比例大幅上升，具體見下表：

表 2.19：1920 年代前後湖北西部各類農戶百分比變動情況（單位：％）

農戶類型	1920 年以前（％）	1921 年之後
自耕農	45	10
半自耕農	30	20
佃農	15	25
雇農	10	45

資料來源：監生：《鄂西農民痛苦狀況與土匪問題》，《雙十月刊》1928 年第 4 期，第 6 頁。

從表中數據看，無地戶（佃農與雇農）的比例從 25%上升到 70%，這是非常驚人的。雖然這個數據的準確性可能存在問題，但是對照其他材料看，20 年代以後，鄂西的地權集中程度高是可以肯定的，比如在宜昌存在不少大地主，如「逸賢潭之易某，年可收租數萬石，小峰寺之陳氏數家，亦各數千石。」〔註104〕40 年代對川東鄂西一帶的調查顯示，「耕地過於集中⋯⋯農村裏的佃農，約占農村人口 80%以上，自耕農及半自耕農不及佃農的 1/3，地主不及佃農的 1/10。」〔註105〕

湖北地權趨於分散的地區也較常見，比如廣濟縣，1888 年的調查顯示，該縣耕地屬地主的高達 70%～90%，屬自耕農的僅 10%～30%，從人數上說，佃農與雇農約占農戶總數的 70%～90%，而自耕農僅占 10%～30%。〔註106〕

〔註103〕彭文和：《湖南湖田問題》，蕭錚主編：《民國二十年代中國大陸土地問題資料》，臺北：成文出版社 1977 年版，第 39370 頁。

〔註104〕於曙巒：《宜昌》，《東方雜誌》1926 年第 6 期，第 61 頁。

〔註105〕鍾功甫：《川東鄂西土地利用調查簡報》，《地理》1949 年第 6 卷第 2、3、4 期合刊，第 27 頁。

〔註106〕蘇雲峰：《中國現代化的區域研究：湖北省（1860～1916）》，（臺灣）「中央研究院」近代史研究所 1981 年版，第 34 頁。

在 20 世紀 20 年代末中共的調查中，情況已經完全不同，「土地豪紳地主占十分之一，姓族祀田約占十分之三，其餘是在自耕農、半自耕農手裏。」階層比例上，「豪紳地主約占百分之一，佃農約占百分之三十，半自耕農要占百分之五十，自耕農占百分之三十，雇農、手工農占百分之八，流氓地痞占百分之一。」〔註107〕這裡數字有些問題，百分數之和達到了 120。但即便有誤的20%來自半自耕農與自耕農，兩者合計亦達到 60%，無地戶（佃農、雇農及手工農之和）為 38%。相較於 1888 年的數據，20 年代末廣濟縣的自耕農、半自耕農的所佔土地明顯上升，無地戶的比例則大幅下降。此外，我們在前文所論述的，江漢平原的地權較為分散，地主富農佔地比例不高，該區域的地權在近代以後極有可能是趨於分散的。

從以上的論述可知，在抗戰前，兩湖地區有一些區域的地權有集中的趨勢，但更多區域的地權是趨於分散的。而從抗戰到土改前的十數年時間裏看，兩湖地區地權總體上是趨於分散的。我們先來看下表：

表 2.20：1936 年、1948 年兩湖各階級戶口、人口及土地佔有比例

（單位：%）

階層	湖南						湖北					
	戶口		人口		土地		戶口		人口		土地	
	1936年	1948年	1936年	1948年	1936年	1948年	1936年	1948年	1936年	1948年	1936年	1948年
地主	4.32	4.81	6.13		33.12	30.82	4.01	3.80	6.49	4.68	36.45	31.68
富農	1.68	2.04	3.06		5.58	6.48	2.54	2.85	3.02	3.74	7.00	8.05
中農	29.59	32.97	37.91		27.47	29.77	33.57	31.70	35.32	35.01	32.93	31.91
貧農	38.48	35.80	34.16		11.85	10.08	44.16	49.89	43.62	48.46	13.71	17.35
雇農	6.47	4.93	3.19		0.37	0.27	7.37	4.72	4.52	2.89	0.29	0.19
工人	4.44	4.07	3.34		0.42	0.39	1.18	0.90	1.43	0.36	0.09	0.09
貧民	4.04	3.98	2.58		0.20	0.20	0.88	0.60	0.49	0.39	0.04	0.04
外鄉一般業主田					3.43	3.23					1.63	2.21
其他	10.98	11.40	9.63		4.84	5.72	6.29	5.54	5.11	4.20	2.72	4.11
公田					12.72	13.04					5.14	4.37

〔註107〕《中共廣濟縣委工作報告——政治、經濟、群運及黨務情況》，1929 年，鄭湘埁、劉武、雷正先等編：《湖北革命歷史文件彙集（縣委文件，1927～1932年）》，中央檔案館、湖北省檔案館 1985 年版，第 133～134 頁。

說明：1.數據來自湖南 15 個鄉，1936 年 6841 戶，人口數不詳，耕地 81438.41 畝，1948
　　　年 10640 戶，42661 人，耕地 82447.59 畝，人均 1.93 畝；湖北 20 個鄉，1936
　　　年 9759 戶，26872 人，耕地 100623.51 畝，人均 3.74 畝，1948 年 11565 戶，48177
　　　人，耕地 108669.94 畝，人均 2.25 畝。2.「其他」包括農村工商業家、其他剝
　　　削階層、游民、其他勞動人民。3.湖北省 1948 年各階層人口百分比之和為
　　　99.73%，原文如此。4.原文中地主占田包括「地主操縱公田」，具體為湖南省
　　　1936 年 9.48%，1948 年 9.5%，湖北省 1936 年為 3.54%，1948 年為 2.86%。本
　　　表公田百分比為「地主操縱公田」與「其他公田」之和。

資料來源：中南軍政委員會土地改革委員會：《中南區一百個鄉調查統計表（內部資
　　　料）》，1953 年版，第 238～241 頁。

　　從表中看，抗戰前到建國前兩湖地區各階層土地佔有變動雖然不大，但
也可以看出一些端倪。湖南省地主戶口比例略有上升，但佔地卻在下降，而
中農在戶口、佔地比例上都稍有上升，同時，無地戶最為集中的貧農、雇農
以及貧民的戶口比例皆呈下降趨勢，這說明地權是趨於分散的。具體到各
鄉，桂陽縣樟市鄉地主戶口比重從戰前的 2.47%上升到 3.46%，佔有土地百
分比從 22.28%上升至 27.31%，似乎略有集中趨勢，但貧農、雇農、貧民三
個階層戶口百分比之和從戰前 55.97%下降到解放前的 45.15%，說明無地、
少地戶減少得較為明顯，部分原因是出現絕嗣而減少，地權分散化則應是主
要原因。〔註 108〕地主階級比重上升有可能是存在一定程度的錯劃現象。益
陽縣黃家侖鄉地主戶數百分比從戰前的 6.34%下降到 5.96%，佔地從 63.18%
下降到 58.05%，〔註 109〕則顯示該鄉雖然地權較為集中，但無疑在民國後期
是趨於分散的。

　　湖北省地主戶口比例略有下降，佔地下降則較為明顯，貧農戶口百分比
雖然有所上升，但佔地比例亦有所上升，基本無地的雇農階層出現下降趨勢，
這表明湖北在抗戰至土改前的地權亦是趨於分散的。在此次調查的湖北 20 個
鄉中，無論是土地集中區、一般集中區還是分散區，地主的佔地比例皆呈下
降趨勢，如下表：

〔註 108〕中南軍政委員會土地改革委員會調查研究處編：《中南區一百個鄉調查資料選
　　　　集》，1953 年版，第 37～38 頁。
〔註 109〕中南軍政委員會土地改革委員會調查研究處編：《中南區一百個鄉調查資料選
　　　　集》，1953 年版，第 50 頁。

表 2.21：1936 年、1948 年湖北省三個地權分配類型區地主佔地比例

（單位：%）

地權分配類型區	1936 年	1948 年
地權集中區	65.65	58.99
地權一般集中區	32.29	28.95
地權分散區	20.41	19.26

資料來源：中共湖北省委農村工作委員會調查研究科編：《湖北農村調查：二十個農村典型鄉材料之一》，1952 年版，第 5 頁。

　　結合以上土改資料，我們認為抗戰前至土改這一段時期兩湖地區的地權分配是趨於分散的，不存在地權越來越集中現象。湖南省在經歷了太平天國後因軍政官員的大量湧現而導致的土地兼併高峰後，20 世紀前半期地權整體上呈分散趨勢。湖北省在晚清未經歷湖南一樣的土地兼併高潮，一些區域可能因戰爭影響人口大量減少而導致土地分散化，在 20 時期前期出現集中化現象。但總體來說，20 世紀前半期的兩湖地區除了少數一些區域，沒有出現土地惡性集中趨勢，或者說，地權趨於分散是兩湖地區在這一時期的主流。

　　需要特別一提的是兩湖的公田。從前文中，我們知道湖南的公田占總耕地的百分比要遠高於湖北，從抗戰前到土改前的一段時間內，湖南省公田比例略有上升，湖北則略有下降。清代以來，兩湖的公田發展較快，特別是族田，在太平天國運動後仍然有較大發展，直到兩湖農民運動對宗族的打擊後才出現些許衰落。〔註110〕湖北省的公田，一則比例不高，二則變動幅度不大，對地權分配的影響也並不大。湖南省公田的高比例使情況變得不同，就族田來說，兩湖農民運動以及根據地土地革命對宗族的打擊，族田的衰落可能更多表現在停止發展，而非族田減少，這也似乎說明在國民革命之前，湖南族田的發展是較為強勢的。如前所述，公田的高比例造成了私有耕地的減少，使無地戶增多，從而加劇了地權分配的不均。對湖南來說，公田在 20 世紀前半期的發展是土地集中化的主要表現，也有可能是唯一表現。

（二）地權變動的頻率

　　宋代以後，中國的地權市場進入了一個新的發展階段，私有土地的交易

[註110] 林源西：《近代兩湖族田研究》，南京師範大學社會發展學院專門史專業 2011 年碩士學位論文。

日益頻繁，國有土地，如明代的屯田、清代的旗地，公有土地，如宗族的族田都在明清時期不同程度地捲入市場。〔註111〕辛棄疾的這句「千年田換八百主」常被用來形容地權轉移的頻繁性，但這畢竟是誇大之言。事實上，明清時期的土地流轉雖然較宋之前頻繁，但是由於宗族制度的發展，明清時期的土地交易亦受到很大的限制，比如土地交易前要先問親族，只有在親族無人購買的情況下才能賣與外人；族田也在明清時期迅速膨脹，宗族嚴禁族田買賣的規定使其成為較為固化的產權。此外，在土地交易中形成的「加找」、「盡加」、「回贖」等習俗，使土地交易除非寫明「絕賣」，否則很難一步到位。這些因素都不同程度地限制了土地自由交易，清代中期之後這些因素有所鬆懈。

表 2.22：清代、民國長沙縣某地土地交易情況

賣主	前業主	買主	地址	土地面積	買賣時間
胡哲士	伯母分給	胡殿英兄弟	曲灣壩	二斗五升五合	1733 年
胡哲士	伯母義讓	家族兄弟	曲灣壩	一斗二升五合	1739 年
胡英武	伯母義讓	伯母	藍家州	三斗五升	1739 年
胡正偉兄弟	祖遺	胡帝佐	曲灣壩	一石五斗	1750 年
湯在廷	祖遺	胡朝瑞	曲灣壩	二斗	1771 年
胡朝瑞父子	祖遺	倪壁山	曲灣壩	十三石	1798 年
倪若洲等	祖遺	黃又盛父子	曲灣壩	五石零九升三合	1823 年
黃正興父子	父遺	黃邦碩父子	曲灣壩	二石五斗四升六合五勺	1836 年
張正儀父子	分關	黃迪加	曲灣壩	二斗	1840 年
陳秉權兄弟	張姓	湯光輝	穆家壩	一垞	1848 年
黃席奇、黃先揚	祖遺及倪氏之業	張如松父子	曲灣壩	三石二斗四升一合	1856 年
湯光輝父子	胡義質	張如松父子	曲灣壩	十一垞	1857 年
易蓮苣	租遺	黃漢南	斗牛橋	六石四斗	1858 年
王太原堂	張瑞堂	余楚庵兄弟	曲灣壩	三石二斗九升一合	1875 年
張瑞堂	黃席奇、先揚；湯光輝	王太原堂	曲灣壩	三石二斗九升一合	1875 年
余楚庵兄弟	王太原堂	余捷三	曲灣壩	三石二斗九升一合	1878 年
黃漢南	易蓮苣	張爾康兄弟	斗牛橋	六石四斗	1892 年

〔註111〕龍登高：《11～19 世紀中國地權市場分析》，《中國農史》1997 年第 3 期。

張恩湛父子、張本袁母子	黃上彬、黃甫棠	史習芬	周家沖	十四石五斗	1931 年
李棣萼	余捷三	羅姓	曲灣壩	三石二斗九升一合	1931 年
楊知清	張爾詒	史習芬	斗牛橋	六石四斗	1931 年

資料來源：根據湖南省檔案館藏：《長沙縣羅氏、史氏業契》整理，全宗號：145，目錄號：1，案卷號：316。

上表中，18 世紀的 6 件土地交易，有 4 件是賣與本家或者本族中人（胡殿英為胡哲士的堂弟，胡帝佐為胡正偉的堂弟），占到總數的 66.7%，19 世紀以後，除了黃正興父子賣與黃邦碩父子（黃邦碩為黃正興胞兄）、余楚庵兄弟賣與余捷三（余捷三為余楚庵之堂兄），其餘 12 件皆是售與外姓，賣與本家或本族的件數僅占 14.29%。19 世紀後的土地流轉的速度明顯加快，如曲灣壩一地，從 1823 至 1878 年就有 8 次土地交易，平均每 5.25 年交易一次，遠低於 18 世紀的 13 年一次，這還僅僅是這些地契上所反映出來的情況。這些土地最終都由羅、史兩姓買入，但 20 世紀後的契約僅有 1931 年的 3 件，除了曲灣壩余捷三售於羅姓與 1878 年王太原堂售於余捷三有銜接，其他兩契都沒有銜接，說明有些契約已經佚失，無法反映二姓買入這些土地前土地交易的全貌。事實上，20 世紀兩湖地區農村土地交易頻率並不低於 19 世紀，如長沙丁家鋪陳氏的族田買入，見下表：

表 2.23：清代、民國長沙丁家鋪陳氏各時期族田買入情況

時期	買入件數	占全部百分比
1700～1799	11	14.29
1800～1899	48	62.33
1900～1937	18	23.38

資料來源：根據張海瀛主編：《中華族譜集成·陳氏卷》，（長沙）《陳氏族譜》，卷首之三整理，1937 年刻本，第 11 冊，巴蜀書社 1995 年版。

從上表看，陳氏在 19 世紀平均每 2.08 年有一次族田買入，而 1900 年至1937 年這 38 年，平均每 2.06 年有一次族田買入，購買頻率接近。雖然大多數時候族田買入意味著土地的單向流轉，但是它也反映出 20 世紀後在丁家鋪一帶土地流入市場的頻率與 19 世紀相比如果不是更快的話，至少也是接近的。

　　兩湖地區在民國時期很多地區仍然制約土地自由交易的習慣，如遠安縣，「買賣田產……由親及疏有願買者照時價成交，如族內無力承買或故意捐價，然後賣於外姓」；宜昌縣「凡出賣產業，須先盡親房，親房不買，始能賣與外人」；襄陽縣出賣不動產，按「先親後疏」的次序；漢陽、鄖縣、興山、竹溪、麻城、五峰等縣亦有此習慣。〔註112〕在某些地區，親族優先購買的習俗並沒那麼明顯，如天門縣熊氏的契約：

　　　　立永賣白田約人蕭丁氏同子起松，今因乏用，將自己一北獅上
　　　　則漁田六分，載正銀一分二釐，請憑親中李棟、李龍山說合，丁氏
　　　　母子出筆賣與熊福九名下為業。當日三面言定，福出備時值實價銀
　　　　十一兩四錢，係丁氏憑中親手領訖。自賣之後，聽從買主管業耕種，
　　　　百為無阻。收糧過戶，今欲有憑，立此永賣約一帋為據。

　　　　　　　　　　　四止在原契
　　　　　　　　　　　憑中　李棟　李龍山
　　　　　乾隆五十八年九月初四日　　蕭起松筆〔註113〕

　　該份契約沒有強調先問親族，在親族無人購買的情況下才賣於他姓。《湖北天門熊氏契約文書》一書所收錄902份田地買賣契約，年代從康熙十年（1671年）光緒七年（1881年），基本上沒有「盡問親族」之類的說明，表明親族優先的習慣在此地較為薄弱，這於土地的流動非常有利。熊氏的契約集中在道光年間，總共835份，〔註114〕占所收錄契約總數的92.57%，說明熊氏在這期間經濟條件最好，也可以說明有大量的土地流入市場。

　　在二十世紀特別是民國建立後，土地法從習慣法、宗族法占主體逐漸向制定法一統過渡。在制定法律過程中，「民國北京政府和南京政府都過分地強調了土地的私有制，而對於土地分配上的平等問題則或是忽略，或是流於形式。」〔註115〕但對私有制的強調於土地的流動是有推動作用的。民國中後期，由於各因素的作用，兩湖地區的土地流轉更加頻繁。

〔註112〕南京國民政府司法行政部編，胡旭晟等點校：《民事習慣調查報告錄》，中國政法大學出版社2000年版，第326、329、335頁。

〔註113〕《乾隆五十八年九月四日蕭丁氏等賣田契》，張建民主編：《湖北天門熊氏契約文書》，湖北人民出版社2014年版，第8頁。

〔註114〕參見張建民主編：《湖北天門熊氏契約文書》，湖北人民出版社2014年版，第1～504頁。

〔註115〕楊士泰：《清末民國地權制度變遷研究》，中國社會科學出版社2010年版，第302頁。

表 2.24：1932 至 1936 年黃岡縣土地買賣典押件數及總價額

年別	買賣		典押	
	件數	價額（釐）	件數	價額（釐）
1932 年(5 月至 12 月)	1063	68817513	11	2610543
1933 年	4647	190583775	17	7118102
1934 年	2702	100823288	14	5233709
1935 年	3624	154563847	43	9831238
1936 年	6300	228490110	35	7728950

資料來源：潘洄：《黃岡縣之租佃制度》，蕭錚主編：《民國二十年代中國大陸土地問題資料》，臺北：成文出版社 1977 年版，第 31120～31121 頁。

　　1932 年至 1936 年，黃岡縣每年的土地買賣每年都有數千件，價額在十萬元以上。這還只是通過官方登記的買賣數，民間有許多私下買賣無從知曉，可知土地交易之頻繁。此外，土地典押常常造成最終地權的轉移，從表中看，黃岡縣土地典押非常少，但土地典押「大部故因未稅而無從查考者也……其數當在買賣件數之上也。」〔註116〕

表 2.25：1936 至 1950 年（土改前）沔陽縣牛路鄉沙嶺村土地變化情況

1936 年～1945 年佔地變化戶數	占總戶數百分比	1945 年～1950 年（土改前）佔地變化戶數	占總戶數百分比	1936 年～1950 年佔地未變化戶數	占總戶數百分比
165	44.96	149	40.60	136	37.06

資料來源：根據湖北省土地改革委員會：《沔陽縣牛路鄉沙岑村逐戶歷史情況調查表》整理，1951 年，湖北省檔案館藏，檔案號：SZ37-01-0420-001。

　　由上表可知，1936 年至土改前沔陽縣牛路鄉沙嶺村地權的變動是非常劇烈的，在總共 367 家農戶中，抗日戰爭期間有 45% 左右的農戶土地佔有發生變化，而從抗日戰爭勝利到土改之前的 5 年期間也有四成農戶的土地佔有發生變化。抗戰前到土改前完全未變的僅占全部農戶的 37.06%，換言之，從 1936 年至土改前，共有 231 家農戶土地佔有數目發生變化，占農戶總數的 62.94%。在陽新縣林門鄉，從抗戰前到土改前的 331 戶農戶中，土地佔有數目發生變

〔註116〕潘洄：《黃岡縣之租佃制度》，蕭錚主編《民國二十年代中國大陸土地問題資料》，臺北：成文出版社 1977 年版，第 31119 頁。

化的由 187 戶，占 56.50%。〔註 117〕該鄉無地戶較多，土地未有變動中的農戶有相當一部分屬該群體。這些資料都說明了民國後期湖北省地權變動的劇烈程度，地權轉移的頻率非常高。

湖南省三四十年代農戶的土地變動，我們缺乏具體的資料，但從各階層的變化上，我們也可以看出些許端倪。

表 2.26：1936 年至 1948 年桂陽縣樟市鄉各階層戶數變化情況（單位：戶）

年份	地主	富農	佃富農	小土地出租者	工商業者	舊官吏	宗教職業者	中農	貧農	雇農	游民	手工業者	小販	貧民
1936 年	30	13	2	42	26	2	1	276	547	70	37	48	57	62
1948 年	35	18		54	36	5	3	315	375	35	18	33	39	48

資料來源：中南軍政委員會土地改革委員會調查研究處編：《中南區一百個鄉調查資料選集》，1953 年版，第 45 頁。

土改時期的階級劃分雖然以是否存在「剝削」為標準，但是通常情況下，土地佔有多少決定著農戶劃入哪個階級或階層。1936 年至 1948 年之間，樟市鄉的階級變動較為劇烈，在此期間，地主階級成分未發生變化的為 22 戶，有 3 戶富農、1 戶佃富農、2 戶小土地經營者、1 戶工商業者、1 戶游民上升為地主階級，另有 4 戶地主由分家、1 戶遷移而來。這 35 戶地主中，至少有 13 戶地主土地佔有發生了變化（8 戶上升而來的地主，4 戶分家而來的地主至少源自 1 家原地主）。再如中農，成分未變的有 166 戶，有 4 戶地主、4 戶富農、6 戶小土地出租者、75 戶貧農、4 戶雇農、2 戶游民、4 戶小販、3 戶貧民下降或上升成為中農，另有 21 戶由分家、26 戶由遷移而來。〔註 118〕另如瀏陽縣三口鄉，抗戰前有 49 戶地主，到 1948 年為止，降為富裕中農的 3 戶，降為中農的 2 戶，降為貧農的 2 戶，降為貧農的 4 戶，變為工商業者 1 戶，變為舊官吏 1 戶，降為游民的 1 戶，遷出 1 戶，假設地主變為工商業者、舊官吏和遷出戶土地不變，則有 12 戶土地佔有發生變化，佔地主總戶數的 24.49%；而在 19 戶富農中，沒有變動的僅 6 戶，除 1 戶遷出外，其他 12 戶階級變動

〔註 117〕《陽新縣第八區林門鄉各村逐戶調查表》，湖北省檔案館藏，檔案號：SZ37-01-0269-001。

〔註 118〕中南軍政委員會土地改革委員會調查研究處編：《中南區一百個鄉調查資料選集》，1953 年版，第 45 頁。

的農戶占富農總戶數的 63.15%。〔註119〕這些農戶的階級變動通常情況下意味著土地佔有發生了變化。湖南省在民國後期階級變動的頻繁反映出地權高流動性，如果考慮到未變動的階級也存在著土地佔有的增多和減少，那麼實際的地權變動要比階級變動說反映出來的情況更為劇烈。

總體來說，清代後期之後，兩湖的土地流轉頻率加快，但是仍有一些交易習慣制約著土地的自由交易。20 世紀後，法制的近代化使習慣法、宗族法的作用逐漸減弱，制約著土地自由流動的各種因素隨之削弱，加速了地權的流轉。20 世紀三四十年代兩湖地區達到了土地流轉的一個高峰，農戶佔有的土地頻繁變動。但這一時期土地的快速流動是非正常現象，它與社會的畸形化有極大的關係。

（三）地權變動的原因

影響地權分配長期趨勢的兩個因素是傳統的諸子均分家產制度和土地自由買賣，但在短時期內，影響地權變動的因素要複雜許多，甚至非經濟因素在某些時期某些地區起著主導作用，這些需結合具體的社會經濟狀況具體分析。如前文所知，20 世紀以後特別是三四十年代的兩湖地區土地流動異常頻繁，下文我們將以這段時期為主探究分家制度以外的導致地權變動的各種因素。

1. 苛捐雜稅

在清代，田賦由地丁稅和糧稅組成，在康熙十二年諭令對新增人丁永不加賦後，地丁的徵收較為固定，農民負擔的增加在於各類田賦附加、各項規費和地方捐稅的產生和增加。晚清以後，由於戰爭和現代化的影響，各類附加稅大大增加。〔註120〕此外，農民還常常受到基層稅收人員的盤剝。據統計，1858年湖北省有漕州縣一般農戶的實際負擔，至少是原定徵額的二倍。〔註121〕到清末，由於政府財政的極度匱乏，農業稅不斷加重，主要表現在對舊稅的不斷加派和新開捐稅的層出不窮。〔註122〕民國初期，由於軍閥的混戰，軍事開支與日俱增，湖北省北洋當局不得不增加稅收來源，這其中有相當大一部

〔註119〕湖南省土地改革委員會：《瀏陽縣三口鄉調查材料》，1952 年，湖南省檔案館藏，全宗號：145，目錄號：1，卷號：93。

〔註120〕參見王業鍵：《清代田賦芻論》，人民出版社 2008 年版，第 13、63～68 頁。

〔註121〕陳鈞、張元俊、方輝亞主編：《湖北農業開發史》，中國文史出版社 1992 年版，第 153 頁。

〔註122〕陳鈞、張元俊、方輝亞主編：《湖北農業開發史》，中國文史出版社 1992 年版，第 201～203 頁。

分落到農民頭上，「僅 1913～1920 年的七年中，全省田賦即增加了近三倍。」
〔註 123〕國民政府成立後，此種狀況仍未緩解，在 30 年代，湖北省各縣的附稅
普遍超過正稅，正附稅之比最高的利川縣，附稅為正稅的 86 倍，興山、保康
分別為 41、31 倍。這使當時的調查人員意識到，湖北農民的負擔問題的重心，
在於負擔的普遍過重，「即無從限制，苛斂重徵的附加，已成為收入的主體。」
〔註 124〕湖北附加稅的名目眾多，如監利縣就有省附捐解、地丁堤費、漕米堤
費、五釐學捐、縣學捐、串票捐、縣府捐、田畝捐、田畝捐附加、保甲經費
等等。〔註 125〕附加稅的加重和多樣給了基層稅收人員更多上下其手的機會，
而政府又缺乏監管，「國家的對鄉村社會的控制能力低於其對鄉村社會的榨取
能力」，〔註 126〕農民的負擔由此更加沉重。

　　晚清湖南的田賦，地丁和漕糧的稅額從雍正時期的 1443808 兩增加到清
末的 2503310 兩，民國以後，湖南的田賦附加稅大量增加，1934 年的數據顯
示，湖南田賦附稅是正稅的 4 倍，學者推測民國初年的田賦較之清季高出不
下 4 倍。〔註 127〕依據王業鍵的研究，清季增加的田賦負擔是低微的，其理由
一是土地畝產倍增，二是八國聯軍的賠款，湖南省所負擔的部分並不是出自
田賦，而是鹽斤加價。〔註 128〕但民國以後，各類附加稅的增加使農民的負擔
逐漸加重，如 30 年代的醴陵縣，「所應繳的副（附）加，比原來應繳的正銀，
至少要多出一倍」，此外，有田之人，還要徵收所謂的「學捐」、「畝捐」、「團
練」、「義倉」等稅捐。〔註 129〕安鄉縣的稅收包括田賦及附加、畝捐、垸費等
幾種。在 1931 年，附加稅是正稅的 2 倍左右，1934 年團防附加歸入畝捐項下
徵收，又增加了公路費和水利基金兩項，附加稅金額達到 74410 元，比 1931
年的 64313 元增加了 15.70%。在畝捐及湖區特有的垸費方面，安鄉縣的同慶

〔註 123〕陳鈞、張元俊、方輝亞主編：《湖北農業開發史》，中國文史出版社 1992 年版，
　　　　　第 219 頁。
〔註 124〕孫曉村編：《田賦附加稅及攤派》，《農村復興委員會會報》1934 年第 12 期，
　　　　　第 140 頁。
〔註 125〕孫曉村編：《田賦附加稅及攤派》，《農村復興委員會會報》1934 年第 12 期，
　　　　　第 144 頁。
〔註 126〕杜贊奇：《文化、權力與國家——1900～1942 年的華北農村》，江蘇人民出版
　　　　　社 2010 年版，第 53 頁。
〔註 127〕張朋園：《湖南現代化的早期進展 1860～1916》，嶽麓書院 2002 年版，第 240
　　　　　～241 頁。
〔註 128〕轉引自張朋園：《湖南現代化的早期進展》，嶽麓書院 2002 年版，第 240 頁。
〔註 129〕士鏗：《醴陵的田賦制度》，《華年》1935 年第 16 期，第 315 頁。

垸，每畝出銀 1.31 元，其中佃戶須出銀 0.385 元，業主出 0.925 元，同時，每畝還需捐穀 2.45 斗，其中佃戶 1.25 斗，業主 1.2 斗。此外，還需要給基層徵稅人員額外的費用，同慶垸 1935 年一次給所謂的「催款委員」伕馬費 36 元，全縣 630 多個垸子，這樣的費用要 2 萬元以上。〔註 130〕

田賦以及各類附加稅的增加使有地戶負擔加重，農戶或者因家庭經濟的惡化不得不出賣土地，或者想減輕稅收負擔而出賣土地，有時候地主也不例外。因苛捐雜稅而出售土地的例子很多，比如 30 年代湖北江陵某村農民，「因捐稅苛重，稻田瘦瘠，又輒患水災，乃於豐收之年，將田地典賣他人，而仍襲佃其地，結果買主致受累不淺。」此人賣地，主要是為了減輕捐稅負擔。又有沙市李某，購良莠不齊之田千餘畝，李某昔日為富戶，不到十年，「因受捐稅之累，已虧負不淺矣。」〔註 131〕雖然未知李某之前是否出售過田地，但如果家庭經濟持續惡化下去，出售土地便是必然的事情。湖南醴陵縣，由於捐稅的苛重，「曾經有一個時候，願將自己所有的田土一概出售的，每日必有數處，但是願意去買得的，卻無一人。」〔註 132〕瀏陽縣三口鄉，抗戰前原有 19 戶富農，在苛捐雜稅的盤剝下，數戶出賣土地而降了階級成分：1 戶降為小土地出租者，3 戶降為富裕中農，3 戶降為中農，3 戶降為佃中農，3 戶降為赤貧。〔註 133〕由此可見，苛捐雜稅的加重是民國中後期兩湖地區土地頻繁流動的主要原因之一。

2. 農家負債

有關包括兩湖在內的長江中下游地區的農家負債和地權異動的關係，徐暢在專文中有過較為詳細的論述。在 20 世紀 30 年代長江中下游各省中，農戶土地抵押、典當借貸成數，湖南省田地抵押借貸戶數占農戶數比例較高，為 42%，湖北省為 30.2%。這麼大的反差並非湖北省農村經濟較好，而是湖北（及安徽、江西）「為國共雙方發生激烈軍事衝突的主戰場，農戶借貸更加困難，債主對擁有土地的安全性產生懷疑，所以大多不願接受土地抵押、典當借貸。」30 年代前期中國農村經濟衰敗，長江中下游地區農戶負債比例上升，

〔註 130〕伍忠道：《湖南安鄉縣農村的稅捐和高利貸》，《中國農村》1935 年第 8 期。

〔註 131〕金陵大學農學院農業經濟系編：《豫鄂皖贛四省之租佃制度》，1936 年版，第 12 頁。

〔註 132〕士鏗：《醴陵的田賦制度》，《華年》1935 年第 16 期，第 315 頁。

〔註 133〕湖南省土地改革委員會：《瀏陽縣三口鄉調查材料》，1952 年，湖南省檔案館藏，全宗號：145，目錄號：1，案卷號：93。

還債能力下降，農戶因土地典押借貸而喪失了一定數量的土地，從而導致了地權一定程度的集中化。〔註134〕

　　根據土改時期的調查，1948年湖北20個鄉總共11565戶農戶負債戶2779戶，負債戶占總戶數的24.03%，湖南省15個鄉10640戶農戶中負債戶3566戶，負債戶占總戶數的33.42%。〔註135〕應該說並不算很高，但這些數字並不能全面反映兩湖農村社會農戶負債的狀況，一方面，它可能更多代表兩湖地區經濟狀況較好的鄉村，經濟狀況較差的如道縣的20個村莊負債戶占到了總農戶數的63.7%，最高的清溪村農戶負債率達到了100%；〔註136〕另一方面，它也無法反映鄉村中潛在的負債農戶，因為很多貧窮的農戶因為缺乏抵押品（通常為土地）而借不到錢。農村負債戶大都是潛在的土地產權喪失者。在各階層中，中農和貧農是負債的主要階層，1948年湖北省這20個鄉中，中農和貧農的負債戶占總負債戶的80%，湖南省則占到了83.91%。〔註137〕中農暫且不論，貧農償還債務能力是偏低的，一旦欠債，就有很高的風險失去土地，如衡山縣安石鄉十五保的顏升生、周貴林分別於1945年、1946年借穀20石、15石，最終都是以賣田來換債。〔註138〕

　　土地作為農民最重要的資產，不到萬不得已絕不會出售。農家負債則通常說明農戶的家庭經濟出現不良狀況，在20世紀三四十年代兩湖（甚至是整個中國）的經濟環境持續惡化的情況下，負債可能意味著家庭經濟陷入絕境的開始，而對負債的有地戶來說，也可能是出售土地的開始。

3. 土地革命

　　兩湖的農民運動開始於1923年湖南衡山縣，其後，隨著國民革命軍北伐的順利進行，逐漸擴散到兩湖的其他地區，到國民政府成立之前，兩湖成為當時中國農民運動最為激烈的地區。國民革命時期的農民運動並未觸及地權問題，但為其後中共控制的根據地的土地革命打下了基礎。中共在根據地建

〔註134〕徐暢：《農家負債與地權異動——以20世紀30年代前期長江中下游地區農村為中心》，《近代史研究》2005年第2期。

〔註135〕中南軍政委員會土地改革委員會編：《中南區一百個鄉調查統計表》，1953年版，第78～79頁。

〔註136〕徐特夫：《湖南省道縣農村經濟調查》，《農聲》1943年第230期。

〔註137〕中南軍政委員會土地改革委員會編：《中南區一百個鄉調查統計表》，1953年版，第78～79頁。

〔註138〕新湖南報編：《湖南農村情況調查》，新華書店中南總分店1950年版，第102頁。

立蘇維埃政權後,開始著手進行土地革命,主要的措施是沒收豪紳、地主、公產土地,分配給無地、少地的農戶。〔註139〕在革命運動的作用下,在中共控制的地區地權短時間內迅速分散,如陽新縣林門鄉上林村,1929 年地主佔有全部耕地的 23.5%,1933 年降為 12.2%,富農佔地從 31.3%降到 17.2%,而中農佔地由 1929 年的 17.4%上升到 20%,貧農佔地則由 8.5%上升到 21.4%。革命失敗後,土地仍然出現分散趨勢,到 1950 年,地主、富農、中農佔地分別為 10.11%、13.6%、24%。〔註140〕

　　湖南瀏陽縣三口鄉也出現類似情況,在 1930 年後土地因革命出現分散。地主在土地革命中受到打擊後,心有餘悸,廢除了「莊雞、莊稈、莊工」等額外剝削,並減輕了地租,從以前的每畝租穀 2 石降為 1.3 石,有利於佃戶經濟狀況的改善。同時,地主對佔有土地心存疑慮,「舊地主寧願出賣土地供其揮霍,新地主從事工商業高利貸,不重視地租。」〔註141〕這也給了無地、少地戶購買耕地的可能。

　　從以上例子可以看出,土地革命的影響是持續的,並未因革命的失敗而消失。因受革命影響的地權轉移有政治剝奪和經濟買賣兩種方式,仍以陽新縣上林鄉為例,在革命期間,地主、富農被殺絕各 1 戶,土地成為無主之地,革命失敗後,「地主對土地之信心稍減,故降財產轉移工商業或公會。」另有一些地主富農因參加革命而被國民黨政權剝奪土地。在中農、貧農佔地比例上升方面,土地革命期間廢除舊債使農民經濟狀況稍有好轉,加之革命後人口減少,土地價格下跌,農民得以購入一些土地。〔註142〕雖然土地革命的作用在兩湖侷限於中共所控制的根據地範圍,但它所產生對地權變動的劇烈影響是其他因素無法比擬的。

〔註139〕譚克繩、歐陽植梁主編:《鄂豫皖革命根據地鬥爭史簡編》,解放軍出版社 1987 年版,第 257 頁。

〔註140〕湖北省委政研室陽新調研小組:《湖北省委政研室關於陽新縣五區金門鄉上林行政村「大革命以來人口、土地變動及政治情況演變調查報告」》,1950 年,湖北省檔案館藏,檔案號:SZ02-0045-002。

〔註141〕湖南省土地改革委員會:《瀏陽縣三口鄉調查材料》,1952 年,湖南省檔案館藏,全宗號:145,目錄號:1,卷號:93。

〔註142〕湖北省委政研室陽新調研小組:《湖北省委政研室關於陽新縣五區金門鄉上林行政村「大革命以來人口、土地變動及政治情況演變調查報告」》,1950 年,湖北省檔案館藏,檔案號:SZ02-0045-002。

4. 社會不良風氣

20 世紀前半期的兩湖有兩種對鄉村社會危害很大的社會不良風氣——吸食鴉片和賭博。對農民來說，這兩種容易上癮的嗜好侵蝕著他們的肉體和精神，不僅使染上的人不思勞作，更會耗費家庭的財富，造成家庭經濟的破產。據安陸人陳範回憶，其遠族有一位叫壽堂的人，早年染上煙癮，最終賣盡家產，潦倒不堪。嗜好鴉片的人，「除掉極少數擁有雄厚經濟基礎的大地主而外，一般是：始而出售田地房屋，繼而零星賣衣物，終至家產蕩盡，借貸無門，窮愁潦倒，以至於死。」〔註143〕

相對於吸食鴉片在經濟方面的有出無入，賭博所具有的不勞而獲甚至一夜暴富的可能性對農民來說更具有誘惑力和欺騙性，同時，由於鄉村社會娛樂極度缺乏，賭博成為一種正常的消磨時間的方式，得以在鄉村中泛濫。在30 年代有關兩湖農村經濟的調查中，一旦提到鄉間弊病，賭博通常居於重要地位。染上賭癮的人，除了極少數人能暴富外，絕大多數因此家庭經濟惡化，甚至破產，以致到賣田賣屋的地步。湖南茶陵縣廟市鄉，在 40 年代賭風很盛，每年大賭兩次，即三四月間大蒜出產（大蒜為廟市鄉主要經濟作物）賭一次，七八月收棉花時賭一次。該鄉有百分之六十的農民有賭癮，三月農忙，他們也天天趕賭，不理農事。貧農譚世仔田裏草比禾還高也不管，貧農譚忠連（原是中農）更是因賭博輸掉茶山一塊，田四畝，房屋兩間，最後甚至賣兒子還債。〔註144〕

以上只是吸食鴉片和賭博造成兩湖鄉村農民失地的一角，作為三四十年代普遍性的不良社會風氣，它們是農村經濟中的隱患，必然有相當一部分農戶因這兩種嗜好導致家庭經濟惡化而失去土地。因此，它們對地權變動的影響也不能小視。

從根本上來說，20 世紀前半期的兩湖鄉村社會裏，農民頻繁喪失地權，是農村社會經濟畸形化的一個體現，特別是三四十年代，兩湖鄉村出現高頻率的地權轉移，已非經濟規律可以解釋。整個 20 世紀前半期的兩湖，農村經濟整體上呈衰退趨勢，再加上頻繁的自然災害，農家經濟本身就是脆弱的，

〔註143〕陳範：《解放前安陸縣見聞雜憶》，《湖北文史資料》1990 年第 4 輯，第 210
頁。

〔註144〕湖南省土地改革委員會：《茶陵縣廟市鄉典型調查材料》，1952 年，湖南省檔
案館藏，全宗號：145，目錄號：1，案卷號：125。

一旦農民的負擔加重，就有可能陷入破產的境地。因為整體政治、經濟、社會環境的不良，20 世紀前半期的兩湖社會是高風險的社會，以上因素正是這種高風險的表現方式。因此，我們也可以說，正是這種高風險造成了農家經濟的不確定性從而導致了地權變動的頻繁性。

第三章　兩湖地區農戶的土地經營

　　農戶經營土地的類型，有自耕、出租及雇工耕種三種。30 年代土地委員會的調查顯示，兩湖地區土地完全出租的地主占農村總戶數的百分比很小，湖南省為 1.63%，湖北則為 0.97%，這些地主中有相當一部分為僅佔有少數土地但家中缺乏勞動力的小土地出租者。占百分比最高的是自耕農，湖南為 30.10%，湖北為 48.26%。土地出租戶（包括地主、地主兼自耕農、地主兼自耕農兼佃農、地主兼佃農）合計湖南為 8.39%，湖北為 3.56%；土地租入戶（包括佃農、自耕農兼佃農、佃農兼雇農、地主兼自耕農兼佃農、地主兼佃農）合計湖南為 47.221%，湖北為 43.19%。〔註 1〕從這些數據看，兩省平均大約 5%強的農戶出租土地，而近一半的農戶租入土地。單獨的類型戶以自耕農為最多，但我們需要注意的是，所謂的自耕可能並非指完全依靠家庭勞動力，而是存在著雇工耕種的可能性。其他類型戶，如地主、地主兼自耕農甚至佃農都有雇工生產的例子。因此，儘管土地委員會調查的雇農戶（包括佃戶兼雇農和雇農）百分比，湘鄂兩省分別為 0.845%和 0.57%，〔註2〕但雇工經營在兩湖地區農戶的土地經營中依然有重要的地位。

一、土地利用

　　美國經濟學家舒爾茨的研究表明，傳統農業生產要素配置展現了較高的效率，而並非如以往認識的那樣無效率，我們「所看到的貧窮狀況並不是要

〔註 1〕土地委員會編：《全國土地調查報告綱要》，1937 年版，第 34 頁。
〔註 2〕土地委員會編：《全國土地調查報告綱要》，1937 年版，第 34 頁。

素配置有什麼明顯的低效率而造成的」。〔註3〕傳統農業持續了上千年，農民代代流傳下來的豐富生產經驗足以合理地利用自己所擁有的資源。對兩湖來說，明清以來農業耕作逐漸從粗放轉向集約，農民需要利用有限的土地資源進行更有效率的耕作才能得到更多的收入，這一切是因為這一時期人口的膨脹導致耕地的稀缺。

（一）人地關係

清中期以後人口迅速增長，兩湖地區的人均耕地也急劇下降。何炳棣甚至認為：「19 世紀中期的長江流域比今天（指 20 世紀五六十年代——引者注）還要人煙稠密。」〔註4〕20 世紀前半期兩湖地區的人地矛盾同樣尖銳，大體情況我們可以從第一章湘鄂兩省人口與耕地的情況可以看出來。下文我們將具體分析兩湖的人地關係，首先看下表。

表 3.1：20 世紀 30 年代兩湖部分縣人口、耕地情況

省別	調查縣份	總戶數		耕地面積（畝）	平均攤得畝數	
		戶數	人數		每戶	每人
湖南	43	3295578	17234652	28661796.605	8.70	1.66
湖北	48	3269008	17265237	32969597.927	10.09	1.91

資料來源：土地委員會：《全國土地調查報告綱要》，1937 年版，第 23 頁。

依照上表，以平均計，兩湖地區戶均 9.39 畝，人均 1.79 畝。就南方水稻區而言，兩湖的人均耕地數高於廣東（0.88 畝）、低於江蘇（2.90 畝）、浙江（2.27 畝）、安徽（2.06 畝）、江西（2.81 畝），與四川（1.75 畝）、福建（1.69 畝）、廣西（1.69 畝）大致相當，屬中等水平。〔註5〕如以農戶計，湖南每農戶擁有耕地 13.88 畝，人均 2.78 畝，湖北每農戶 12.69 畝，人均 2.51 畝。土改時期對湖南 15 個鄉、湖北 20 個鄉的調查則顯示，抗戰前，湖南戶均 8.28 畝，湖北戶均 10.31 畝。〔註6〕這與上表中湘鄂兩省戶均佔有耕地大致相當。再看 1948 年的情況，見表 3.2：

〔註3〕（美）舒爾茨著，梁小民譯：《改造傳統農業》，商務印書館 2006 年第 2 版，第 32～46 頁。

〔註4〕（美）何炳棣著，葛劍雄譯：《明初以降人口及其相關問題（1368～1953）》，生活·讀書·新知三聯書店 2000 年版，第 320 頁。

〔註5〕土地委員會：《全國土地調查報告綱要》，1937 年版，第 23 頁。

〔註6〕中南軍政委員會土地改革委員會編：《中南區一百個鄉調查統計表》，1953 年版，第 12、14 頁。

表 3.2：1948 年中南區六省一百個鄉人口、耕地情況

省別	調查鄉數	總戶數		耕地面積（畝）	平均攤得畝數	
		戶數	人數		每戶	每人
湖南	15	10640	42661	82447.59	7.75	1.93
湖北	20	11565	48177	108669.94	9.4	2.25
河南	14	6567	32019	110527.93	16.83	3.45
江西	14	8106	33527	77953.16	9.16	2.32
廣東	15	9186	36887	52287.07	5.69	1.41
廣西	22	10425	45289	107352.91	10.3	2.37
合計	100	56479	238560	539218.6	9.55	2.26

資料來源：中南軍政委員會土地改革委員會編：《中南區一百個鄉調查統計表》，1953年版，第26～45頁。

　　從上表看，湖北省 20 個鄉的人均耕地與中南區六省的平均數相當，而湖南省 15 個鄉則低於平均水平。土改調查中，抗戰前的數據是回憶性的，可能存在一定程度上的誤差，但 1948 年的數字是基於 1950 年的調查，具有較高的準確性。因此，我們可以推測，在土改前兩湖地區人均耕地在 2 畝左右，如以農戶計，大約略高於 2 畝，不到 3 畝。我們再具體看一些鄉村的情況，如下表：

表 3.3：土改前兩湖部分村（保、鄉）人口、耕地情況

湖南					
村（保、鄉）	戶數	人數	耕地	戶均耕地（畝）	人均耕地（畝）
益陽三區蘭濱鄉五保	1235	6313	9210.1338	7.45	1.4589
湖南邵陽震中鄉十七保	497	1942	1984.508	3.993	1.0219
湖南益陽七區桃林鄉第十二保	786	3271	3220.48	4.097	0.985
湖南邵陽某村	128	515	580.47	4.535	1.127
寧鄉第四區洋泉鄉第八保	538	3045	5640.445	10.484	1.852
衡山一區安石鄉十五保	458	2034	2687.16	5.867	1.321
衡陽第六區第六保	230	915	1845.2	8.023	2.017

湘潭黃龍鄉	602	3391	6811.1	11.314	2.008
沅江三區十一保	928	4771	9302.92	10.025	1.95
武岡二區三嵐村	680	3083	2398.35	3.527	0.778
瀏陽縣九區中安鄉	854	3541	4384.6	5.134	1.238
長沙榔梨鄉河西四保中的九保	411	2348	3035.32	7.385	1.293
沅陵信平鄉第三保	226	992	1124.11	4.974	1.113
合計	7576	36161	52224.8	6.893	1.444
湖北					
武昌縣紙坊鄉熊家嶺村	609	2101	4775.47	7.841	2.273
監利縣新溝區五熊村	198	862	1844.91	9.318	2.14
監利縣新溝區中九古村	184	882	2639.349	14.334	2.994
安陸縣城關區草廟村	211	839	1670.48	7.917	1.991
鄖縣太平村	844	3250	2279.53	2.701	0.701
鄖縣太山村	812	3442	11180.5	13.769	3.248
沔陽縣通海口區小河口村	194	872	2056.82	10.602	2.359
沔陽縣六區楊家場村	298	1347	1640.4	5.505	1.218
沔陽縣七區南洲村	383	2074	4163	10.869	2.007
沔陽縣通海口區左家橋村	192	746	1723.8	8.978	2.311
嘉魚縣魚岳區十五保	303	1068	4011.3	13.239	3.756
合計	4228	17483	37985.56	8.984	2.173

資料來源：1.湖南省土地改革委員會：《省內各地區階級關係與土地關係統計表》，1950
年，湖南省檔案館藏，全宗號：145，目錄號：1，案卷號：64。2.湖北省
委政研室：《徵詢土改意見 29 個村分田擬算統計》，1950 年，湖北省檔案
館，SZ1-02-0047-008。原表 29 個村，其中 18 個村土地面積單位為「斗」，
各地「斗」的大小不一，故本表僅選土地面積單位為「畝」之村莊。

　　上表中，湖南省 13 個村（鄉、保）的人均耕地僅 1.444 畝，有 8 個村在
這個平均數以下，僅 2 村超過 2 畝，但也只超過少許。這 13 個村基本是處於
湖南核心農業區，說明湖南農業發達的地區人地矛盾是異常尖銳的。

圖 4　湖南的一個村莊（永州，1900 年）

說明：從圖中上看，村莊屬丘陵地形，從房屋數量上可以看出此地人煙頗為稠密。

資料來源：http://hpc.vcea.net/Asset/Preview/dbImage_ID-22258_No-1.jpeg。

　　表 3.3 中，湖北省的情況略好，平均計 2 畝上下，大致在糊口線水平，這在湖北已經是較為樂觀的情況。土改時對黃岡專區 8 個縣（麻城、浠水、羅田、黃岡、蘄春、英山、黃梅、廣濟）的調查統計，總人口 4044151 人，總耕地 4765173 畝，人均僅 1.18 畝。〔註7〕據 1950 年湖北省農業普查的數據，建國初各專區中，襄陽專區人均耕地 3 畝為最高，黃岡專區 1.26 畝為最低。黃岡、孝感、大冶、鄖陽四專區人均耕地在一畝至二畝之間，沔陽、荊州、宜昌、襄陽、恩施五個專區人均耕地在二畝至三畝之間。在二畝至三畝這一區間中，宜昌、襄陽、恩施都是旱地為多，占總耕地在 59%至 72%。〔註8〕

〔註 7〕湖北省政研室：《湖北省 1951 年下半年土地改革與覆查地區人口統計表》，湖北省檔案館藏，檔案號：SZ1-02-0071-009。

〔註 8〕湖北省農業廳：《湖北省 1950 年農業普查初步總結》，1950 年，湖北省檔案館藏，檔案號：SZ107-02-0003-001。

由於旱地的生產能力較水田弱，這三個專區的人均耕地雖然高於平均水平，但在生產上並沒有優勢。我們再看江漢平原具有代表性的一個縣——沔陽縣的情況，如表 3.4：

表 3.4：1950 年沔陽縣各區戶口、人口及耕地情況

區別	戶數	人口	耕地	戶均（畝）	人均（畝）	農戶數	農戶人口	農戶耕地戶均（畝）	農戶耕地人均（畝）
第一區	22424	103778	234522.3	10.46	2.26	22090	102352	10.62	2.29
第二區	19924	100695	166495.22	8.36	1.65	18013	93051	9.24	1.79
第三區	23327	108436	159556.186	6.84	1.47	22658	102206	7.04	1.56
第四區	10793	57576	105255.17	9.75	1.83	10013	52821	10.51	1.99
第六區	10819	61861	117607.37	10.87	1.90	10230	52074	11.50	2.26
第七區	13700	72452	132316.2	9.66	1.83	12814	67362	10.33	1.96
第八區	13608	63763	116490.45	8.56	1.83	12249	60617	9.51	1.92
第十區	11217	56624	119430.35	10.65	2.11	9959	50821	11.99	2.35
第十一區	9705	47124	83788.98	8.63	1.78	9317	44104	8.99	1.90
第十二區	5119	26667	35663.109	6.97	1.34	4317	23459	8.26	1.52
第十三區	14203	68177	115121.36	8.11	1.69	12236	66804	9.41	1.72
合計	154839	767153	1386246.695	8.95	1.81	143896	715671	9.63	1.94

資料來源：湖北省農業廳：《沔陽縣第一至三區 1950 年農業普查一般行政村調查表》，湖北省檔案館藏，檔案號：SZ37-01-0571-001；《沔陽縣第四至七區 1950 年農業普查一般行政村調查表》，缺第五區數據，湖北省檔案館藏，檔案號：SZ37-01-0572-001；《沔陽縣第八至九區 1950 年農業普查一般行政村調查表》，缺第九區數據，湖北省檔案館藏，檔案號：SZ37-01-0573-001；《沔陽縣第十至十三區 1950 年農業普查一般行政村調查表》，湖北省檔案館藏，檔案號：SZ37-01-0574-001。

根據上表的數據，沔陽縣的人均耕地較之沔陽專區（轄沔陽、漢川、漢陽、嘉魚、蒲圻、監利、石首七縣）為低。沔陽縣的人均耕地在 1.8 畝左右，農戶人均耕地在 2 畝左右，11 個區中，有 8 個區的農戶人均耕地低於 2 畝，結合其他資料看，江漢平原各縣各區的人均耕地皆在 2 畝左右或 2 畝以下，如公安縣申津渡區，人均耕地 2.11 畝，城關區 2.18 畝，閘口區 2.31 畝；〔註 9〕天門縣蘆市區人均 1.87 畝，橫林區 1.68 畝，徐黃區 1.69 畝，皂市區 1.58 畝；

〔註 9〕湖北省農業廳：《公安縣 1950 年農業普查分區調查大綱及分村、按戶調查表》，1950 年，湖北省檔案館藏，檔案號：SZ37-01-0309-001。

〔註10〕潛江縣總口區 1.96 畝。〔註11〕總體而言，江漢平原的人均耕地應屬湖北省的平均水平。

綜觀整個兩湖地區，人均耕地大致在 2 畝的上下，但這其中有一部分是貧瘠的土地。就兩湖土地質量較好的核心農業區，江漢平原的人地狀況稍好，尚能維持在溫飽線上下，而鄂東、湘中、湘東及湘北一帶人均耕地可能不到 1.5 畝，不足以維持家庭生計。這種狀況加重了鄉村社會土地所有權、耕種權的爭奪，也極大地影響了農戶對土地的經營。

（二）生產要素狀況

土地、勞動力、農具、耕畜、肥料等農業生產要素存在的問題是近代以來中國農業處於較低水平的主要原因之一，兩湖也同樣存在類似狀況，下文我們選取一些主要問題分析。

1. 土地的零碎化

土地零碎化是宋代以來土地交易的高頻率和零細化所造成的後果，〔註12〕同時，傳統的分家制度也導致了土地的分割。據卜凱在 30 年代的調查，全國每個田場平均有田一至五塊者，占所有田場三分之二，每田場有田六至十塊者，超過五分之一。〔註13〕該調查兩湖地區的數據如下表：

表 3.5：兩湖地區平均每田場田地塊數、垻數及大小數量表

縣別	田地塊數	田地垻數	田塊之平均大小（公頃）	田垻之平均大小（公頃）
湖北				
鍾祥	8.2	11.9	0.24	0.16
浠水	2.9	7.0	0.22	0.07
天門	1.6	——	1.02	——
棗陽	2.9	3.1	0.29	0.28
應城	3.5	14.1	0.22	0.06

〔註10〕湖北省農業廳：《天門縣蘆市、徐黃、天北等區 1950 年農業普查分村、按戶調查表》，1950 年，湖北省檔案館藏，檔案號：SZ37-01-0533-001。

〔註11〕湖北省農業廳：《潛江縣總口等四個區 1950 年農業普查分類表》，1950 年，湖北省檔案館藏，檔案號：SZ37-01-0538-001。

〔註12〕龍登高：《11～19 世紀中國地權市場分析》，《中國農史》1997 年第 3 期。

〔註13〕（美）卜凱：《中國土地利用》，金陵大學農學院農業經濟系 1937 年版，第 216 頁。

雲夢	6.9	9.7	0.08	0.06
平均	4.33	9.16	0.345	0.126
湖南				
常寧	2.9	14.3	0.25	0.06
常德	6.3	6.3	0.12	0.12
郴縣（一）	3.9	6.6	0.17	0.10
郴縣（二）	5.7	16.5	0.19	0.06
衡陽	3.3	20.5	0.34	0.05
臨湘	3.6	11.7	0.12	0.03
新化	4.9	10.3	0.23	0.11
武岡	3.3	47.9	0.27	0.02
益陽	2.7	15.4	0.09	0.01
平均	4.07	16.61	0.20	0.062

資料來源：（美）卜凱主編：《中國土地利用統計資料》，金陵大學農學院農業經濟系 1937 年版，第 47 頁。

　　從上表看，湘鄂兩省每田場塊數接近，大致在 4 塊左右，田坵數則湘省比鄂省高出許多，最高者武岡縣達到了 47.9 坵。田塊之平均面積，湖北為 0.345 公頃（5.175 畝），湖南為 0.2 公頃（3 畝），每坵田之平均面積，湖北為 1.89 畝，湖南為 0.93 畝。從這些數據看，湖南的耕地比湖北更為細碎，這可能與湖北的旱地比例高有關，全國而言，田塊的平均大小，小麥地帶為 0.47 公頃（7.05 畝），水稻地帶 0.32 公頃（4.8 畝）；田坵的平均大小，「小麥地帶每坵平均大於水稻地帶三倍有奇。」〔註 14〕

　　土地的零碎化給農業生產帶來了很大的負面影響。以湘西為例，有調查者對上湘西 8 縣（晃縣、辰溪、芷江、漵浦、乾城、瀘溪、沅陵、桃源）109 戶農戶做了調查，數據顯示，平均每戶農地塊數為 15 塊，不滿 10 塊者占 42%，10 塊至 50 塊者占 53%，甚至有少數幾戶達到 100 塊以上。〔註 15〕調查者總結

〔註 14〕（美）卜凱：《中國土地利用》，金陵大學農學院農業經濟系 1937 年版，第 216、219 頁。

〔註 15〕張宗禹：《上湘西各縣農業經營與農業金融之初步研究》，《湖南經濟》1948 年第 3 期。

了土地零碎化的 8 個弊端：

> 1.勞動力之消耗，較大農經營為大。農民勞動之效力，在小農
> 經營中，不及大農經營之高。2.在小農經營中，畜力之應用，亦如
> 人工之浪費。甚至每因耕地過小，不僅不能應用機械，且畜力亦難
> 應用。且也，土地過小之農民，大多無力購買牲畜，即使購有牲畜，
> 而因應用日數過少，農民何堪負擔此種閒養之費用。3.小農經營排
> 斥農具之合理應用，土地愈小，農具費用愈大，而效率愈低。4.小
> 農經營對於建築方面之損耗，亦較大農為大。5.小農經營對於工資
> 之損耗，較大農為大。大概「農場面積增加，則每畝所費之工值即
> 因之減少」。6.小農經營減少農民工作報酬，土地愈小，則勞動之收
> 益愈小。7.農產收支之相抵，小農經營所得也較少於大農。8.土地愈
> 少，則家庭之人口愈少，因而影響勞力之供應。〔註16〕

實際上，以上弊端雖然包括土地細碎化經營，但更多的是小農缺乏土地
的弊端。土地細碎化並不意味著缺乏土地。大體上，土地的細碎化的主要弊
端有以下幾種：1.土地的浪費。土地細碎化意味著界線增多，邊界佔用土地
也增多。2 造成爭訟的可能性增大。這些爭訟不僅包括土地的邊界，也包括
水利灌溉、莊稼損壞等方面。3.人力、畜力的浪費，不利於現代農業機械的
應用。

土地的零碎化還意味著農戶擁有的耕地分散各處，農民在生產過程中浪
費了不少時間。按卜凱的調查數據，湖北 6 縣田塊距農場的平均距離為 0.33
公里，最遠距離為 1.2 公里；湖南省平均為 0.42 公里，最遠距離為 3.3 公里。
與全國 0.38 公里的平均水平比較，湖北省略低，而湖南省略高。在卜氏所劃
分的各區中，湖北低於其所在的揚子江水稻區（包括湖北及河南、安徽、浙
江、江西、江蘇部分地區）0.41 公里的平均距離，而湖南則亦低於其所在的
水稻茶區（包括湖南、福建及安徽、浙江、江西部分地區）0.6 公里的平均距
離。〔註17〕如此看來，兩湖地區的農戶離自家農場的距離在全國屬較低水平，
但農民在生產過程中浪費在路途上的時間仍然是可觀的。

〔註16〕張宗禹：《上湘西各縣農業經營與農業金融之初步研究》，《湖南經濟》1948
　　　　年第 3 期。
〔註17〕（美）卜凱主編：《中國土地利用統計資料》，金陵大學農學院農業經濟系 1937
　　　　年版，第 47 頁。

圖 5　細碎的耕地（湖北某地，1909 年）

　　土地的零碎化是中國小農經濟的主要溫床之一，如果說在華北尚存在一定數量經營式農場的話，兩湖地區在人均耕地不多、耕地四散的情況下，大農場經營的條件缺乏，這也是兩湖地區缺乏經營式農場的主要原因之一。

2. 耕畜與農具

　　中國傳統的農業，主要耕畜是牛、驢，少數地區用馬。在兩湖，主要的耕畜是黃牛和水牛，少數地區也用驢。飼養大型牲畜需要較高的成本，經濟條件差的農戶無法承擔，所以在兩湖，幾戶農家合養一頭耕畜是非常普遍的事情。比如湖南省，「除小田場及過於貧苦這租用畜工外，普通每二三家合用役畜一頭，用以耕地耙地。」〔註18〕湖北省 1950 年約計每兩戶農家有耕牛一頭，專以大牛計算，每頭牛應耕地 26.88 畝。〔註19〕根據土改時的調查，1948

〔註18〕潘鴻聲：《湘省農業述略》，《實業統計》1935 年第 4 期。
〔註19〕湖北省農業廳：《湖北省 1950 年農業普查初步總結》，1950 年，湖北省檔案館藏，檔案號：SZ107-02-0003-001。

年湖北 20 個鄉每農戶擁有耕畜 0.38 頭，湖南 15 個鄉每農戶擁有耕地 0.28 頭。
〔註 20〕大致相當於三到四家擁有一頭耕畜。1948 年兩湖的耕畜數量經過抗日
戰爭的破壞而有所減少，比如在抗日戰爭前，湖北應城縣每農戶擁有耕牛（包
括黃牛和水牛）0.62 頭，漢陽縣為 0.48 頭。〔註 21〕湖南省則從 1937 年後耕牛
數逐年下降，據估算，1937 年為 2851000 頭，1938 年為 2723000 頭，1939 年
為 2697000 頭，1941 年則降到了 2308000 頭，減少的原因是被當作食用肉屠
宰、被日軍屠宰及因瘟疫病死。〔註 22〕

　　根據上文湖北 20 個鄉、湖南 15 個鄉的調查，土改前兩湖地區各階層戶
均佔有耕畜以富農為最高，湖北為 0.85 頭，湖南為 0.79 頭，其次是地主，
分別為 0.69 和 0.60 頭，中農分別為 0.56 和 0.52 頭，貧農為 0.28 和 0.17 頭。
〔註 23〕無力獨立飼養耕牛的農戶，除了與其他農戶合作飼養外，有些地區還
有租牛的習慣。湖北省「無力買牛向人租牛者，此種情形，在武昌、黃州亦
屬常見。有餘之家，蓄牛數匹至數百匹，貧民出牛價之半向之租借⋯⋯遇牛
有病或牛已老不堪耕田時，則送回原主，原主按值給還半價，牝牛生犢在一
年內送還原主，原主亦給半價，所租牝牛有犢時，僅繳租穀五斗。蓄牛出租
者，每以昂值出租，以低價收回，無牧養之勞，得繁殖之利，因以致小康者
頗多。」〔註 24〕湖南省的用牛習慣有所不同，「有借牛者，由畜牛之家派一
人用工作，借貸者以工計算，大概每日工資五六角，視農忙農隙而定；亦有
包牛者，以耕田多寡共須牛工若干，盡數包與畜牛之家，共銀若干，以一言
為定，無須立字據；又或無錢買牛，由他人出銀購牛一頭，將來所生雛牛，
兩人公分之，母牛仍歸購者所有，至牧牛及草料一切歸畜牛者任之，湘俗稱
分喂者是也。」〔註 25〕

〔註 20〕中南軍政委員會土地改革委員會編：《中南區一百個鄉調查統計表》，1953 年
　　　　版，第 36、38 頁。
〔註 21〕湖北省農村調查委員會：《湖北省農村調查報告》，1937 年版，第四冊，《應城
　　　　縣》，第 17 頁；第六冊，《漢陽縣》，第 17 頁。
〔註 22〕吳仁榮：《湖南耕牛問題及其增進方法》，《新農會刊》1944 年第 1 期。
〔註 23〕中南軍政委員會土地改革委員會編：《中南區一百個鄉調查統計表》，1953
　　　　年版，第 36、38 頁。原表沒有各階層戶均耕畜的數據，數字為筆者根據總
　　　　戶數、總耕畜數及各階層占總戶數比例、各階層擁有耕畜占總耕畜比例計算
　　　　所得。
〔註 24〕佚名：《鄂省農業經濟概況》，《中外經濟週刊》1926 年第 178 期。
〔註 25〕佚名：《湘省農業概況》，《中外經濟週刊》1926 年第 174 期。

圖 6　缺乏耕畜的農戶耕地情形（湖北宜昌，1903 年）

資料來源：http://www.picturechina.com.cn/bbs/watermark.php 跡 YXR0YWNobWVudHM

vZGF5XzA5MDYyNi8wOTA2MjYxNDE0MzE4YzdhYThiOGVkNjIzMS5q

cGcmYW1wO2FpZD0xMTAxNzE=

　　按照 1950 年湖北農業普查的數據，每頭水牛能耕種 40～50 畝水田，旱
地 60 畝左右，每頭黃牛耕種 25～30 畝水田，40～50 畝旱地。〔註26〕土改前
兩湖地區每頭耕牛大概需要耕種 25 畝左右的耕地（湖北 20 個鄉 24.5 畝，湖
南 15 個鄉 26.8 畝），〔註27〕從耕地量來說，除去一些幼小的耕畜，兩湖的耕
牛應是略有缺乏。另外存在的問題是一些經濟條件較差的農戶缺乏耕畜，如
瀘溪縣，有人統計了 1693 戶農家的耕牛情況，「有耕牛二頭以上者 280 戶，
有耕牛一頭半者 1 戶，有耕牛 1 頭者 803 戶，僅半頭者 139 戶，無耕牛者達
470 戶。」〔註28〕這 470 戶農家雖然可以通過「租牛」、「借牛」等方式獲得獲
取使用權，但對貧窮的農戶來說，這也是一筆不小的負擔。

　　農具方面，主要是犁、鋤、耙、耖、水車等。在土改前，湖北戶均農具
1.6 件，湖南戶均 1.7 件。〔註29〕從平均數上看，農戶的農具種類不全的情況
較為嚴重。在各種農具中，鋤、鎌刀等中小型農具由於價格低，一般農戶都
擁有，但如犁、耙、水車等價格較高的農具，往往有不少農戶缺乏。1950 年，

〔註26〕湖北省農業廳：《天門縣蘆市、徐黃、天北等區 1950 年農業普查分村、按戶
　　　調查表》，1950 年，湖北省檔案館藏，檔案號：SZ37-01-0533-001。

〔註27〕中南軍政委員會土地改革委員會編：《中南區一百個鄉調查統計表》，1953 年
　　　版，第 36、38 頁。

〔註28〕陳明哲：《湖南瀘溪縣農村經濟概況》，《農本》1940 年第 37 期。

〔註29〕中南軍政委員會土地改革委員會編：《中南區一百個鄉調查統計表》，1953 年
　　　版，第 36、38 頁。

嘉魚縣犁的價格約合米 88 斤，耙合米 300 斤，水車約合米 1500 斤，〔註30〕水
車價格為耙的 5 倍，為犁的 17 倍。犁、耙和水車由於價格較高，不少農戶沒有
經濟條件置辦。土改前在對湖北黃陂縣方梅區 122 戶農戶的農具調查中，有犁
97 戶，無犁 25 戶；有耙 76 戶，無耙 46 戶；有水車 71 戶，無水車 51 戶。與耕
畜一樣，犁、耙、水車等農具，「一家用不了一個，一般是幾家合用」。〔註31〕

圖 7　水車（湖南，時間不詳）

資料來源：http://www.picturechina.com.cn/bbs/watermark.php 跡 YXR0YWNob WVudHM
vZGF5XzEyMTEyMC8xMjExMjAxMDQ0N2Q3YWI1NjNjMTJkZTBkZi5q
cGcmYW1wO2FpZD03NTY3MzE=

　　總體來說，兩湖農戶的農具是缺乏的，但是鄉間存在著互助或者合用的
習慣，缺乏農具的農戶一般不至於無法進行生產。問題在於，農具缺乏導致
使用率上升，農具磨損的情況也隨之上升，一方面使農具的使用期限縮短，
另一方面，農具磨損也使生產效率降低。同時，農具本身又存在簡陋的問題，
如湖北漢口一帶，農民的農具是「一個鐵鋤，幾個竹耙或者是做的很粗糙的
貼耙；土犁翻土的深度，很少超過五英寸。稻穀完全是在田裏手工脫粒的，
把稻莖鋪在稻場上用枷打擊，或用水車踐踏，或用一隻粗石滾的壓力，使之

〔註30〕　湖北省農業廳：《嘉魚縣 1—5 區農業普查一般縣行政村調查表》，1950 年，湖
　　　　　北省檔案館藏，SZ37-01-9-0593-001。
〔註31〕　中央人民政府農業部計劃司編：《兩年來的中國農村經濟調查彙編》，中華書
　　　　　局 1952 年版，第 265～266 頁。

脫粒。」〔註32〕農具的簡陋也使農戶的生產效率變得低下。

3. 肥料

　　兩湖農家常用的肥料是糞肥、綠肥、餅肥、石灰等，這些肥料部分需要購買，但大部分由囤積而成。在湘東一帶，有所謂的「塅糞」，農民在田中築直徑三四尺、深一二尺之「塅」，積肥之時，將豬糞、人糞尿、廄肥、綠肥等均傾入「塅」中，蓋上草皮，使之發酵。此種漚肥方法，可避免養分之流失。〔註33〕這個例子表明，中國傳統農業所具有的儲肥方式是具有科學性的，正如調查者所言，「棉田之滴塘、骨灰拌棉種、湖草壅瓜田、草皮蓋廄肥、稻田之築塅、石灰石膏之壅稻田，多能吻合科學原理，而吾先農祖孫沿用已歷數千百年之久。凡此種種特殊施肥方法，非絕頂聰穎之農人，不能發明。迄今施用如此普遍，想必有其可靠性。」〔註34〕換言之，農民在儲肥、施肥方面雖然是傳統的，但也是高效的。然而肥料問題仍然是 20 世紀前半期甚至整個近代兩湖地區乃至全國性的問題，這主要表現為兩個方面，一是肥料的缺乏，二是儲肥點皆為露天，容易傳播疾病。

圖 8　湖南稻田翻塅情形

資料來源：朱海帆：《皖贛湘鄂農田施肥調查記》，《農報》1936 年第 17 期。

〔註32〕《海關十年報告》，1912～1921，卷 1，第 313 頁，轉引自章有義編：《中國近代農業史資料》，第二輯，1912～1927，生活‧讀書‧新知三聯書店 1957 年版，第 396～397 頁。
〔註33〕朱海帆：《皖贛湘鄂農田施肥調查記》，《農報》1936 年第 17 期。
〔註34〕朱海帆：《皖贛湘鄂農田施肥調查記》，《農報》1936 年第 17 期。

　　兩湖鄉村存在著較為嚴重的肥料缺乏問題，1950 年湖北省的農業普查中，天門幾個區的皆缺乏肥料，其中橫林區 50%的農戶缺乏肥料，嘉魚縣各區亦普遍缺乏肥料。〔註 35〕肥料的缺乏的原因在於自給有限，而很大一部分農戶因經濟能力較弱無法購買肥料。在 20 世紀 20 年代，湖北沙市曾有德國肥料大批輸入，「但是由於農民拒絕使用如此昂貴的肥料，因而不得不復出口。」〔註 36〕即使是普通肥料，兩湖「農民用錢購買肥料者，可謂絕無僅有，即使用錢購肥，每年每畝亦不出一元。」〔註 37〕無力購買肥料的農戶，「一般使用草肥，以致產量沒有達到最高的應產量，其產量一般低於富農。」〔註 38〕在貧、雇農占總農戶數將近一半的情況下，肥料問題顯然是兩湖地區一個非常普遍的問題。

　　從以上農業生產各要素的情況看，兩湖地區對土地的利用存在著如下特點：第一，從人地關係上來說，兩湖地區尖銳的人地矛盾表明農業生產的勞動力是足夠的（當然也不排除一些地區一些時期在農忙時間缺乏勞動力的情況），密集型的農業生產使兩湖地區的耕地能夠被充分利用，但另一方面，耕畜、農具和肥料的缺乏以及農具的質量低下又使土地的生產潛力無法充分發揮出來。舒爾茨認為，改造傳統農業，需要引入新的生產要素，而更關鍵的是，引入具有現代科學知識、能夠運用新生產要素的人。〔註 39〕在 20 世紀前半期的兩湖地區，這樣的條件是缺乏的。農業生產的勞動力雖然不缺乏，但都是傳統的農民，傳統的生產要素本就缺乏，更遑論引入新的生產要素。那麼，在這樣的農業條件下，兩湖地區的農民利用土地的效率如何呢？

（三）農業生產力

　　經過明清時期的農業大開發，兩湖地區的農業生產有了很大的發展，農

〔註35〕　湖北省農業廳：《天門縣蘆市、徐黃、天北等區 1950 年農業普查分村、按戶
　　　　　調查表》，1950 年，湖北省檔案館藏，SZ37-01-0533-001；《嘉魚縣 1-5 區農業
　　　　　普查一般縣行政村調查表》，1950 年，湖北省檔案館藏，SZ37-01-9-0593-001。
〔註36〕　《海關十年報告》，1922-31，卷 1，第 514 頁，轉引自章有義編：《中國近代
　　　　　農業史資料》，第二輯，1912～1927，生活・讀書・新知三聯書店 1957 年版，
　　　　　第 409 頁。
〔註37〕　朱海帆：《皖贛湘鄂農田施肥調查記》，《農報》1936 年第 17 期。
〔註38〕　中央人民政府農業部計劃司編：《兩年來的中國農村經濟調查彙編》，中華書
　　　　　局 1952 年版，第 268 頁。
〔註39〕　（美）舒爾茨著，梁小民譯：《改造傳統農業》，商務印書館 2006 年版，第 140
　　　　　～149 頁。

作物種類多樣化，農業生產力提高。以主要作物水稻為例，清代湖南水稻品種大概有 630 種，[註40] 江漢平原的水稻品種也從明中期的十來個上升到清前期的二十多個，清中期更是高達六十多個。[註41] 其他農作物如棉花、大小麥、玉米、甘薯、煙草等作物在兩湖地區皆有分布。產量而言，整個清代，江漢平原的水稻畝產（一季單產）大概在 2 石左右，相對低於太湖地區的水稻平均單產。[註42] 有學者認為清代湖南水稻畝產由 2.29 石增加到 4.29 石，[註43] 總體來說，清代兩湖地區水稻的畝產量較之明代是有較大提高的。

有關近代農作物（主要是糧食）畝產，就全國水平而言，太平天國到 19 世紀 90 年代畝產下降學界有一致意見，但 20 世紀前半期的糧食畝產增減趨勢存在較大分歧。關於近代我國糧食畝產，華北平原的研究較為深入，如以華北為代表，「我國近代的糧食畝產已經大致恢復到清盛世的水平，或許還略有提高。」[註44] 那麼，兩湖地區的情況是否也是如此呢？

表 3.6：民國時期湖南全省稻作面積產量比較

數據來源	年別	面積畝數	產量單位	產量	每畝產量
農商部第三次農商統計	1914 年	214294071	石	206376158	0.963
農商部第四次農商統計	1915 年	56784715	石	198678830	3.498
農商部第五次農商統計	1916 年	4487825	石	16788925	3.741
湖南省自治籌備處統計	1929 年	26339800	石	94581131	3.598
張心一氏中國農業概況估計	常年	26490000	擔	107788000	4.069
中央農業實驗所農情報告	1931 年	26099000	擔	91095000	3.483
	1932 年	26659000	擔	121812000	4.569
	1933 年	28018000	擔	101745000	3.632
	1934 年	27147000	擔	70319000	2.590

資料來源：曾賽豐、曹有鵬編：《湖南民國經濟史料選刊 2》，湖南人民出版社 2009 年版，第 449 頁。

[註40] 鄧永飛：《清代湖南水稻生產技術探析》，《中國社會經濟史研究》2007 年第 3 期。

[註41] 張家炎：《清代江漢平原水稻生產詳析》，《中國農史》1991 年第 2 期。

[註42] 張家炎：《清代江漢平原水稻生產詳析》，《中國農史》1991 年第 2 期。

[註43] 鄧永飛：《清代湖南米穀外運量考察》，《古今農業》2006 年第 2 期。

[註44] 徐秀麗：《中國近代糧食畝產的估計——以華北平原為例》，《近代史研究》1996 年第 1 期。

　　上表中，北洋時期農商部的數據為學界詬病已久，參考價值不大。如我們在第二章所知，湖南自治籌備處的調查是較為可靠的，其畝均 3.598 石的產量較之清代 4.29 石的畝產有所降低，但僅一年的數據也無法作為常年產量來看。張心一的估計可做參考，但也需要具體資料證明。湖南省經濟調查所在30 年代對各縣稻穀每畝十足年產額做過調查，各區域數據見下表：

表 3.7：湖南十足年稻作畝產

區域	畝產（石）
洞庭湖東北沿岸	5.79
湘水流域	5.03
資水流域	4.87
沅水流域	4.91
澧水流域	4.52
全省平均	5.024

資料來源：曾賽豐、曹有鵬編：《湖南民國經濟史料選刊 2》，湖南人民出版社 2009 年版，第 451～454 頁。

　　十足年作為最好的情況，通常較少出現，我們如以八成左右收成為常年產量，按照湖南省經濟調查所的數據，常年畝產 4 石（每市石稻穀以 130 市斤計，約合 520 市斤〔註 45〕）左右是湖南水稻的平均畝產。這個數字與清代的常年畝產相比，亦是稍有下降。實業部國際貿易局的調查是湖南稻穀常年畝產是 4.57 擔（457 市斤），〔註 46〕同樣低於清代的數據（4.29 石為 574.86 市斤〔註 47〕）湘米改進委員會於 1936、1937 年在衡陽進行稻種純係品種及地方優良品種的比較試驗，其中純係品種中，平均最高畝產 559.26 市斤，最低為 494.26 市斤。而在幾種地方優良品種中，1936 年平均畝產最高為 461.8 市斤，最低為 437.8 市斤，1937 年平均畝產最高為 500.3 市斤，最低為 424.2 市斤。〔註 48〕顯然，地方品種的產量更代表實際情況，即高者 3.85 石，低者 3.26 石，考慮到試驗時可能擁有良好的條件，全省水稻畝產必然較試驗情況低，畝產

〔註 45〕參見吳慧：《中國歷代糧食畝產研究》，農業出版社 1985 年版，第 172 頁。

〔註 46〕實業部國際貿易局編：《中國實業志（湖南省）》，1935 年版，第四編，第 17 頁。

〔註 47〕1 清石等於 1.0355 市石，1 清石／1 清畝＝134 市斤／市畝，參見吳慧：《中國歷代糧食畝產研究》，農業出版社 1985 年版，第 172～173 頁。

〔註 48〕蕭遠猷：《衡陽稻作概況》，《農業建設》1937 年第 10 期。

400 斤至 450 斤可能更接近當時的實際情況，換算成市石，大約在 3 到 3.5 石之間，這與張心一估計的常年產量較為接近，雖然略低於湖南省自治籌備處 1929 年的調查數據，但也相差不大。

如果清代湖南水稻畝產的最高水平是 4.29 石這個結論正確的話，以上的在 20 世紀二三十年代有關湖南水稻畝產的調查或者估算數字都低於此數，換言之，湖南在民國期間的水稻畝產並未達到清代的最高水平。

湖北的情況，據省政府秘書處統計室的估計，全省水稻耕種面積 19681000 畝，年產量為 62765000 擔，畝產 3.19 擔（319 市斤）。〔註49〕具體到江漢平原各縣，見下表：

表 3.8：江漢平原主要縣份水稻面積、產量狀況

縣別	種植面積（畝）	產量（擔）	畝產（擔）
嘉魚	120000	380000	3.17
漢川	230000	800000	3.48
沔陽	960000	2700000	2.81
潛江	150000	450000	3
監利	400000	1600000	4
石首	300000	800000	2.67
公安	400000	1200000	3
江陵	800000	2600000	3.25
合計	3360000	10530000	3.13

資料來源：湖北省政府秘書處統計室：《湖北省年鑒（第一回）》，1937 年版，第 162 ～169 頁。

作為湖北省農業條件最好地區之一的江漢平原，各縣中畝產最高的為監利縣的 400 市斤，而最低的石首僅為 267 市斤。前文張家炎關於清代江漢平原水稻畝產之研究（畝產約 280 斤），應是清代的一般水平，那麼民國時期江漢平原的水稻畝產可能達到清代的最高水平。從其他一些調查或者估計數據上看，湖北各地水稻的平均畝產很少超過 400 斤，應城縣 3.34 擔（早稻晚稻合計面積 352501 畝，產量 1178986 擔），漢陽縣 3.55 擔（早稻晚稻合計

〔註49〕湖北省政府秘書處統計室：《湖北省年鑒（第一回）》，1937 年版，160 頁。

255731 畝，產量 906649 擔）。〔註50〕鄂城「豐年早晚兩稻每畝可產穀六擔之譜」，〔註51〕但從當時鄂城的實際情況來看，雙季稻並不普遍，每斗（合 6000 方市尺，約 1 畝）上田收稻穀 4 石，每斗中田收稻穀 3 石，下田收稻不及 1 石，〔註52〕即以上田、中田占土地多數，平均畝產大約在 400 斤左右。但無論如何，湖北省在 30 年代的水稻平均畝產超過清代的一般水平，可能亦達到了清代的最高畝產水平。

　　與湖南相比，湖北的水稻平均畝產較低，但湖北農作物種類要更為多樣化。湖南省的農產品中，水稻占絕對優勢，其他諸如小麥、棉花等主要作物皆不普遍，而後兩者在湖北省農業中佔有非常重要的地位，全省幾乎無縣不產。

表 3.9：1924～1938 年兩湖主要作物畝產表　　　　　（單位：市斤/市畝）

年份	省別	水稻	小麥	玉米	大麥	甘薯	高粱	棉花
1924～1929	湖南	527	193	181	199	1096	296	29
	湖北	436	198	275	192	1434	212	34
1931	湖南	349	148	187	134	930	171	26
	湖北	265	181	69	157	601	165	19
1932	湖南	454	176	217	164	1192	216	33
	湖北	337	189	123	189	1111	234	29
1933	湖南	363	160	198	130	993	163	31
	湖北	340	191	169	164	850	206	37
1934	湖南	259	162	116	143	688	134	25
	湖北	217	160	186	159	680	159	27
1935	湖南	405	139	215	133	1272	190	23
	湖北	278	161	180	146	941	149	26
1936	湖南	458	154	228	145	1013	185	32
	湖北	330	176	234	166	767	227	36
1937	湖南	409	168	218	161	1222	217	30
	湖北	342	140	135	106	929	181	29

〔註50〕湖北省農村調查委員會：《湖北省農村調查報告》，1937 年版，第四冊，應城縣，第 20 頁，第六冊，漢陽縣，第 21 頁。

〔註51〕佚名：《湖北省鄂城縣豐歉區域及民食需要調查表》，《農礦月刊》1929 年第 5 期。

〔註52〕湖北省政府民政廳：《湖北縣政概況》，1934 年版，第 253 頁。

1938	湖南	381	163	197	145	1093	171	33
	湖北	298	166	183	166	979	189	28
平均	湖南	400.56	162.56	195.22	150.44	1055.44	193.67	29.11
	湖北	315.89	173.56	172.67	160.56	921.33	191.33	29.44

資料來源：1924～1929 年數據來自《統計月報》1932 年 1～2 月合刊農業專號，1931
　　　　～1938 年來自《農情報告》第 3～7 期。許道夫編：《中國近代農業生產及
　　　　貿易統計資料》，上海人民出版社 1983 年版，第 31～38、205 頁。

　　上表中，各年農作物產量雖然存在較大起伏，但從水稻產量的平均數上
看，與上文所討論湘鄂兩省水稻畝產較為一致，因此，我們認為上表具有較
高準確性，這些作物的平均畝產應可以代表常年平均畝產。湘鄂兩省之間，
水稻、玉米、甘薯畝產以湖南為高，而大小麥以湖北為高，高粱、棉花大致相
當。如與華北比較，則兩湖主要作物的平均畝產基本較華北各省為高，〔註53〕
這其中的原因很多，比如兩湖地區土質、氣候較好、耕作更為密集、肥料的
肥力更好等等，但這也足以說明，在 20 世紀二三十年代，兩湖的農業生產力
較華北為高。

　　以上我們對兩湖地區的人地關係、生產要素配置以及生產力狀況作了考
察。就土地利用而言，人地關係的緊張（包括土地零碎化和農場裏農舍距離
遠）、生產要素的缺陷對兩湖的農業生產是不利的，反映在農業生產力上，近
代以來農業生產環境最好的一段時期（20 世紀二三十年代），兩湖地區以水稻
為代表作物的平均畝產勉強達到甚至未達到清代的最高水平。儘管這個畝產
水平在近代是有所進步的，但顯然，土地的潛力受到了極大的限制而未充分
發揮。傳統農業是具有效率的，兩湖的農業生產力應該亦是當時條件下可能
達到的最佳效果。兩湖地區的農業生產力也因為人地關係及生產要素問題而
未達到更高也說明土地未得到充分利用。

二、土地的租佃關係

　　租佃關係的普遍存在是私有制下土地分配不均的必然結果。傳統的中國
社會，租佃制度向稱發達，在歷史的發展過程中，各地又形成了具有地方特
點的租佃制度，這使得傳統中國社會土地的租佃關係變得複雜。由於租佃關
係在傳統鄉村社會具有普遍性和重要性，租佃制度一直是農村土地關係研究

〔註53〕華北平原主要糧食作物畝產量的研究參見徐秀麗：《中國近代糧食畝產的估計
　　　　——以華北平原為例》，《近代史研究》1996 年第 1 期。

中的重點領域。但是由於租佃制度的多樣化，目前的研究成果雖然豐富，但尚不足以讓我們深入認識傳統中國社會租佃制度之全貌。兩湖是傳統時期租佃制度較為發達的地區，我們在緒論中已經知道，有關近代以來兩湖地區的租佃制度的專文研究，湖北省已經有人涉及，湖南省尚未無人論述。下文將在此前研究的基礎上進一步探討兩湖地區的租佃關係。

（一）租佃率

所謂租佃率，是指在全部耕地中用於出租的耕地的比例。土地出租者，按 20 世紀 30 年代土地委員會的劃分，有地主、地主兼自耕農、地主兼自耕農兼佃農、地主兼佃農四種，出租土地的原因主要由以下幾種：一是擁有大量土地，不用勞動，依靠地租收入可以維持較為優越的生活；二是擁有的土地量超過家庭勞動力所能耕種的數量，三是僅擁有少量土地，但家庭缺乏勞動力，四是擁有的耕地離農舍過遠，出租遠的，租入近的。在 30 年代的調查中，土地完全出租的地主很少，且有相當部分是家中缺乏勞動力的農戶，多數是地主兼自耕農。土改前對湖北 20 個鄉，湖南 15 個鄉的農村調查，有關租佃率的數據如下：

表 3.10：1948 年兩湖的租佃率

省別	總戶數	土地出租戶數	土地出租戶數占總戶數百分比（%）	總土地數（畝）	出租土地數（畝）	出租土地占總土地百分比（%）
湖北	11565	1613	13.95	108669.94	45197.01	41.59
湖南	10640	1637	15.39	82447.59	37077.53	44.97

資料來源：中南軍政委員會土地改革委員會編：《中南區一百個鄉調查統計表》，1953 年版，第 56～57 頁。

上表顯示，湘鄂兩省的租佃率較為相近，大約四成強的土地用於出租。中南區其他省，河南 14 個鄉的租佃率為 37.07%，江西 14 個鄉為 48.51%，廣東 15 個鄉為 52.74%，廣西 22 個鄉為 26.14%，〔註54〕相較之下，兩湖的租佃率比河南、廣西高，而較江西、廣東低，處於這 6 個省的中等水平。

湖北省地主出租土地占全部出租土地的 72.62%，湖南省地主出租土地占

〔註54〕中南軍政委員會土地改革委員會編：《中南區一百個鄉調查統計表》，1953 年版，第 55～60 頁。

全部出租土地的 73.90%，亦較接近，但是兩省地主出租土地的戶數分別只占總出租戶數的 26.10%和 29.08%。〔註55〕這意味著地主階級雖然在出租土地數量上是佔有絕對優勢，但在兩湖鄉村，小土地租佃亦佔有重要地位，也可驗證土地出租者多數為地主兼自耕農或佃農。

地主雖然通常被認為土地出租階層，依靠地租剝削生活，但事實上，地主擁有的土地也通常有部分用於自耕，而出租的部分有不少為離家較遠、耕作不便的土地，以長沙縣為例，見下表：

表 3.11：土改前長沙縣各鄉地主階級土地租佃率　　（單位：畝）

鄉名	地主土地數	自耕			出租			出租土地占總土地百分比
		本鄉	外鄉	合計	本鄉	外鄉	合計	
郭公鄉	3105.075	989.155		989.155	590.52	1525.4	2115.92	68.14
雲田鄉	4046.374	1156.403	8.25	1164.653	2181.471	700.25	2881.721	71.22
雙清鄉	5334.8	531	122	653	3485.8	1196	4681.8	87.76
陽石鄉	1879.755	112.425	12.5	124.925	1153.5	601.33	1754.83	93.35
高沖鄉	3521.965	491.76		491.76	1868.605	1161.6	3030.205	86.04
總計	17887.965	3280.743	142.75	3423.493	9279.896	5184.58	14464.48	80.86

資料來源：1、湖南省土地改革委員會：《長沙縣關於土改中各種數字統計和農村情況調查材料》，1951 年，湖南省檔案館藏，全宗號：145，目錄號：1，案卷號：256。該材料另有兩個鄉地主自耕與出租土地之和與地主擁有全部耕地數目相差較大，故未列入上表。2、長沙縣土地改革委員會：《有關第十區土改工作簡報；友仁、蓮湖、同心、心橋等鄉土改總結；全福、鵝隱兩鄉封建堡壘形勢圖及第十二區高沖鄉土改切查情況統計表》，1950 年，長沙縣檔案館藏，全宗號：38，目錄號：1，案卷號：7。

長沙縣是湖南地權非常集中的地區，地主富農占去了大部分的耕地，因此，該縣的租佃率是較高的。僅就地主階級而言，上表 5 個鄉地主階級的土地租佃率達到了 80%。但是如果考慮到外鄉土地 5184.58 畝（佔地主佔有總土地的 28.98%）應該有部分是出於距離過遠耕作不便考慮而出租，地主階級以地租剝削為目的的出租率應較上表 5 個鄉平均租佃率要低一些。這 5 個鄉的總出租耕地數為 23909.57 畝，總耕地數為 48398.97 畝，租佃率為 49.40%，比

〔註55〕中南軍政委員會土地改革委員會編：《中南區一百個鄉調查統計表》，1953 年版，第 56～57 頁。

表 3.10 湖南 15 個鄉的平均租佃率略高，而地主出租土地占總出租土地為 60.50%，比 15 個鄉的平均水平低了不少，原因在於公田在長沙縣占很高的比例，而公田通常是全部出租的。

　　長沙縣因為地權較為集中，加之公田比例高，租佃率在湖南應是較高水平，表 3.10 中 15 個鄉的平均租佃率應能反映湖南整體的租佃率大致水平。我們再看湖北蘄春縣的情況，如下表：

表 3.12：土改前湖北蘄春縣主要階層土地出租率

區別	地主			富農			中農			貧雇農		
	總土地（石）	出租土地（石）	出租數占總數（%）	總土地（石）	出租土地（石）	出租數占總數（%）	總土地（石）	出租土地（石）	出租數占總數（%）	總土地（石）	出租土地（石）	出租數占總數（%）
一	583.57	369.4	63.3	583.58	175.17	30.02	1800.9		0	1649.1		0
二	763.34	633.36	82.97	226.515	107.075	47.27	479.4	30.5	6.36	291.79	3.96	1.36
三	175.3	80.64	46	277.5	20.8	7.50	1138	12	1.05	604.01		0
四	48.589	17.065	35.12	88.197	8.575	9.72	337.65	2.25	0.67	427.13		0
五	736.44	411.94	55.94	583.938	93.038	15.93	174.722	56.962	32.60	1474.5	36.9	2.50
六	2512.49	2500.29	99.51	486.87	286.07	58.76	2188.5		0	477.4		0
七	495.07	382.31	77.22	236.88	71.09	30.04	662.01	16.29	2.46	206.83	4.85	2.34
八	119.941	117.478	97.95	101.253	60.613	59.86	259.83	117.63	45.27	225.77	20.57	9.11
九	1385.33	1060.42	76.55	316.336	59.996	18.97	1754.862	176.672	10.07	1555.613	36.943	
十	458.09	249.73	54.52	251.665	62.085	24.67	1041.4	43.67	4.19	331.104	10.404	2.37
十一	749.64	424.1	56.57	52.26	27.3	45.35	1406.21	27.91	1.98	465.49	5.72	1.23
總計	8027.8	6246.733	77.81	3204.994	971.812	30.32	11243.484	483.884	4.30	7708.737	119.347	1.55

資料來源：蘄春縣委辦公室：《蘄春縣土改區各種材料統計表》，1951 年，湖北省檔案館藏，檔案號：SZ37-01-0191-005。

　　從上表看，蘄春縣各區之間地主土地出租率很不平均，高如第六區，地主土地幾乎全部出租，而第四區，僅 35.12% 的土地出租。這與各區的土地佔有特點有關，第六區全部 2500 石出租土地中，在外鄉的土地就有 2350 石，占總數的 94%，這表示該區地主較多不在地主。而第四區地主佔地是 11 個區中最少的，戶均僅 1.01 石（約 10 畝），所謂「地主」擁有的土地僅僅是一般自耕農的水平，故土地較少出租。整體而言，蘄春縣地主階級的土地出租率為 77.81%，較湖南 15 個鄉、湖北 20 個鄉的平均數略高，與長沙縣比則略低，

但相差也並不大。該材料統計耕地合計 33156.289 石，出租土地 10203.16 石，出租率為 30.77%，較之表 3.10 中湖北 20 個鄉的平均水平要低不少，地主出租土地占總出租土地的 61.23%，則與長沙縣較為接近，但蘄春縣的公田比例較長沙縣低得多，占總耕地不到 2.3%，〔註56〕說明另外近 4 成的出租土地為小土地出租。蘄春位於鄂東南，該區域的地權較為分散，該縣租佃率大致可以代表這一區域的普遍情況。全省來說，40%左右的租佃率應接近湖北省的整體情況。

通過對以上材料的分析，我們認為整體上，湖北土地的出租率（出租土地占全部耕地的百分比）在 40%左右，湖南在 45%左右，而地主的土地出租率（地主出租土地佔地主佔有土地的百分比）應在 75%左右。地主出租土地占總出租土地的百分比較難確定，中南區一百個鄉的調查，湘鄂兩省皆在 70%左右，長沙、蘄春兩個縣雖然地權集中程度並不一致，但是地主出租土地占總出租土地的百分比卻較為接近，皆在 60%左右。更為微觀的數據，長沙縣榔梨鄉河西四個保地主出租土地占總出租土地的 55.13%，湘潭縣黃龍鄉 57.48%，寧鄉洋泉鄉第八保 58.54%，邵陽震中鄉十七保為 61.06%、衡陽市六區六保為 69.47%，衡山安石鄉十五保為 46.57%，〔註57〕桂陽樟市鄉為 58.42%，益陽黃家侖鄉為 87.3%，道縣東門鄉為 79.2%〔註58〕，這 9 個保（鄉）中，百分比低者大都在 60%左右，參考長沙縣的情況，說明地主出租土地占總出租土地的百分比在 60%左右即便不是湖南省的平均水平，亦是較為普遍的情況，高者則接近 90%，但並不多見。因此，我們認為湖南省地主出租土地占總出租土地的總體百分比在 60%～70%之間，我們取中間值 65%。

湖北方面，麻城縣白果區羅家大灣地主出租土地占總出租土地的 64%，當陽縣慈化區第一保為 60.9%，黃陂縣方梅區新義村為 75.7%，漢陽三區第一行政村為 62.5%，黃陂縣方梅區石橋村為 38.65%，浠水縣蓮橋村為 36.25%，沔陽縣八區小河口村為 7.82%，武昌縣流芳區黃土坡村為 80.8%，武昌縣青山

〔註56〕蘄春縣的土改調查中公田一項計入「其他」一項中，數字為 2.3%，公田比例必然低於此數。參見湖北省蘄春地方志編纂委員會編：《蘄春縣志》，湖北科技出版社 1997 年版，第 71 頁。

〔註57〕新湖南報社：《湖南農村情況調查》，新華書店中南總分店 1950 年版，第 18～19、33～34、68～69、89、93～94、99 頁。

〔註58〕中南區軍政委員會土地改革委員會：《中南區一百個鄉調查資料選集》，1953 年版，第 39、53、68～69 頁。

區石山村為 81.7%。〔註59〕這 9 個村的數據相差較為懸殊，沔陽縣小河口村地權較為平均，地主出租土地占總出租土地很低，而武昌兩個村皆超過 80%，在整個兩湖地區亦為較高水平。這 9 個村地主合計出租土地占合計總出租土地的 57.1%，與表 3.12 蘄春縣的數據接近。如此看來，湖北省地主出租土地占總出租土地的百分位為 60%左右應較為合理。

綜上，我們重新梳理一下論證土改前兩湖地區租佃率的幾個主要數據，一是出租土地占總土地的百分比，湖南在 45%左右，湖北在 40%左右；二是地主佔有的土地出租率兩省皆在 75%左右；三是地主出租土地占總出租土地的百分比，我們估計湖南為 65%，湖北為 60%。由此推算，地主出租土地占總土地的百分比，湖南為 29.25%，湖北為 24%。

假設土地質量無差別（即土地產出一致），地租租率為 50%，那麼地主的地租收入占全年農業總收入的百分比，湖南為 15%左右，湖北為 12%，當然這是在模型狀態下的情況。影響這組數據的因素有三：一是土地的質量。通常情況下，地主擁有的土地質量較優，產量也較高，這個因素會提高地主地租收入的百分比。二是佃戶租水田時常有附帶的旱地，其出產不需要交租。三是租率，這一點我們將在下文具體討論。

（二）租佃期限

中國傳統農村社會的土地租佃制度，在租佃期限上也是複雜的，有論年者（即租約以一年為限，地主每年都有撤佃的機會），有短期或長期的，有永遠或不定期的，亦有強制終身的。〔註60〕不同的地區在租佃期限上往往有各自的習慣，如表 3.13。

表 3.13：民國時期全國各地租佃期限情況

期限類別		通行區域
論年租佃 （一年）	江蘇	江北一帶，如興化、鹽城等縣最通行，此外如太倉、寶山、嘉定等縣殘餘之腳色制租佃，其租期亦皆論年。
	安徽	有永佃權之轉租地均論年。
	河北	如天津、定縣、保定、邯鄲、成安、高陽等縣。

〔註59〕湖北省政研室：《徵詢土改意見九個村租佃關係統計》，1950 年，湖北省檔案館藏，檔案號：SZ1-02-0047-006。

〔註60〕國民政府主計處統計局編：《中國租佃制度之統計分析》，正中數據 1936 年二版，第 56 頁。

短期租佃 （三年至 十年）	河北	定縣、保定等縣以三年為最普遍。
	山東	德縣之包種地，普通均訂三年或五年。
	廣東	南路電白、海康等縣以五年為最普遍。
長期租佃 （十年至 二十年）	浙江	浙東金華一帶通行。
	山東	煙臺以前一二十年之長期甚多。
	山西	省內頗通行，惟佃戶違背契約、田主得收回另佃。
	廣東	稻田之約期，普通為十年至二十年。
永遠租佃	江蘇	長江以南如無錫、宜興、蘇州、吳江、崑山、太倉等縣最為通行，江北如淮安、揚州、泰縣、泰興、靖江、南通亦有之。
	浙江	浙江極普遍（除新墾之山林地外），浙東金衢一帶亦頗通行。
	江西	沿江沿湖一帶如九江、湖口、彭澤等縣最通行。
	福建	閩北松溪、古田、閩清等縣一帶通行。
	廣東	東江一帶較多（稱為糞質田）。
不定期租佃	江蘇	江北徐淮一帶。
	浙江	浙東之鎮海、嵊縣（民田）、新昌等縣。
	安徽	皖北一帶。
	江西	贛南一帶。
	湖北	全省。
	湖南	全省。
	河北	各縣分種地之租期，除論年者外，普通均為不定期。
	山東	德縣之分種地均為不定期。
	陝西	省內頗通行。
	廣東	東西北三區均極通行。
	廣西	東部之梧州、藤縣、容縣、北流、玉林、興業、貴縣等七縣統計結果，不定期租佃竟達百分之八十，此不特代表廣西一般之現象，且可謂西南各省之代表。
強制終身租佃	四川	四川西部，類如農奴。
	山東	有一種名為「家人」之變相農奴，亦為地主利貸所束縛。
	雲南	雲南南部（及其他）幾有全部佃農被束縛於地主高利貸勢力之下，成為變相農奴。
	西藏	為全藏極普通之租佃形式。

資料來源：國民政府主計處統計局編：《中國租佃制度之統計分析》，正中書局 1936年二版，第 57 頁。

從上表看，兩湖地區土地租佃的租佃期限較為單一，不定期租佃最為普遍。從兩湖地區 30 年代的資料看，不定期租佃確為兩湖地區最為常見的租佃期限。1935 年湖南民政廳統計的 30 個縣中，不定期租佃最為普遍，定期較為常見的有汝城、澧縣、桑植、攸縣、桂陽、漢壽、嘉禾等 7 縣，永遠租佃較少，僅汝城、華容、澧縣、攸縣、漢壽存在少量。〔註 61〕湖北的情況有所不同，在 70 個縣中，有 38 個縣的租佃契約有期限規定，僅 12 個縣無規定，另有 20 個縣不詳。〔註 62〕全省性的數據過於寬泛籠統，而從各地的資料來看，湖南省確為不定期租佃最為普遍，如舊長沙府屬十一縣，一般之租佃期限，大都屬不定期租佃，〔註 63〕宜章縣在 40 年代的調查中，各村幾乎都實行不定期佃制，「規定年限者，在調查宜章各鄉村中頗屬少數。」〔註 64〕然而不定期租佃也並非如字面上顯示得那麼簡單，雖然名義上地主可以隨時撤佃收田，佃戶亦可以隨時退田不耕，但是頻繁的換佃行為一般不會發生，如湘陰、攸縣、茶陵三縣，解佃限制較嚴，如無欠租等事項發生，忠實之佃戶，實際上有繼續永佃之可能。〔註 65〕而宜章縣，各鄉村「在租約中多不規定年限，但習慣上大都以五年或三年為一階段。」〔註 66〕湖北黄岡縣，定期租佃與不定期租佃皆有，「大抵以不定期佃種為多」，但據調查，「黄岡縣水田之承租，普遍實行永佃權。」〔註 67〕大冶縣的土地租佃也主要為不定期，此類租佃要占到該縣全部租佃的七成左右，也同樣存在這一定比例的永佃制。〔註 68〕

關於永佃制的定義，目前尚存在一定的爭議，〔註 69〕但一般認為的永佃制就是雙層地權，即土地產權分為田面權和田底權兩部分，民國時期租佃制

〔註 61〕湖南省民政廳編：《湖南民政統計》，1935 年版，第 80 頁。

〔註 62〕湖北省民政廳秘書處統計室編：《湖北省年鑒（第一回）》，1937 年版，第 148～151 頁。

〔註 63〕黄星軺：《舊長沙府屬至租佃制度》，蕭錚主編：《民國二十年代中國大陸土地問題資料》，成文出版社 1977 年版，第 30740 頁。

〔註 64〕丁正云：《湖南宜章縣之農佃制度》，《農聲》1942 年第 227 期。

〔註 65〕黄星軺：《舊長沙府屬至租佃制度》，蕭錚主編：《民國二十年代中國大陸土地問題資料》，成文出版社 1977 年版，第 30744 頁。

〔註 66〕丁正云：《湖南宜章縣之農佃制度》，《農聲》1942 年第 227 期。

〔註 67〕潘沺：《黄岡縣之租佃制度》，蕭錚主編：《民國二十年代中國大陸土地問題資料》，成文出版社 1977 年版，第 31216 頁。

〔註 68〕李若虛：《大冶農村經濟研究》，蕭錚主編：《民國二十年代中國大陸土地問題資料》，成文出版社 1977 年版，第 20986 頁。

〔註 69〕具體參見慈鴻飛：《民國江南永佃制新探》，《中國經濟史研究》2006 年第 2 期。

度調查往往是這種含義。30 年代土地委員會的調查顯示，除了情況特殊的察哈爾、綏遠兩省（由於旗地大量存在，旗人不善耕種，常永佃於漢人，故兩省永佃比例很高），永佃制最為普遍的為江蘇、浙江、安徽三省，永佃分別占調查戶數的 40.86%、30.59%、44.15%，湖北排著這三省之後，為 13.40%，而湖南省僅 1%。〔註70〕土地委員會的調查可以大致反應湖北永佃制的情況。清代鄂西北山區開發時，「土著人少，所種者十分之一二，招外省客民納課數金輒指地一塊，立約給其墾種。客民亦不能盡種，轉招客佃，積數十年，有至七八轉者，一戶分作數十戶，客租只認招主並不知地主為誰。地主不能抗爭，間有控訴到案，則中間七八轉之招主，各受佃戶項銀，往往積至數百金，斷地原主，則客民以荒山開成熟地，費有工本，而項銀當照據轉給中間，貧富不齊，原主無力代賠，則亦其限年再耕而已。」〔註71〕這種已有了雙層地權之雛形。在民國，湖北省有不少地區存在有永佃制，除了上述黃岡縣、大冶縣外，天門縣、宜昌縣、黃梅縣都存在不同比例的永佃制，黃梅縣甚至「大部佃農，均擁有永佃權」。〔註72〕其他如廣濟縣，筆者見到一份土改時的個人報告，有黃梅籍（在武昌工作）不在地主在廣濟縣擁有「稞田四石零六合，此種稞田，佃農均有永佃權，土地的所有權，佃農與田東各占一半。」〔註73〕說明此種永佃制在廣濟不在少數。鍾祥、竹山、漢陽、五峰、興山等縣亦存在永佃制或類似永佃制度。〔註74〕以上各縣分布於鄂東、鄂西、江漢平原等處，說明永佃制在湖北的分布比較廣泛，但大體上，仍以鄂東最為集中。

湖南省永佃制比例很低，但是對於部分地區來說，1%這個數字是不能反映實際情況的。比如湘東南一帶，在永興縣的一些地區，田產就分為田面和底田，此地的永佃制甚至比一般的永佃制更為複雜，「田面」、「底田」具有生產性質的產權被認為是「田皮」，而帶有延續「香火」性質的佔用權（建造房屋和墳墓）則屬「地骨」，「地骨」被視為祖宗所有，除非經過全宗族公決不

〔註70〕土地委員會：《全國土地調查報告綱要》，1937 年版，第 45 頁。
〔註71〕（清）嚴如熤、張鵬翂輯：《川陝鄂邊防記》，策略，國民政府軍事委員會委員長南昌行營 1934 年版，第 22 頁。
〔註72〕金陵大學農學院農業經濟系：《豫鄂皖贛四省之租佃制度》，1936 年版，第 27、111 頁。
〔註73〕蔣宗述：《關於土地改革中蔣宗述依照奉發填寫申報表注意事項四款申明的報告》，1951 年，湖北省檔案館藏，檔案號：SZ53-01-0007-006。
〔註74〕南京國民政府司法行政部編，胡旭晟等點校：《民事習慣調查報告錄（上冊）》，中國政法大學出版社 2000 年版，第 325、336 頁。

能出賣，這與此地宗族組織發達有直接關係，〔註 75〕另攸縣存在一定比例的永佃制。〔註 76〕湘東南一帶應是湖南省永佃制比例最高的地區，其他諸如黔陽縣〔註 77〕、道縣〔註 78〕等，但這些地區的永佃制比例不高，如黔陽縣江市鄉，大約占所有土地租佃的 3%左右。

目前尚無更多的資料深入瞭解兩湖地區的永佃制，但是如我們看到的，湖北省的永佃制占到所有租佃的 10%以上，可謂較為普遍，至於湖南省，永佃制雖然較少，但某些地區也存在一定的比例，且存在著與別的地區不同的特點，這表示兩湖地區的永佃制並不是無足輕重的，有深入研究的價值。

不定期租佃在兩湖地區占絕對優勢，說明兩湖地區的租佃制度仍然非常傳統。不定期租佃由於對租佃期限沒有設定契約上的保護，地主招佃或佃戶尋佃往往優先考慮自己熟悉的人，因此，租佃雙方雖然名義上可以隨意撤佃，但傳統上「熟人社會」的道德壓力對佃權的保護有時候甚至要超過當時的法律保護，因此造成這種租佃關係持續時間反而很長，有時甚至一家佃農幾代人租種同一戶地主的耕地。這種狀況造成另一個土地問題：佃權的不均。如黃岡縣，「有不過二三人口，而反種以十數畝或幾十畝者，有一家十數人，亦僅種以十餘畝或八九畝者。倒置若是。」〔註 79〕在不定期租佃下，缺地少地的農民競佃並不容易，即使願意以較高的租金佃種土地，也常常因為傳統道德對佃權的保護使地主不敢輕易撤佃另尋佃戶。

（三）押租

押租是兩湖地區乃至整個中國傳統農業社會租佃制度的重要組成部分，即佃戶需要預先繳納一定數量的貨幣或者實物才能獲得耕種權。一方面，它是對地主收租權的保護，防止佃戶出現欠租、少租行為，另一方面，押租對佃戶的佃權也起到了保護作用，因為通常押租在退佃之時需要退回給佃戶，不少地區甚至需要地主支付押租的利息，經濟狀況不好的地主因此不敢輕易

〔註 75〕譚同學：《橋村有道：轉型鄉村的道德權力與社會結構》，生活‧讀書‧新知三聯書店 2010 年版，第 84 頁。

〔註 76〕彭亮彩：《攸縣稻作概況》，《農業建設》1937 年第 7 期。

〔註 77〕農林部洪江民林督導實驗區：《湖南黔陽縣江市鄉農村經濟概況》，《西南實業通訊》1943 年第 3 期。

〔註 78〕徐特夫：《湖南省道縣農村經濟調查》，《農聲》1943 年第 230 期。

〔註 79〕潘洄：《黃岡縣之租佃制度》，蕭錚主編：《民國二十年代中國大陸土地問題資料》，成文出版社 1977 年版，第 31163 頁。

撤佃。

根據國民政府實業部國際貿易局的調查，湖南武岡、城步、岳陽、平江、臨湘、耒陽、安仁、零陵、東安、寧遠、永明、新田、郴縣、宜章、永興、資興、汝城、臨武、藍山、嘉禾、沅陵、瀘溪、辰溪、漵浦、黔陽、麻陽、靖縣、綏寧、會同、通道、永順、龍山、乾城、鳳凰、晃縣等縣無押租或押租極少，〔註80〕從這些縣的地域分布看，湖南沒有押租的地區主要集中在湘南、湘西一帶，而湘北、湘東、湘中這些核心農業區裏，幾乎每個縣都存在押租現象。《湖北省年鑒》則顯示，漢陽、咸寧、蒲圻、麻城、孝感、漢川、天門、潛江、監利、棗陽、來鳳、利川、巴東、鄖西等縣沒有押租或極少押租，〔註81〕《湖北縣政概況》和《豫鄂皖贛四省之租佃制度》上的資料略有差異，比如《豫鄂皖贛四省之租佃制度》顯示棗陽存在有押租和無押租兩種租佃，雲夢縣佃田則是無押金的。〔註82〕但大體上，仍較為一致，無需押金的縣份中，主要位於鄂東南、鄂中南，這些區域為湖北的核心農業區，這一點與湖南省相反。

押租的數額較為複雜，按高王凌在湘中一帶做的口述史中原民國時期的佃農的說法，「押租太多太少都吃虧。太少，佃戶負擔不起（田租）。押租太多，田主也負擔不起（利息）。」〔註83〕兩湖各地押租數額不一，且相差較大，30 年代的湖南省，低如新化，每畝五角，高如醴陵縣，每畝 9 元。〔註84〕押租租金的多少通常一方面取決於耕地的好壞，如在長沙一些鄉，地好者押租則少，而地租高，「地用勞力多者押金即多，租額則少」。〔註85〕另一方面是因為競佃，通常因為押租高交租少的情況存在（也存在一定數量的重押重租），且押租在佃戶退佃時要退回，地主一般不會把押租定的很高，但有一些

〔註80〕實業部國際貿易局編：《中國實業志（湖南省）》，1935 年版，第二編，第 22 ～41 頁。

〔註81〕湖北省政府秘書處統計室編：《湖北省年鑒（第一回）》，1937 年版，第 148～ 151 頁。

〔註82〕金陵大學農學院農業經濟系：《豫鄂皖贛四省之租佃制度》，1935 年版，第 26 ～27 頁。

〔註83〕高王凌：《租佃制度新論──地主、農民和地租》，上海書店出版社 2005 年版，第 213 頁。

〔註84〕實業部國際貿易局編：《中國實業志（湖南省）》，1935 年版，第二編，第 22 ～41 頁。

〔註85〕湖南省土地改革委員會：《長沙縣關於土改中各種數字統計和農村情況調查材料》，1951 年，湖南省檔案館藏，全宗號：145，目錄號：1，案卷號：256。

經濟狀況出現問題的地主需要資金周轉，往往形成較高的押租，一般這樣的情況有三：一是公、祠廟田為修建房屋或祭祀用錢數額大，故以重押（重批或大批）出租，收少量地租作為平常香火費用；二是農戶發生急需用錢的事情，又不想賣田，故取此種形式出租；三是地主藉此獲得高利貸資本。〔註86〕這些情況下，只有那些出得起押租或者押租更高的人才能獲得耕種權。

押租與租額的關係，我們先看一個例子，見下表：

表3.14：土改前長沙縣榔梨鄉 3 戶地主押租租額情況

地主姓名	出租土地年產額	每年租額	押租押金數	說明
黃步雲	60 石穀	29 石穀	20 石穀	押租低租額高
黃乾坤	48 石穀	23 石穀	20 石穀	
黃福階	30 石穀	5 石穀	20 石穀	押租高租額低

資料來源：湖南省土地改革委員會：《長沙縣榔梨鄉土改前調查材料》，1949 年，湖南省檔案館藏，全宗號：145，目錄號：1，案卷號254。

上表中，黃步雲的土地押租數占年產額的三分之一，每年租額占到產額的近 50%，而黃福階的土地年產 30 石穀，押租為每年產額的三分之二，而租額僅為產額的 16.67%。單從此例上講，押租增加一倍，租額降低了近 200%，降幅是非常高的。實際上，押租與所交租穀的比例，與當時的利息率有關，「如某一莊田的包租是一百石，即是說不要押租銀應納租穀一百石，繳押租時則按息倒租，若當時銀息穀為每十兩五石，則每進押租銀十兩即可少算五石穀租。」在這種情況下，有些出現經濟危機的地主急需資金又不願將田賣出，不得已一再加押，以致於租穀不夠繳納田賦。〔註87〕因為押租的存在，兩湖地區出現一種專門交納高押金換取低租率的佃戶，他們把租來的田再轉租或雇傭缺田的農戶，從中賺取地租差，在湖南，這種人被稱為「二東君。」日本學者長野郎則稱這類人為「小財主」：

> 湖南在地主和佃農的中間，有「小財主」介在著，事無大小，
> 都有他傳達於地主。小財主就是蓄有數千元的小資產家，本人聰明，
> 善於計算，運用自己所有的資本，由一個或數個地主，借得數十畝

〔註86〕新湖南報社：《湖南農村情況調查》，新華書店中南總分店 1950 年版，第 23 頁。

〔註87〕鄒振家：《湖南農村中的二東君》，《世界農民月刊》1947 年第 1 卷第 10 期。

以致二、三百畝的田地，雇用資本少或毫無資本而苦於高利貸的農民，叫他們耕作，自己完全居於監督的地位。每年除對於地主繳納地租，對於雇農支給工資外，殘餘的都是自己的所得。這種人在湘潭、長沙附近，佔有十分之三。〔註88〕

兩湖也存在普通競佃而導致押租上升的情況（即地租並沒有因為押租上升而下降），在湖北棗陽，20 世紀 30 年代之前，由於「田少人多，佃農競佃，不惜向田主增加頂頭（即押租——引者注），結果，血汗所得，不足償所納頂頭之息金。」30 年代後，因「天災匪禍，之餘，壯丁死亡甚重，一變而為田多人少，有田者已不能居為奇貨，故頂頭亦漸減低。」〔註89〕

押租制度是中國傳統鄉村社會貧富分化的原因之一。由於押租的存在，貧窮的農民無法獲得土地耕種，即使有能力支付押租，大多是借貸而來，或者因欠押租而需支付地主利息，農戶常因此掉入高利貸的深淵。此外，窮苦農民財力有限，僅能租到少量土地，通常情況下，土地的質量也不會高，財力較好的農民則因押租制度的存在能租到更多的耕地。那些高押租低地租的土地，成為有錢人的投資方式，貧窮的農民通常是無法競爭到的。由此可知，在押租制度下，貧者無法獲得或者僅能獲得少量土地的佃權，而富人能憑藉財富集中佃權有可能成為「二東君。」押租制度也成為傳統中國鄉村社會「馬太效應」的重要因素。

（四）地租形態及租率

中國傳統鄉村社會的田租形態，有分成租、定額租及貨幣租三種。通常認為，隨著商品經濟的發展，定額租和貨幣租逐漸佔據優勢，而分成租作為落後的納租形態，比重則逐漸減少，比如在 20 世紀 30 年代的蘇南農村，佃戶多數以貨幣納租，分成租極少見到，僅在南通縣有個別例子。〔註90〕但在兩湖地區，分成租仍佔有一定的比例，湖南省 1943 年調查的田租形態為貨幣租僅占 3.8%，穀租（定額租）占 70.5%，分成租占 25.7%。〔註91〕根據金陵

〔註88〕長野郎著，強我譯：《中國土地制度的研究》，轉引自章有義編：《中國近代農業史資料（第二輯），1912～1927》，生活・讀書・新知三聯書店 1957 年版，第 443 頁。

〔註89〕成駿：《湖北農村雜寫》，《申報》1936 年 5 月 24 日。

〔註90〕曹幸穗：《舊中國蘇南農家經濟研究》，中央編譯出版社 1996 年版，第 76～77 頁。

〔註91〕華恕編著：《湖南之農業》，亞光書局 1946 年版，第 6 頁。

大學的調查，30 年代湖北 15 個縣地租形態平均比例，貨幣租為 13%，穀租（定額租）為 78%，分成租為 9%。〔註 92〕顯然，兩省的貨幣租比例是要遠低於蘇南地區的，而湘鄂之間貨幣租的差別也是與各自的農村商品經濟發展程度相適應的。定額租佔了兩湖地租形態的絕對優勢，在金陵大學對襄陽、江陵、黃梅三縣若干村莊的調查中，地租形態幾乎百分之百是定額租。〔註 93〕

　　分成租轉向定額租說明地主對佃戶的控制減弱，但是如果說分成租是落後的地租形態，這也並非事實。經濟學家張五常的研究表明，在風險未知的情況下，分成租是最具效率的地租形態。從規避風險的角度來說，分成租是地主與佃戶都可接受，而在定額租下，佃農要承擔風險的大部分，在「工資合約」（地主雇工經營）下，地主要承擔風險的大部分。〔註 94〕但是定額租卻大量存在，張五常認為是「分成合約下的交易成本要高於定額租約下的交易成本」。〔註 95〕這至少表明，分成租並非傳統認為的「落後」的租佃形式。

　　從縱向角度看，中國歷史上的地租形態經歷了從分成租到定額租的轉變，從 30 年代的橫向比較，北方的分成租比例明顯要高於定額租，而江南則是定額租占絕對優勢，這表明商品經濟越發展，定額租比例越高。明清以後，商品經濟的發展使不在地主迅速增多，這些地主無法親自管理田地，更傾向於定額租。同時，人口的急劇增長使人地矛盾尖銳化，大量無地少地戶的出現導致競佃加劇，使得有地可出租的地主處於強勢地位，這種歷史條件有利於地主選擇於自己承擔風險較小的地租形態。北方的地權分配要較南方分散，地主的強勢地位亦不如南方突出，故分成租佃較多。因此，定額租代替分成租的主要原因，一是商品經濟的發展，二是人地矛盾的尖銳化。貨幣地租則是商品經濟發達的體現，兩湖地區貨幣地租的缺乏也是近代兩湖商品經濟遠落後於江南地區的表現之一。

　　分租制一般是根據產出量進行對分，但如果地主提供除土地外的其他生產要素，那所佔的成數就要高些。定額租較為複雜。分成租是在收穫後主佃雙方各得成數，而定額租則是在定契約時預估產量，根據所估產量商定主佃

〔註 92〕金陵大學農學院農業經濟系：《豫鄂皖贛四省之租佃制度》，1936 年版，第 41頁。

〔註 93〕金陵大學農學院農業經濟系：《豫鄂皖贛四省之租佃制度》，1936 年版，第 44頁。

〔註 94〕張五常：《佃農理論》，商務印書館 2001 年版，第 99 頁。

〔註 95〕張五常：《佃農理論》，商務印書館 2001 年版，第 114 頁。

雙方的所得，因此我們通常在文獻上見到的所謂「主佃各半」、「主六佃四」等容易被誤認為分成租的詞，事實上為定額租。額租通常也是主佃對分，又因由於土地質量、押租輕重等因素，又有主佃六四、四六、三七、七三等不同形式，在一些不需要押租的田地，也有東八佃二甚至東九佃一的分法。〔註96〕由於額定產量與實際產量通常並不一致，因此，額定的地租率也並不代表實際的地租率。

　　金陵大學對豫鄂皖贛四省的調查中，湖北 15 個縣水稻上田平均納租 251 市斤，中田平均納租 209 市斤，下田平均納租 169 市斤，三種田平均納租 210 市斤。如全省平均產量按《湖北省年鑑》之數據 3.19 擔（319 市斤，見上文）計，平均租額占產額的 65.83%。40 年代，湖南省水田定額租普通在 204 市斤，〔註97〕這個租額大約占畝產的 50%左右。但這只是大致估算，很難說有多少準確度，且租率各地不一，一個宏觀性的估計數字也很難說明各地區的情況。我們將通過具體農戶來分析租率情況，首先見表 3.15。

表 3.15：土改前湘潭縣某村部分佃戶交租情況

戶主	租入田畝（畝）	稻穀產量（石）	租額（石）	租額占產量（%）
龐素珊	2.5	13.689	9.26	67.64
龐季坤	5.5	28	18.72	66.86
劉相生	6	31.59	23.69	74.99
龐昊昆	10.4	48.6	36.5	75.10
郭錫君	8.3	51.98	25	48.10
龐喜生	4	16.848	10.7685	63.92
龐德清	18	81.2	37.4	46.06
毛其祥	20	99	29.7	30
李秋漢	18.8	93.987	48.555	51.66
蘇佩春	2.2	1.5	0.5733	38.22
段少凡	12	56.16	31	55.20
劉華生	11	55.35	32.1	57.99

〔註96〕新湖南報社：《湖南農村情況調查》，新華書店中南總分店 1950 年版，第 11 頁。

〔註97〕華恕編著：《湖南之農業》，亞光書局 1946 年版，第 6 頁。原文單位為「市擔」，疑誤。

龍桂岩	8.2	38.376	26.7	69.57
郭應清	1.5	7.02	5.38	76.64
周瑞生	17	84.2	59.4	70.55
楊菊生	7	32.76	20.475	62.50
龐學林	10	52.65	25.155	47.78
郭先正	7.9	35.09	17.55	50.01
龐桂田	2.5	11.7	3.56	30.43
合計	172.8	839.7	461.4868	54.96

資料來源：中共湘潭縣委辦公室：《湘潭縣土改前 XX 村三聯組九小組農村經濟按家調查表》，1950 年，湘潭縣檔案館藏，全宗號：20，目錄號：1，案卷號：5（長期）。

　　從上表中看，該村總體上的租額占產量的百分比大約為 55%，如果這個村的習慣租率為主佃對半的話，那麼實際租率雖略高，也並未高出許多。但通過該村情況，我們可以看到實際租率是相當複雜的，各農戶因情況的不同，租率的差別非常大，高至 76.64%，低則為 30%，在本村中，甚至有兩戶出租土地但未收租的情況。出現這種情況的原因，我們在上面已有說明，大致為押租、收成好壞等情況。押租不同規定了不同的契約租率，而收成的不同則最終反映到實際的租率中。上表中，畝均產量為 4.86 石，換算為市斤為 340.2 市斤（該村每石穀合 70 市斤）。如以實業部國際貿易局在 30 年代的調查為據，湘潭水稻常年畝產為 4.2 擔（420 斤），上表的畝產是屬歉收狀態，因此，在正常年景，產量應較上表高些，而租率則相應下降。這 19 戶農戶所佃入的土地畝產按 420 市斤計，則租率為 44.51%。在全省定額租普通在主佃各半的情況下，45% 至 55% 的租率大體上也可以反映正常年景時湖南的實際租率。但在洞庭湖區，情況是有所不同的。

表 3.16：民國時期洞庭湖濱各縣租額情況

縣別	垸名	畝弓	每畝莊費（押租）	每畝租額
安鄉	各垸	4 尺 8 寸或 5 尺 2 寸	2 元至 10 元	4.8 弓 1 石 3 斗，5.2 弓 1 石 4 斗
澧縣	西大垸	5 尺	2 元	稻 2 石 5 斗，棉預交六元，上半年交 2 元 4 角，下半年交 3 元 6 角
	十里坪垸	5 尺	2 至 4 元	低田 1 石 5 斗，高田 2 石

	東洲垸 南民垸	5 尺	上田 3.4 元，下田 1.2 元	1.東佃平分不另進莊；2.例課上田 3.4 元，中田 2.3 元
	大圍垸	4 尺 8 寸	3.2 元	1 石 2 斗
	雙和垸 永鎮垸	5 尺 2 寸	棉田 5 元，稻田 2.5 元	棉田 40 斤，稻田 1 石 5 斗
	榮陽垸	5 尺 2 寸	棉田 5 元，稻田 2.5 元	棉田 40 斤，稻田 1 石 5 斗
	官垸 長發垸	5 尺 2 寸	2 元至 10 元	棉田春三夏四，稻田 1 石 4 斗
南縣	南陽垸	4 尺 8 寸	3 元至 8 元	1 石 4 斗
	又東垸	5 尺	4 元至 8 元	1 石 5 斗
	天合垸	5 尺	2 元至 5 元	1 石 2 斗
	大北垸	5 尺 2 寸	4 元至 6 元	1 石 5 斗
	育才垸	5 尺 2 寸	約 5 元	1 石 2 斗 5 升
	文華兩垸	4 尺 8 寸	1 石 4 斗	1 石 2 斗 5 升
華容	禹甸垸	5 尺 2 寸	2 元至 10 元	1 石 5 斗
	劉濟垸	5 尺 2 寸	2 元至 6 元	1 石 2 斗 5 升至 1 石 5 斗
	光復垸	5 尺	1 元至 8 元	1 石 5 斗
	舒南垸	5 尺 2 寸	2 元至 8 元	1 石 5 斗
漢壽	漢南局	5 尺	0.8 元至 1.4 石	1 石 4 斗
沅江	福民垸	5 尺	2 元至 10 元	1 石 4 斗
常德	門板洲	4 尺 8 寸	5 元	1 石 4 斗

資料來源：徐碩俊：《洞庭湖濱各縣堤務及堤費負擔之調查及建議》，《農業建設》1937 年第 3 期。

　　如上表所見，洞庭湖各縣的湖田雖然押租各有差別，但是租額較為接近，以 1 石 5 斗和 1 石 4 斗最為普遍，最高 2 石 5 斗，最低 1 石 2 斗，皆為少數。棉田租額則以每畝棉花 40 斤為一般情況。〔註98〕如洞庭湖沿岸各縣水稻畝產

〔註98〕另有 30 年代對澧縣五豐、雙富兩垸的調查，63 戶佃戶中，押租雖然各有差別，從 1 元至 10 元不等，但每年納租皆相同，水田每畝每年納穀 1 石 4 斗，棉田每畝每年納棉花 40 斤。見熊伯西：《湖南澧縣租佃制度之大概》，《農業建設》1937 年第 5 期。

按表 3.7 十足年（5.79 石）之八成計，佃農交租亦不到畝產的三分之一。至於棉花產量，澧縣之中棉（美棉種植甚少）常年平均可收 130 斤（籽棉）左右，〔註 99〕佃戶每戶所交亦不到三分之一。洞庭湖區相對較低的租率也讓當時的調查者感慨：「（洞庭湖濱）租佃情形，卻有一優良風氣，租稅制度，甚為公道，通常是東三佃七或東二佃八，佃戶所得比東家特多，所以無租佃糾紛。」〔註 100〕洞庭湖區湖田出現低租率的原因，一是地主擁有的土地較多，同時垸田因年有新淤而增加，佃戶則增加不足，需要降低租率來吸引佃戶；二則佃戶通常需要與地主一起擔負堤費。洞庭湖區的低租率使佃有較多土地的佃戶比一般中小地主的經濟要優裕。

　　湖北方面，前文 65% 的租率是偏高的，從各方面的資料看，湖北省的租率普遍低於此數，如武昌縣錦繡鄉，「普通一斗田產穀二石至二石五，交租一石」，〔註 101〕租率為 40%～50%；黃岡縣，肥田「每畝收穫量可得三四擔之數……則每畝所以定為二擔之租額」，租率大概在 50%～65% 之間，次等田，「每畝可得三擔或二擔五斗之收穫量……所以定為一擔五斗餘之租額」，租率在 50%～60% 之間，下等田，「每畝收穫量只有二擔之譜……定為一擔或六七斗之租額」，租率在 30%～50% 之間；〔註 102〕安陸縣，「農產分配，東四佃六，頗能相安」。〔註 103〕租率比較低的地區也很常見，如江陵縣三合鄉，每畝田收租穀 1 石 3 斗，而每畝產額在 4 石左右，租率 32.5%。〔註 104〕隨縣「佃農繳租東三而佃七，間有東四佃六者」。〔註 105〕租額占產額的三分之一左右的例子在湖北省並不少見，有一種叫「死租」的定額租，特點是不穩年成好壞，災情如何，租額按數交納，不准減少，這種定額租的租率一般是占產額三分之一，少數為 60%，如麻城宋埠區 1 斗田產穀 3 石，交租 1 石，京山縣 1 石田

〔註 99〕羅良德：《湖南澧縣棉產之面面觀》，《農業建設》1937 年第 7 期。

〔註 100〕周源歧：《洞庭海濱經濟概況》，《經濟彙報》1944 年第 6 期。

〔註 101〕湖北省武昌縣錦繡鄉：《武昌錦繡鄉戰前、解放前及全鄉社會改革運動中對地主階級情況與打擊消滅程度的調查（第一部分）》，1952 年，湖北省檔案館藏，SZ1-02-0113-001。

〔註 102〕潘洇：《黃岡之租佃制度》，蕭錚編：《民國二十年代中國大陸土地問題資料》，成文出版社 1977 年版，第 31229～31230 頁。

〔註 103〕成駿：《湖北農村雜寫》，《申報》1936 年 5 月 16 日。

〔註 104〕中南區軍政委員會土地改革委員會：《中南區一百個鄉調查資料選集》，第 28、33 頁。原文沒有畝產量，但根據第 33 頁文中地主李虎臣「雇長工耕種 18.7 畝，全年可打穀 74.8 石」，可知畝產為 4 石。

〔註 105〕成駿：《湖北農村雜寫》，《申報》1936 年 5 月 21 日。

產穀 15 石，交租 5 石。〔註 106〕麻城縣，除了北區主佃各半外，東區、南區、西區、中區皆是普遍實行「主得一成，佃得二成」之租額。〔註 107〕從以上例子可以看出，湖北省地租租率高者以 60%為普遍，而低者在 30%左右，如以平均計，大致應在 40%～50%之間。

因農民所收穫的作物並不是全部都需要交租，因此 50%上下的租率並不意味著農民需要把租入土地收成的將近一半交於地主，租額占租入土地產額的百分比通常要低於租率，但也不會低很多，我們看鄂城縣鄧平鄉的例子，見下表：

表 3.17：1948 年鄂城縣鄧平鄉 8 戶貧農租入土地產量及交租情況

戶主	全部耕地（畝）	總產量（折穀市斤）	畝產（畝）	租入耕地（畝）	租入耕地總產量（折穀市斤）	租額（折穀市斤）	租額占租入土地產額（%）
楊長海	10.79	3025	280.35	2.39	670.04	575	85.82
王大琴	6.32	3023.4	478.39	4.87	2286.7	874.5	38.24
鄒傳根	15.27	6647	435.3	9.67	4209.35	2150	51.08
王志漢	5.19	2594	499.81	4.13	2064.22	730	35.36
王永清	8.11	6648.5	819.79	4.78	3918.6	1049	26.77
王永中	6.46	5199.55	804.88	6.46	5199.55	1508	29.00
王勳林	3.37	2949	875.07	1.98	1732.65	500	28.86
牛幼泉	5.16	4705	911.82	2.6	2370.74	755	31.85
綜合	60.67	34791.45	573.45	36.88	21148.98	8141.5	38.5

說明：1.楊長海戶由於 3.4 畝水田受災，故農業產量較低。2.耕地有水田、旱地，旱地作物主要為棉花、小麥。畝產較高的可能是因為棉花種植較多，換算成稻穀拉高了數字。3.王勳林為抗戰前數據。

資料來源：湖北省土改委：《關於（鄂城縣第一區）鄧平鄉土改後經濟調查報告之三——九戶典型中、貧農經濟情況》，1952 年，湖北省檔案館藏，檔案號：SZ37-01-0042-001。

上表中，除了情況特殊的楊長海，其他幾戶租額占租入土地產額大都在 40%以下，最低的王永清戶僅為 26.77%。綜合為 38.5%，如不是楊長海遭水

〔註 106〕人民出版社編輯部編：《新區土地改革前的農村》，人民出版社 1951 年版，第 55 頁。
〔註 107〕佚名：《湖北省麻城縣租稞調查表》，《農礦月刊》1930 年第 6 期。

患，數字還要略低一些。從這 8 戶農戶推斷，佃戶所交租額應大致占租入土地產額的三分之一左右，這並不算很沉重的剝削。但各地情況各異，租額占租入土地產額低的情況存在，一年之生產交完租後所剩無幾也同樣存在。比如兩湖各地存在著與租佃有關的額外剝削，如送租額、租雞、租肉等，有的地區佃戶還要為地主無償勞動，據統計，在湖南省，各式各樣的額外剝削花樣超過 120 種。〔註108〕因此，租率所反映的佃農和地主的經濟關係需要結合更多的因素才能全面認識。

（五）主佃關係

在革命話語中，地主與佃戶的關係被認為是純粹對立的階級關係，但歷史顯然不會這麼簡單。地主與佃戶的關係是多種多樣的，雖然階級關係首先表現為經濟關係，但主佃之間的經濟關係卻並非純粹的階級關係這麼簡單，最為明顯的便是相當一部分出租土地的農戶並非依靠地租剝削生活的地主，而純粹地主中又有相當部分是屬缺乏勞動力的鰥寡孤獨戶。即便是被認為依靠剝削生存「地主階級」，其內部也具有多樣性，土改前湖北省被劃為地主農戶，有權勢的約占 20%，依附於權勢的占 30%，而無權無勢被農民稱呼為「肉頭地主」的占一半左右，這類地主的地位並不比一般農戶高，甚至可能因為擁有財產更容易受到盤剝。

在經濟發達的江南地區，由於工商業地主等不在地主的大量存在以及永佃制的盛行，地主與佃戶之間很多都並沒有太多甚至沒有交往，一般表現為純粹的經濟關係，而兩湖地區存在著更多傳統社會的痕跡，地主和佃戶通常居於同一地，即使沒有處於同一村莊，雙方也會因為佃戶交租發生交往——租穀往往由佃戶親自送到地主家中。兩湖地區地主與佃戶之間有密切交往關係另一個原因的是不定期租佃的盛行。不定期租佃因為主佃雙方在租佃期限上都沒有文書上的保證，為了保證租佃的穩定性，地主一般會選擇熟人或者有中人保障的人來承租土地，主佃雙方一開始就存在交往的關係，這也往往成為傳統鄉村社會主佃關係和諧的一個基礎。

在 20 世紀二三十年代，由於農民運動的開展，兩湖地區地主與佃戶之間的關係出現一定程度的惡化，有人將主佃雙方關係的變化歸結於共產黨的宣傳，如黃岡縣：

〔註108〕新湖南報社：《湖南農村情況調查》，新華書店中南總分店 1950 年版，第 11 ～12 頁。

　　黃岡縣屬，曾於民十五、六年間為共黨所盤踞，積極宣傳，提高農民程度不少。農民之智識稍增，農民之勢亦厚，宜其更相親善，互為友助，以謀農業之發展，生產之繁殖，業佃雙方均獲利益良多。奈何佃與業各樹一幟，反若冰炭之不能相容，雖秋收以後，理宜隨時繳租，彼反多方設法故意為難，如繳租一項，向來有一定之習慣，租約載定每年八月內充納租穀若干，逾期不納，挑租工人往返力資，歸佃方負擔，所以每屆秋收時期，八月內無論任何佃戶均已清繳無誤。無如時勢變遷，世風各異，明明新穀登場，收曬清乞（訖），業方之雇工去挑，佃方託言尚未收割，俟日後曬好再行來挑，迨隔十數日再雇工去挑，彼又推宕，不一其端，非言人不在家，即言穀猶未曬，非耽擱三五次或六七次，決不肯任伊挑去。……有等鰥夫寡婦，產業無多，不過七八擔或十數擔而已，再加近年來普遍的減租，十數擔之租，亦僅得八九擔，七八擔之租，亦僅得五六擔而已，再除去完糧挑力，尚有幾何？若佃方原諒，一挑就付，猶有可恕，若再佃方如此為難，則挑一擔租要費三五次工銀，不亦消耗無餘，僅有名無實乎？況此等業主，衣食住均無著落，一年生計，全賴此款以救濟，若此辦法，則時期無定，日復一日，非但金錢耗費殆盡，即人工亦無從去喚，不亦束手無策。〔註109〕

　　農民運動之鼓動確實使地主與佃戶之間的對立加重，但如果將主佃雙方逐漸對立的關係完全歸結於中共的鼓動，也是有失偏頗的，比如上文的黃岡縣，地主與佃戶的關係存在著一定程度的對立，但若說有多尖銳，似乎也談不上，而拖延交租的行為，更接近於斯科特所稱的「弱者的武器」〔註110〕，這種反抗行為並非在農民運動後才出現，比如在清末民初，湖南省常有「佃戶對於地主以要求減少租穀，往往肆其挾制」。〔註111〕

　　在主佃雙方中，地主因為擁有土地出租的主動權，且在人口壓力下競佃加重，通常是處於強勢的一方。湘鄉縣在清代，「有『東佃如父子』之稱，佃

〔註109〕潘洎：《黃岡之租佃制度》，蕭錚編：《民國二十年代中國大陸土地問題資料》，成文出版社 1977 年版，第 31234～31235 頁。

〔註110〕（美）斯科特著，鄧廣懷、張敏、何江穗譯，郭於華、邵建立校：《弱者的武器》，譯林出版社 2007 年版，前言。

〔註111〕（民國）湖南法制院、（清）湖南調查局編印：《湖南民情風俗報告書·湖南商事習慣報告書》，湖南教育出版社 2010 年版，第 50 頁。

戶對於東主例應服從，東主家有重要事故時，佃戶須往幫工，以盡比較親密的義務。」〔註112〕《湘鄉史地常識》作者譚日峰將這種關係稱為「情誼」，這自然是屬傳統知識分子的認識。在鄉村社會溫情脈脈的主佃關係的下面，是地主的強勢地位所造就的類似於主僕關係的和諧，這種關係在近代以後逐漸消亡。近代以後，農村社會穩定的主佃關係通常無法靠「主僕關係」來維持，更多依靠地主與佃戶在經濟上的相互依存，這使主佃雙方在發生爭執甚至抗租的幾率大大增加。在《湖北省年鑑》中所列的各縣主佃關係中，「感情甚厚」或者「感情融洽」的僅安陸、監利、遠安三縣，其他大多數為「無爭執」，其間已看不出有多少超越經濟關係的感情存在。至於「有爭執」乃至抗租行為，一方面是主佃雙方經濟關係下的利益博弈，另一方面也說明地主的強勢地位逐漸減弱。地主的強勢趨於衰退與大地主的減少有直接關係，無權勢的中小地主容易成為佃戶反抗的對象。

　　民國時期兩湖地區對主佃關係的描述中，就筆者所接觸到的材料，地主與佃農對立最為嚴重的是鄂城縣：「地主與佃農，形成對立。民國以前，地主虐待佃農，儼然為其奴隸，佃農亦以奴隸自居。入民國後，地位雖較平等，而一切仍受地主支配。民十八年，共匪竄擾後，形勢劇變，地主轉屈服於佃農，昔日田租，東佃各半，多數且須送穀上倉，今則東三佃七，尚有時抗納。」〔註113〕鄂城縣地主與佃戶對立嚴重由歷史造成的，民國以前，地主對佃戶的刻薄造成了後來佃戶的反抗，共產黨的影響是催化劑。這種嚴重對立的情況在兩湖普通的主佃關係中並不普遍存在。革命話語所描述的建國前地主對佃農的殘酷剝削通常不是經濟意義上的，更多的是經濟剝削伴隨著政治壓迫，這種獲取利益的手段非普通地主所能擁有，需要地主與政權結合，或者至少是有密切聯繫。這樣的地主，在湖北黃岡縣迴龍鄉的 21 戶地主有 10 戶，浠水望城鄉抗戰前 19 戶地主當官起家的有 9 戶，還有 7 戶是所謂的「士大夫門第者」。而根據 11 個鄉的調查數據，在 248 戶地主中，直接掌握政權的有 85 戶，占全部的三分之一強。〔註114〕在這類地主面前，佃農是完全處於弱勢的。但此類地主與佃戶雖然對立，但當一方完全壓制另一方時，衝突便也被壓制了。

〔註112〕譚日峰：《湘鄉史地常識》，1935 年版，第 94 頁。
〔註113〕成駿：《湖北農村雜寫》，《申報》1937 年 7 月 30 日。
〔註114〕中共湖北省委農村工作委員會調查研究科編：《湖北農村調查——二十個農村典型鄉綜合材料之一》，1952 年版，第 8～9 頁。

總體來說，兩湖的地主和佃戶並沒有出現嚴重的對立。普通地主和佃戶在經濟上是相互依存的，就如上文提及的湘中一帶佃農對押租的說法，主佃雙方都不能吃虧；而在收租上，租率多少通常也需要考慮雙方的利益，同時又有各地自身的慣習，地主雖然表面上是處於強勢的一方，但也不能隨心所欲加租。真正造成鄉村主佃關係惡化的是權勢地主，他們通過經濟剝削和政治壓迫對佃戶及其他農民進行盤剝，雖然能通過權力壓制佃農的不滿，但當農民運動到來時，這種不滿就爆發出來。國民革命和土地革命時期，通過中國共產黨的宣傳，主佃的對立有加劇趨勢，但如果沒有革命在全國的勝利，這種對立並不會對鄉村秩序造成顛覆性影響。

三、土地的雇傭關係

兩湖地區的租佃制度發達，一般地主土地都用於出租，這與江南地區是類似的。但兩湖地區的土地雇工耕種的情況亦是常見。大土地雇工經營，在某種程度上被認為是一種資本主義的經營方式，採用雇工耕種的地主被稱為「經營地主」。在華北，一個以雇傭勞力為主要勞力的農場，面積通常在 100 畝以上，200 畝以下，這是因為只有達到一定面積的土地，才會在自有勞力之外去使用雇傭勞力，而土地的零碎化又使面積過大的農場管理困難。〔註115〕在兩湖，農戶雇工經營都幾乎無法稱之為「經營地主」，大土地所有者經營土地基本以出租為主，雇傭勞力的農戶大部分為勞動力不足以耕種其所有土地之自耕農。

（一）雇主的耕地面積與雇傭人數

在革命話語中，雇傭關係被認為是租佃剝削的變種，土改調查者認為，「半封建封建的土地制下，雇傭關係和租佃關係只是形式上的差異，佔有土地的人們認為直接使用勞動者有利，便雇工從事於土地的經營；如認為間接使用勞動者有利，便出租土地變為地租的收入者。」〔註116〕但這個結論顯然過於簡單化。鄉村的雇工分為長工和短工兩種，雇傭長工的農戶可能為擁有土地較多，可以被認為存在「雇傭剝削」，而雇傭短工的農戶，更多並非

〔註115〕黃宗智：《華北的小農經濟與社會變遷》，中華書局 2000 年版，第 178～181 頁。
〔註116〕中共湖北省委農村工作委員會調查研究科編：《湖北農村調查——二十個農村典型鄉綜合材料之一》，1952 年版，第 7 頁。

因為耕地多，而是由於農忙時分勞動力不足，與所謂的「雇傭剝削」自然無
法相提並論。

表 3.18：土改前兩湖地區各階級雇工情況　　　　　　　　（單位：%）

階級	湖北省 20 個鄉		湖南省 15 各鄉	
	各階級雇主占總雇主比例	各階級雇入長工數占總長工數比例	各階級雇主占總雇主比例	各階級雇入長工數占總長工數比例
地主	35.82	50.74	43.49	52.52
富農	23.70	23.28	17.30	16.29
其他剝削階層	3.19	1.86	6.09	4.76
中農	32.36	20.95	31.80	25.40
貧農	4.26	3.02		
工人	0.27	0.06		
其他勞動人民	0.40	0.09	1.32	1.03

資料來源：中南軍政委員會土地改革委員會：《中南區一百個鄉調查統計表（內部資
　　　　料）》，1953 年版，第 84～85 頁。

　　從上表可以很清楚地看出，儘管比例不一，雇傭現象在兩湖地區大部分
階級都存在，特別是湖北省，甚至貧農亦雇有勞力。地主、富農、中農是雇
傭勞力進行農業勞動的主要階級。如果說地主、富農還存在「認為直接使用
勞動者有利」而雇工勞動的話，中農顯然一般不存在這種狀況，畢竟中農的
土地有限，耕種需要以自家勞動力為主，若非缺乏勞力通常不會雇人。在雇
入長工方面，兩省的地主階級雇入的長工占長工人數的一半，這其中除了部
分是完全雇工經營外，也有部分是自耕兼雇工經營。作為非剝削階級的中農
亦雇傭著占總數五分之一至四分之一的長工，因此，把雇傭關係完全歸入剝
削關係是過於簡單化的。

　　前文已經指出，土地全部出租的地主所佔的比重不大，大部分出租土地
的農戶都會留一部分土地自耕或雇工耕種，留出來自耕或雇工的土地面積通
常按家庭勞動力的多少而定。我們可以看一些此類地主的例子，見下表：

表 3.19：土改前長沙縣磨盆鄉、茶陵縣廟市鄉部分地主土地自耕、雇工情況

戶主	家庭人口	擁有土地（畝）	人均耕地（畝）	自耕土地（畝）	實際勞動力	雇長工人數
程鏡羽	12	39.596	3.30	39.596	不詳	4
杜本義	5	12.34	2.468	12.34	無	不詳
王鏡吾	27	96	3.56	96	6	1
黃竹林	17	不詳	不詳	不詳	1	1
劉伯均	17	48.05	2.83	48.05	不詳	2
劉月秋	不詳	38.602	不詳	38.602	不詳	3
高福生	16	75	4.69	75	1	4
鄧菁莪	不詳	40.5	不詳	20.8	無	2
譚學謙	4	26.7	6.675	5.2	無	2
顏光國	5	10.2	2.04	3	無	1

資料來源：湖南省土地改革委員會：《長沙縣第八區磨盆鄉典型調查資料》，1953 年，湖南省檔案館藏，全宗號：145，目錄號：1，案卷號：71；《茶陵縣廟市鄉典型調查材料》1952 年，湖南省檔案館藏，全宗號：145，目錄號：1，案卷號：125。

　　很明顯，上表的幾戶地主的人均耕地皆不高，7 戶人口與擁有耕地數字齊全的地主人均耕地為 3.58 畝，大致略高於一般自耕農的水平。這樣的人均耕地水平，一般家庭的勞動力已經足夠，頂多在農忙時分雇傭幾個短工。在 10 戶地主中，從自耕土地面積與雇長工人數量上看，除了王鏡吾自家勞動力、劉伯均戶疑似有自家勞動力參加耕種外，其他幾戶可能幾乎不參加勞動或者僅參加輔助勞動。這也是這些農戶雖然人均耕地不多且有農戶甚至沒有土地出租仍然被劃為「地主」的原因之一。另一方面，這些地主對農事並不上心，如程鏡羽，「狂嫖闊賭，大吃大喝，故歷年來產業並未增加，於一九四七年出賣田 25.763 畝，故解放時只有 39.596 畝」；〔註 117〕杜本義，「嫖賭為業，尤以賭錢為最著，除本鄉所賭外，經常來往平江、瀏陽等縣。」但這 10 戶地主的背景亦有所不同，前 7 戶為一般地主，沒有政治職務，家庭收入主要靠土地收入，而後 3 戶皆有政治職務，是為惡霸地主，貪污肥私、敲詐勒索、放高

〔註 117〕湖南省土地改革委員會：《長沙縣第八區磨盆鄉典型調查資料》，1953 年，湖南省檔案館藏，全宗號：145，目錄號：1，案卷號：71。

利貸等收入甚至要超過土地收入，如顏光國，「全家生活，主要靠政治剝削維持。」〔註118〕是以，前7戶如將土地出租將對家庭經濟影響較大，而後3戶影響則相對較小。故可以認為，在兩湖，所謂的「雇工地主」，有不少為好逸惡勞的自耕農。

湖北的情況類似，有雇工的農戶，從人均耕地上看，自耕農佔了不小的部分，如下表沔陽縣牛路鄉的例子：

表3.20：土改前湖北沔陽縣牛路鄉沙嶺村雇工農戶情況

戶主	階級成分	人口	自有耕地（畝）	人均耕地（畝）	出租耕地（畝）	雇工人數
鄒鐵舫	地主	6	21.35	3.56	11.3	1
章羅氏	地主	3	33.2	11.07	29.2	0.5
余貴州	富農	10	41.4	4.14		1.5
陳知道	富農	5	17.6	3.52		1
陳咬其	富農	6	13.3	2.22		1
陳運舫	富農	6	15.35	2.55		2
陳運炳	富農	4	15.8	3.95	0.75	1
陳瑞芳	富農	7	22.5	3.21		1
陳運慶	富農	6	17	2.83		1
王春香	富農	不詳	19.2	不詳		1
陳中煥	富農	3	18.95	6.32		1
李龍運	富農	6	34.2	5.7		零工60個
余明鏡	富農	3	18.914	6.30		零工60個
葉澤壽	富農	4	20	5		0.5
李東田	富農	4	24.5	6.125		1
李銀山	富農	8	28.019	3.5		零工60個
李金海	富農	1	6.11	6.11		零工20個
李香士	中農	6	18.519	3.09		零工40個
張元生	中農	4	11.05	2.76		0.5
李皓生	中農	6	14.4	2.4		零工90個
張懷海	中農	5	19.12	3.824		零工2個

〔註118〕湖南省土地改革委員會：《茶陵縣廟市鄉典型調查材料》1952年，湖南省檔案館藏，全宗號：145，目錄號：1，案卷號：125。

| 李宏初 | 中農 | 6 | 16.8 | 2.8 | | 1 |
| 王榮青 | 中農 | 3 | 8.8 | 2.93 | | 1 |

資料來源：湖北省土地改革委員會：《沔陽縣牛路鄉沙岑村逐戶歷史情況調查表》，1951 年，湖北省檔案館藏，SZ37-01-0420-001；《沔陽縣牛路鄉沙岑村戶口調查登記表》，1951 年，湖北省檔案館藏，SZ37-01-0417-001。

上表因缺乏各戶自家勞動力數據而存在一定的缺陷，但也能說明一些問題。與表 3.19 較為相似的是，有雇工的農戶人均耕地基本在 2～6 畝之間，但表 3.19 中的農戶大多雇數個雇工或者雇 1 個但自己不參加勞動，因此被劃為「地主」，而上表中，各農戶請雇工基本在 1 個或 1 個以下，故僅有 2 戶被劃為地主，主要原因是出租土地較多。兩湖地區並非沒有大地主，但大地主的土地基本上用於出租，因此，兩湖地區缺乏所謂的「經營地主」。通常情況下，如果家庭有一男一女兩個壯年勞動力，人均耕地在 2～6 畝之間並不需要請雇工，或者僅在農忙時請零工就已足夠，如果請長工，那可能意味著家庭的勞動力是不足的，即使如上表余貴州家庭有 10 個成員，可能也以老弱婦孺為主。我們再看武昌縣錦繡鄉例子，見下表：

表 3.21：土改前湖北武昌縣錦繡鄉五個村部分雇工農戶情況

戶主	階級成分	人口	實際參加勞動	自有耕地（畝）	人均耕地（畝）	出租耕地（畝）	雇工人數
劉章甫	富農	5	男1女2	42.95	8.59		1
李文山	富中農	4	男1女1	16.82	4.05		0.5
劉榮盛	富農	4	男1女1	27.47	6.87		1
劉爽盛	富農	4	男1女1	53.667	13.42	15.142	1
劉保盛	中農	4	男1女2	30.016	7.504		1
劉遠黃	富中農	2	男1	28.207	14.10		0.5
劉炎臣	富中農	2	男1女1	18.023	9.01		1
劉遠誠	富中農	9	男2女2	57.52	6.39		0.5
劉遠雙	富中農	2	男1女1	22.455	12.23		0.5
劉南階	貧農		女1	3.35	1.675		0.5
劉田氏	小土地經營	3	男1	25.795	8.6		0.5
劉羅氏	小土地經營	4	不詳	19.43	4.86		0.5

資料來源：湖北省土地改革委員會：《武昌縣錦繡鄉劉家謨等五村逐戶調查登記表之一》，1950 年，湖北省檔案館藏，SZ37-01-0216-001。

武昌縣錦繡鄉這幾戶雇主戶的人均耕地就比表 3.20 中沔陽縣牛路鄉沙嶺村的幾戶雇主戶普遍要高。從實際參加勞動力上看，這些農戶大都為核心家庭，勞動力以一男一女全勞力為主。從上表可以看出，正常的核心家庭如果土地全部自耕的情況下，勞動力不足的情況通常是人均耕地在 6 畝以上，而非表 3.19 和 3.20 所顯示的 2～6 畝。我們推測，在兩湖，核心家庭自耕農人均耕地如在 6～10 畝之間，需要請一名長工才能保證勞動力不缺乏，而人均耕地超過 10 畝，則會有土地出租。至於 2～6 畝之間的自耕農家庭缺乏男性壯年勞動力才需要雇傭工人，大部分雇的是零工。

在兩湖，只有洞庭湖區存在著一定數量佔地較大雇工經營的農戶，這些農戶中有一些人的身份是佃農。調查顯示，「在湖區較大之耕地經營，既是普遍存在，而彼輩大佃農大地主，均賴雇農從事勞動，其經濟地位，亦較優越，故富農亦較普遍存在。」〔註 119〕由於缺乏更具體的資料，我們無法對洞庭湖區的雇工經營農戶做更深入的分析，但顯然，該區域存在著一定數量的「雇工地主」。

（二）雇工的來源與雇工工資

農業雇工一般是有缺地或少地的農民組成。在湘南，願意當短工的，大抵都有些許田產，「不敷耕種，棄之不耕，自覺難捨，乃自行耕種，抽出閑暇，為人之短工，博得工資，以補家用，此其原因之一也；農忙時，短工之工資高，若將長工之工資按日計算，則所低不止倍徙，且際茲百物日益高漲之秋，為商實有利可圖，故農工於農忙時既為短工，農閒時又可作小本經營，此其主要原因之二也；當此生活費用日昂之際，有家室之農工，若為長工，其個人生活固可解決，而其工資實不足以維持現狀下之家室之生活，只得於農忙時，充當短工，農閒時，別圖生活之途徑，兼顧家庭，此其重要原因之三也。」〔註 120〕

湘南地區長工的來源，據調查者分析，主要為四類，分別為「生活安定、無田地耕種、無家室以為農事上之補助依據及怕失業四種。」〔註 121〕這個概括有些模糊，但是我們大體上仍能看出，長工主要是獨身、無地且生活無其他依靠的農民。

〔註 119〕黃浪如：《湖南濱湖各縣農村經濟概況》，國立武漢大學 1934 年畢業論文，第 49 頁。

〔註 120〕王沛：《湘南各縣農工雇傭習慣及需供狀況》，《農聲》1942 年第 227 期。

〔註 121〕王沛：《湘南各縣農工雇傭習慣及需供狀況》，《農聲》1942 年第 227 期。

在湘南，僅有耒陽縣有雇傭市場，「雇主雇傭之短工，期集合處所在城市中，有稱為『籬行』、『轎行』，其工錢按路程遠近，日期多寡，而訂定之。」其他各縣，則是通過私人介紹、登門召喚或者相換相助的形式用工。〔註122〕通過中間人介紹的雇工方式在兩湖最為常見，這種方式同時用於長工和短工，如黃岡縣，「長工之雇請，多由親友介紹。」中間人介紹的雇工在黃岡被稱為「本地工」，與另外一種被稱為「遊工」的人區分開。後者「背包裹、持鋤頭，到處遊走，以待雇主光顧。」〔註123〕從語言的描述看，黃岡亦未形成固定雇傭市場。湘南亦有外地雇工，如永興縣在「寒露至霜降前後，則向外縣請短工矣，其每日工價加一倍。」〔註124〕在洞庭湖區農業發達，尤能吸引外地雇農，如南縣，「農家是五方雜處，雇農亦如是，其最多者為桃源漢壽，次之為寧鄉、湘鄉、益陽、安化、寶慶。」〔註125〕

鄉村社會還有一種雇工來源，謂之「換工」，「農民因為缺乏耕畜農具而用人力去換畜力。」這在中國農村比較常見，如廣西各地，地主富農把牛租給貧農使用，到了農忙時期叫貧農帶著牛來工作三四十日，提供飲食不支工資；江蘇蕭縣（今屬安徽）無牛的貧農向富農借牛，須無償為富農工作，四川綿陽亦存在這樣的情況。〔註126〕在兩湖，湖北江漢平原換工是較為普遍，通常為一個牛工換兩個人工。〔註127〕

在階級劃分中，所謂的「雇農」通常是指缺乏土地，完全靠出賣勞力幫人耕種而生活的農民。土改調查數字顯示，湖北 20 個鄉雇農占總戶數的4.72%，占總人口的2.89%，湖南15個鄉雇農占總戶口的4.93%，占總人口的

〔註122〕王沛：《湘南各縣農工雇傭習慣及需供狀況》，《農聲》1942 年第 227 期。
〔註123〕火龍：《湖北省黃岡縣雇農生活之概況》，《江漢思潮》1935 年第 6 期。
〔註124〕王沛：《湘南各縣農工雇傭習慣及需供狀況》，《農聲》1942 年第 227 期。
〔註125〕黃浪如：《洞庭湖濱各縣農村經濟概況（續）》，《合作與農村》1936 年第 5 期。
〔註126〕薛暮橋：《中國農業中的雇傭勞動》，《中國農村》1936 年第 5 期。
〔註127〕參見湖北省農業廳：《天門縣蘆市、徐黃、天北等區 1950 年農業普查分村、按戶調查表》，1950 年，湖北省檔案館藏，SZ37-01-0533-001；《沔陽縣第一至三區 1950 年農業普查一般行政村調查表》，湖北省檔案館藏，SZ37-01-0571-001；《沔陽縣第四至七區 1950 年農業普查一般行政村調查表》，湖北省檔案館藏，SZ37-01-0572-001；《沔陽縣第八至九區 1950 年農業普查一般行政村級按戶調查表》，湖北省檔案館藏，SZ37-01-0573-001；《嘉魚縣 1-5 區農業普查一般縣行政村調查表》，湖北省檔案館藏，SZ37-01-9-0593-001。

3.19%，〔註 128〕在中南六省 100 個鄉的整體數據中，雇農戶占總戶數的 6.67%，占總人口的 4.16%，除湘鄂其他四省雇農戶占總戶數百分比最高是廣西省，為 10.96%，占總人口百分比為 7.04%，最低為河南，雇農占總戶數的百分比為 5.18%，占總人口的 2.64%。〔註 129〕從雇農戶占總農戶比例上來說，湘鄂兩省在中南六省中是最低的。這些數據雖然不能說明兩湖地區農業雇工偏少，但卻可以說明完全依賴傭工而生活（通常為長工）的農戶在兩湖與其他省份相比是相對較少的。

　　上文湘南農業雇工狀況的調查者認為長工大多為無土地無家庭負擔的農民，他們需要穩定的工作，而短工則有少量土地，他們更多需要高一點的工資養活家庭，這個分析是有道理的。按實業部國際貿易局的調查數據，20 世紀 30 年代湖南各縣年工的平均工資為 48.48 元，月工工資為每月 5.648 元，日工工資為 0.204 元，〔註 130〕如都平均為日薪，年工的日薪為 0.133 元，月工的日薪為 0.188 元。在湖北，依據《湖北省年鑒》的數據，年工的工資平均為 28.73 元，月工的工資為 4.06 元，日工的工資 0.19 元。〔註 131〕兩省的數字除了日工工資較為接近外，年工工資和月工工資差別較大，特別是年工工資，湖北省比湖南省低了近 40%。這些數據應該與實際情況是接近的，根據中山文化教育館的調查，1932 年湖南省 22 個縣長工平均年工資為 47.27 元，湖北省 26 個縣則為 31.54 元。〔註 132〕

　　兩省內部各縣的雇工工資卻很不平衡，在湖南，高如長沙縣，年工工資為 132 元，低如保靖 19 元，湖北省最高者為黃梅 60 元，最低為房縣，僅 9 元，〔註 133〕相差都異常懸殊。通常情況下，長工的伙食由雇主提供，除少數情況下（如地主家喜事、逢年過節等）長工或能得到一些額外的收入外，別無其他福利。在長沙縣榔梨鄉，長工除工資外，其他情況如下：

　　　（1）雇工穿衣、吃煙自己負責，個別好的老闆管。（2）雇工

〔註 128〕中南軍政委員會土地改革委員會：《中南區一百個鄉調查統計表》，1953 年版，第 36、38 頁。

〔註 129〕中南軍政委員會土地改革委員會：《中南區一百個鄉調查統計表》，1953 年版，第 26、40、42、44 頁。

〔註 130〕實業部國際貿易局編：《中國實業志（湖南省）》，1935 年版，乙編，第 53 頁。

〔註 131〕湖北省政府秘書處統計室編：《湖北省年鑒》，1937 年版，第 152 頁。

〔註 132〕陳正謨編著：《各省農工雇傭習慣及需供狀況》，中山文化教育館 1935 年版，第 29 頁。

〔註 133〕湖北省政府秘書處統計室編：《湖北省年鑒》，1937 年版，第 152 頁。

病了吃菜自己花錢，病重日子長工不能幹活，回家看病不給工資，一年只准十二個回頭工，超過十二個則扣工資。（即一月休息一天，十二個月休息十二天）（3）雇工吃飯和老闆一樣，但兩桌吃，老闆自己加菜。（4）雇工連帶能在生活上吃到點肉，一般一年能吃五次肉，一次是上工，一次端陽，一次秋收，一次中秋，一次下工。（5）主顧關係好，雇主看長工順眼，過年是賞銀一元給雇工。〔註134〕

由此可見，長工所固定的待遇就是工資及伙食，除非雇主是個好「老闆」，否則長工很難得到額外的收入，甚至常常因為生病或其他原因被剋扣掉，這種待遇比短工要惡劣許多。如我們上文所引之資料，年工的工資若平均成日薪，要比日工的日薪低了不少，且日工通常也是由雇主提供伙食的，如湖北省「勞動傭於人者頗眾……於收穫期間，有遠隔數十里或一、二百里之農人，成群結隊赴收貨區代為芟稻、芟麥者，每日由雇主供給酒食外，並給工資一串或八百文。」〔註135〕這說明雇主為了吸引短工，在伙食中除提供食物外，還會提供酒，這是長工所缺乏的待遇。中山文化教育館所調查的兩湖地區日工的工資，提供飲食者湖北為 0.248 元，湖南為 0.209 元，不提供飲食者湖北為 0.393 元，湖南為 0.383 元。〔註136〕在這一組數據中，雇主提供飲食的工資與《中國實業志（湖南省）》、《湖北省年鑒（第一回）》所提供的兩省平均數據較為接近，而湘南的調查表明，抗戰前湘南日工的平均工資亦在 0.202 元，〔註137〕這應是提供飲食的日工資。這些調查亦可以說明，為日工提供飲食在兩湖地區很普遍。

儘管兩湖地區的日工工資要好於年工（長工），但與近代產業工人相比，這樣的工資水平仍是極低的，據 1929 年的數據，上海各個行業工人平均日工資為 0.7114 元，就全國來說，農業雇工日工平均日薪（不提供伙食）0.506 元，〔註138〕而上海的生活費用又較高，因此，上海行業工人日薪高出農業雇工有限。但兩湖卻不同，在不提供伙食的情況下，日工資不到 0.4 元，與上海產業

〔註134〕湖南省土地改革委員會：《長沙縣梨梨鄉土改前調查材料》，1949 年，湖南省檔案館藏，全宗號：145，目錄號：1，案卷號：254。

〔註135〕佚名：《鄂省農業經濟概況》，《中外經濟週刊》1926 年第 178 期。

〔註136〕陳正謨編著：《各省農工雇傭習慣及需供狀況》，中山文化教育館 1935 年版，第 9 頁。

〔註137〕王沛：《湘南各縣農工雇傭習慣及需供狀況》，《農聲》1942 年第 227 期。

〔註138〕陳正謨編著：《各省農工雇傭習慣及需供狀況》，中山文化教育館 1935 年版，第 10 頁。

工人差別較大。

　　兩湖地區的農業雇工的待遇從全國水平來看，是偏低的。由於雇工自身缺地或者少地，雇傭工資佔了家庭收入很大一部分。長工通常完全靠工資生活，這樣雖然在短時間內沒有失業的擔憂，但是由於工資有限，在雇主提供伙食的情況下，一人消費可能略有餘，如有家室，卻不足以維持開支，是以當時湖北黃岡縣的調查者感歎：

　　　　雇農收入既如此之微，而支出費用，則以期處境之不同而各
　　異，有無家無室，所的工資，盡須維持其一己生活者，有兒女滿堂，
　　所得工資，尚須賴以養家者，前者自卓然有餘，費用亦不免失之揮
　　霍，後者則所出繁多，卒至寅吃卯糧，而猶覺不敷者，比比皆是。
　　入不敷出，自有出而借貸之一途，借貸不足，自不免流為乞丐或盜
　　匪，而揮霍之徒，雖暫時能狂賭爛嫖，快其淫慾，然一旦失業，則
　　既無恆產，又無恒心，凍餒之患，自所不免，街頭行乞，黑夜私偷，
　　亦勢所必至，故本縣雇農，率皆少壯奔勞，暮年困頓。至可憫也！
　　〔註139〕

　　雖然作者指黃岡一縣而言，且言語過於絕對，但在沒有出現意外的情況下，雇農的工資確是養家不足，單身自給有餘，也因此，單身的雇農成家較不容易，錢財揮霍掉的可能性較高。有家室的雇農，長工家庭需要其他家庭成員獲得收入，短工則需要在農閒時節做些副業才能維持家庭開支。在湘南，短工在無雇主時的工作大體為肩挑抬轎、小本販賣、撐船運物、家庭副業、開礦、挑煤、燒炭、砍柴售賣等，〔註140〕考慮到鄉村中提供的可替代工作不多，這些種類有可能便已經是整個兩湖地區短工所能從事的工作種類的大部分了，當然，對於有地者來說，他們還需要花時間用於自家土地的打理上。

〔註139〕火龍：《湖北省黃岡縣雇農生活之概況》，《江漢思潮》1935年第6期。
〔註140〕王沛：《湘南各縣農工雇傭習慣及需供狀況》，《農聲》1942年第227期。